中大珠海哲学研究丛书

唐文治与学堂经学的改革

吕抚瑞题

[新加坡] 毛朝晖 著

中国社会科学出版社

图书在版编目（CIP）数据

唐文治与学堂经学的改革／（新加坡）毛朝晖著 .—北京：中国社会科学出版社，2022.3
（中大珠海哲学研究丛书）
ISBN 978 - 7 - 5203 - 9688 - 2

Ⅰ.①唐… Ⅱ.①毛… Ⅲ.①唐文治(1865 - 1954)—人物研究②经学—关系—封建社会学校—教育改革—研究—中国—清后期 Ⅳ.①K825.46②Z126.27③G529.52

中国版本图书馆 CIP 数据核字（2022）第 024625 号

出 版 人	赵剑英
责任编辑	冯春风
责任校对	张爱华
责任印制	张雪娇

出　版	中国社会科学出版社
社　址	北京鼓楼西大街甲 158 号
邮　编	100720
网　址	http://www.csspw.cn
发 行 部	010 - 84083685
门 市 部	010 - 84029450
经　销	新华书店及其他书店
印　刷	北京君升印刷有限公司
装　订	廊坊市广阳区广增装订厂
版　次	2022 年 3 月第 1 版
印　次	2022 年 3 月第 1 次印刷
开　本	710×1000　1/16
印　张	17.5
插　页	2
字　数	250 千字
定　价	108.00 元

凡购买中国社会科学出版社图书，如有质量问题请与本社营销中心联系调换
电话：010 - 84083683
版权所有　侵权必究

丛书编委会

主　编：陈建洪
编　委：钱　捷　郭峻赫　邓联合　蔡祥元
　　　　王华平　王　铁　卢　毅

"中大珠海哲学研究丛书"
出版前言

乙未秋日，中山大学成立哲学系（珠海）。小城珠海，始为世界各国哲学人会聚之地。翌年春日，他们和她们，或来自两岸三地，或来自亚洲近邻，或来自欧美远洋，齐聚南海之滨。秋日，首批哲学生翩然而至，扎根凤凰山麓。古镇唐家，虽不乏前贤先哲，不怯欧风西语，但未呈哲学气象。自此，哲学师生齐聚，研习中外哲学、追究思想源流、探求文明对话，方可谓"天气澄和，风物闲美"。

所谓哲学者，究其本意，爱智慧也。人莫不生而有欲，然非生而有爱。世间不乏聪慧之士，然鲜有生而智慧者。爱与智慧，虽学未必可得，不学必无以成。然为学之道，必本于思。人皆有思之潜势，不学则不见思之通途。思则得之，不思则不得也。晁说之以思为学之本，然思亦以学为养。夫子曰，学而不思则罔，思而不学则殆。致知二途，不可偏废。故船山有云，学非有碍于思，学愈博则思愈远，思愈困则学愈勤。夫子又云，知之者不如好之者，好之者不如乐之者。哲学之为爱智慧，大抵学而养思，思以进学，乐此不疲，亘古不息；上穷碧落下黄泉，求索曼曼修远路，是谓哲人。

苏格拉底曰，未经省察之一生，不值一过。古时政要从学苏格拉底，然耽于政务，未能省己，常因此愧对苏格拉底。曾子亦曰：吾日三省吾身。黄泉碧落，若离为己之学，非空即怪。为己之学，端在根本处省察人之为人。西哲之所谓认识你自己是也。人之为人，成乎人与天地，人与物，人与人之相持相待。天地，人之所赖所处；物，人之所用所御；人，人之所亲所恶。人间无为有为，不脱俯仰天地，御事接物，省己度人。为难为要者，自在人际。自古治乱，无不缘此。故贤哲之士，俯仰天地之间，穷物之本末，究事之始终，问人之初心。无论穷达，不舍善其身之志，济天下之责。唯古今贤哲，或无执于器，或循器悟道，汲汲于万世之业。人间世道沧桑，不忘哲思教化，方可文明天下。

常闻当今之世，问道之学日衰，器物之术日隆。然则问道君子之学，器物众人之术。器物日常，问道非常。从日常者众，叩非常者稀。自古以来，莫不如此，非今世之变也。中山先生有云，事功者一时之荣，志节者万世之业。故可曰，一时享一时之荣，万世崇万世之业。哲学实为一道窄门，同路依稀，任重道远。古今哲学人，共进此门，同行一途。无论远近，读圣贤书，论古今道。

哲学系（珠海）师生常称哲珠人。古诗云，往哲搜罗妙入神，隋珠和璧未为珍。今之学人，躬逢百年未有之大变局，常思中华文明之复兴，望能通天下之志，能成天下之务。唯极深而研几，故能通能成。结此文丛，萃集哲言珠语，以言为珍，思入几微，望经年而有成。

目　录

序 …………………………………………………………（1）

第一章　导论 ……………………………………………（1）
　一　唐文治经学的典范意义 ……………………………（1）
　二　重新定位唐文治 ……………………………………（9）
　三　经学思想与经学实践 ………………………………（18）

第二章　唐文治经学的学术与政治背景 ………………（23）
　第一节　经世与体用
　　　　　——论唐文治的经学渊源 ……………………（23）
　　一　汉宋调和的思想基础 ……………………………（24）
　　二　曾国藩的"四科判学" ……………………………（27）
　　三　"中体西用"论的生成 ……………………………（30）
　　四　唐文治的经学渊源 ………………………………（36）
　　五　结论 ………………………………………………（47）
　第二节　唐文治的"读经救国论"与近代中国变革 ……（50）
　　一　唐文治早年对"器物救国论"和"制度救国论"的
　　　　接受 ………………………………………………（51）
　　二　唐文治对"器物救国论"和"制度救国论"的
　　　　反省 ………………………………………………（56）
　　三　"新文化运动"与"读经救国论"的提出 …………（60）
　　四　结论 ………………………………………………（66）

· 1 ·

第三章 晚清的"学堂经学"改革 ……………………… (68)
第一节 京师大学堂的课程改革与"学堂经学"形态 ……… (68)
一 晚清学堂的教育理念与经学课程 ……………………… (69)
二 京师大学堂的课程改革及其理念分歧 ………………… (78)
三 "学堂经学"形态 ………………………………………… (95)
四 结论 ……………………………………………………… (101)
第二节 清末政治与经学教科书的诞生
——以王舟瑶《京师大学堂经学科讲义》
为中心 ………………………………………… (103)
一 梁启超与经学教科书的滥觞 …………………………… (105)
二 京师大学堂与早期经学教科书的编纂 ………………… (111)
三 王舟瑶《京师大学堂经学科讲义》的编纂旨趣 …… (118)
四 结论 ……………………………………………………… (127)

第四章 唐文治的经学思想 ……………………………… (131)
第一节 唐文治经学思想的发展
——以"正人心，救民命"宗旨的演变为主线 … (131)
一 "正人心"的三个表述 …………………………………… (132)
二 从"维国运"到"救民命"
——唐文治的两条经世路线 …………………………… (140)
三 结论 ……………………………………………………… (149)
第二节 唐文治的治经方法论 ……………………………… (151)
一 唐文治对汉宋治经方法的理解与会通 ………………… (152)
二 经学与文章学的会通 …………………………………… (157)
三 经学与科学的会通 ……………………………………… (162)
四 结论 ……………………………………………………… (168)
第三节 唐文治论读经次第及其原则
——经学系统性的一个初步分析 ………………… (169)
一 唐文治论读经次第 ……………………………………… (170)
二 决定读经次第的原则 …………………………………… (178)

三　结论 …………………………………………………… (181)

第五章　唐文治的经学实践 …………………………………… (184)

第一节　经学在现代学术中的艰难定位
——唐文治与无锡国专的课程改革 ………………… (184)
一　无锡国学专修馆时期的国学课程 …………………… (188)
二　国学教育的现实困境与国专转制 …………………… (192)
三　国专转制后的课程设置 ……………………………… (196)
四　经学在转制前后课程中的定位 ……………………… (202)
五　结论 …………………………………………………… (208)

第二节　"大义""新读本""分类读本"
——唐文治编纂经学教科书的理念与实践 ………… (210)
一　标举"大义"的教科书实践 ………………………… (213)
二　"新读本"的编纂旨趣 ……………………………… (218)
三　"分类读本"的编纂旨趣 …………………………… (222)
四　结论 …………………………………………………… (229)

第六章　结论 …………………………………………………… (232)

参考书目 ………………………………………………………… (245)

后记 ……………………………………………………………… (264)

序

经弊则兴子，子裂则反经。何谓"经弊则兴子"？《庄子·天下篇》综论百家之学，而推本于六经，其言曰："其数散于天下而设于中国者，百家之学时或称而道之。"在《天下篇》的作者看来，正是因为王朝制度的解纽、经典权威的旁落，才造成诸子百家的兴盛。何谓"子裂则反经"？《汉书·艺文志》分别九家要旨，而归本于六经，其言曰："今异家者各推所长，穷知究虑，以明其指，虽有蔽短，合其要归，亦六经之支与流裔。使其人遭明王圣主，得其所折中，皆股肱之材已。仲尼有言：'礼失而求诸野。'方今去圣久远，道术缺废，无所更索，彼九家者，不犹愈于野乎？若能修六艺之术，而观此九家之言，舍短取长，则可以通万方之略矣。"在班固看来，诸子百家各有所蔽，如欲取舍折中，必归本于六经。

由二篇之言观之，则经与子，实构成中国古典哲学的两个动力与源头。说它们是源头，是因为自周秦以降，无论各家各派，但凡能够以哲学自鸣者，莫不含英咀华，寝馈于六经与百家之言。即便是从印度传入之佛教，也未尝不借老庄与儒经之说，以与中土文化相会通，这就是所谓"佛教中国化"得以中国化的一条重要途径。说它们是动力，是因为自周秦以来，经学与子学常互为消长，同时也互为调节。子学的兴起，原本就是起于对经学权威的批判，流弊所及，则造成一种价值的相对主义乃至虚无主义，使得民族文化完全丧失重心，于是必然要求经学的兴起加以整顿；经学的兴起，原本是起于对子学乱局的整顿，流弊所及，则造成一种价值的同质化乃至思想专制，使得民族文化丧失活力，于是又必然要求子学的复兴予以补救。

于是，经子代兴，既相互批判，又相互成就，这就构成中国哲学演进的内在逻辑。冯友兰、武内义雄将中国古典哲学区分为子学时代和经学时代，可以说是提纲挈领，抓住了中国古典哲学的动力与源头。但是，他们都将子学时代与经学时代做机械的切分，似乎将子学时代与经学时代机械地理解为两个前后进化的阶段。这并不符合中国哲学经子代兴的实际。在他们所谓的"子学时代"，实际上早就经历了西周初年儒家经典的经典化过程，尽管那与汉代以后正式成立的经学有所不同，但显然并非子学形态；同理，他们所谓"经学时代"，实际上也包含魏晋玄学、隋唐佛学等"去儒家经典化"的子学形态，更何况明末清初的理学家也有不少是批判经学的。

可以说，"反经"构成了儒家哲学复兴的一种重要方式。汉唐时代的儒学复兴，固然是以经学复兴作为表征。汉代的"五经博士"，唐代的《五经正义》，都明确表征了儒学的复兴。宋代的儒学复兴也是如此，程颐说程颢"出入于老、释者几十年，返求诸《六经》"，史称张载"又访诸释、老，累年究极其说，知无所得，反而求之六经"。明末清初的一些思想家，像王船山依然声称"六经责我开生面"，顾炎武主张"经学即理学"。直到晚清民国之际，像张之洞、康有为、唐文治、马一浮、熊十力等人，也都是以"反经"作为复兴儒学的学术资源和思想进路。

本书对于唐文治经学的研究，便是置于上述晚清以来的"反经"思潮中予以观照。

首先，本书从经学史的脉络指出唐文治的经学思想是对晚清经学主潮的继承与发展。本书指出，晚清经学在经世思潮与汉宋调和的内在发展要求下，孕育了以张之洞为代表的"中体西用"论。唐文治的经学思想是对晚清经世思潮和"中体西用"论的继承。在此基础上，唐文治最终提出"读经救国论"，并确定以"正人心，救民命"作为其经学宗旨。"读经救国论"的提出，一方面是对晚清经学主潮的继承，另一方面则是对民国初年"新文化运动"的经学回应。如果说"正人心，救民命"的经学宗旨体现了唐文治对经学本体的理解，那么，"读经救国论"则代表了他对现代中国"立国之道"（借用张君劢、干春松的说法）的政治思考。此外，唐文治在治经方法论、读经次第、儒家经学的系统性等诸多经学问题上也提出了自己的思考，这对于我们重新反思经学的现代价值与现代转型提供了重要借鉴。

其次，本书探讨了传统经学与现代教育体制的兼容问题及其一种可能的结合模式——"学堂经学"形态。与民国以来将经学拆分为"七科之学"，创设独立的"国学院"两种模式不同（近二十年来，"国学院"模式在中断数十年后又得以恢复），本书指出自从洋务运动以来，晚清的学堂就曾探索一种兼容"四部之学"和"七科之学"、"中体"和"西用"的经学教育模式。为了与传统书院教育和现代大学教育的经学教育相区分，本书将这种经学教育模式称为"学堂经学"模式。本书以京师大学堂作为主要个案，具体说明"学堂经学"形态下的经学课程设置与经学教科书的编纂实践。然后，本文继续阐述唐文治在无锡国专的经学实践。经过对比，本书指出唐文治的经学实践是对晚清以来"学堂经学"模式的现代延续。

必须承认，本书的研究主要是基于京师大学堂的个案，这使得晚清"学堂经学"形态的普遍性仍然成为疑问。诚然，尽管本书也简略提及北洋水师学堂、广东水陆师学堂、甘肃省大学堂的经学课程，但由于书阙有间、文献不足，本书未能对这些学堂的经学课程进行详细的考察。此外，本书也提到皮锡瑞在湖南高等学堂、湖南师范馆编纂的《经学历史》、刘师培在两江师范学堂编纂的《经学教科书》、叶德辉在湖北存古学堂编纂的《经学通诰》。类似的教科书，在曾军编著的《经学档案》中还收录了不少。这说明，尽管我们尚不能证成"学堂经学"形态的普遍性，但它在晚清确曾广泛存在，至少决不只是孤立的个案。至于究竟具有多大的普遍性以及更深入的研究，这只能有待后续的史料挖掘和更多的个案研究了。

近两三年来，本书的部分章节已经以论文形式陆续发表。这些论文包括：《救国何以必须读经？——唐文治"读经救国"论的理据》（《鹅湖月刊》2018年第9期）、《"大义"、"新读本"、"分类读本"——唐文治编纂经学教科书的理念与实践》（《经学研究集刊》

第 26 期)、《经学在现代学术中的艰难定位——唐文治与无锡国专的课程改革》(《孔子学刊》第 10 辑)、《汉宋调和与"中体西用"论的生成——兼论曾国藩、张之洞的经学史定位》(《原道》第 39 辑)、《唐文治的佺学"大义"及其对汉宋、中西的会通》(《孔子研究》2021 年第 5 期)。这些机缘促使我重新检视自己的研究,也让自己从中发现存在的不足,对于本书最后的修订提供了有益的助缘。

愿本书的出版能够引发学术界的关注。重要的不是关注本书,而是通过本书重新关注唐文治,关注一位晚清以来"反经"思潮的继承者与革新者,一位经学思想者与实践者,一位谋求在近现代的学术巨变中重新确立经学的现代定位和实践模式的典范人物。

第一章 导论

一 唐文治经学的典范意义

本书选定唐文治（1865—1954）作为研究对象，是因为唐文治经学在近现代经学史上具有独特的典范意义。

首先，唐文治是晚清经学汉宋会通思潮的后劲，甚至堪称这一经学主潮的殿军人物。事实上，唐文治作为这一经学主潮的继承者，正是民国时期为读经辩护的一位代表人物。例如，在1935年围绕读经问题的大辩论中，他的意见被刊登在《教育杂志》专辑，被该刊主编何炳松（柏丞）列为几位绝对赞成读经的代表之首。① 他不只是一般地提倡读经或保存经学而已，而是进一步提出"读经救国"的主张，认为只有读经才能救国、立国。不管我们是否同意他为读经所做的辩护，我们必须承认他代表了晚清以来主流经学的声音。

如果说近二十年来国学的复兴在本质上反映了当代中国对于立国之道的文化反思，那么，作为国学之根本的经学重新引发学界的兴趣就成为必然之势。这里涉及的经学问题是：中国是否还需要"经学"？哪些书籍可以称为"经"？究竟还要不要读经？

这些问题便是读经问题争论的焦点。根据洪明的研究，近百年来关于读经问题规模较大的争论至少发生了四次：第一次发生在民国初年，主要围绕着袁世凯、康有为等复古尊孔和以陈独秀为代表的新文化运动者反复古斗争展开；第二次是20世纪20年代在东西文化反思

---

① 蔡元培等著：《读经问题》，上海商务印书馆1935年版，第6页。

唐文治与学堂经学的改革

过程中出现的,以 1925 年章士钊"读经救国"论和鲁迅的批判为标志;第三次发生在 20 世纪 30 年代抗战前夕,高潮为《教育杂志》1935 年"读经专号"关于读经的大讨论;第四次肇始于 20 世纪 90 年代,至今尚未结束。① 事实上,除非中国传统文化被彻底否定,传统经学以及与此相关的读经问题就一直会存在下去。就像洪明指出的,我们只能顺应潮流,让这些问题在争论中推进:

> 对于是否支持读经还有两个重要观点:一是要看清潮流,顺潮流而动;二是允许实践,用事实说话。关于潮流问题,笔者认为是否读经必须与两股历史潮流相联系,一是民族文化复兴的必然趋势,二是教育现代化的必然规律。②

因为,读经问题的背后牵涉的其实是中西文化之争。这就是洪明在这里提到的"民族文化复兴"与"教育现代化"之争。确切地说,其实质就是当代中国文化的复兴与西方文化的普世化之争。不消说,"全盘西化"的支持者自然反对读经。例如,胡适就声称:

> 尊经一点,我终深以为疑。儒家经典之中,除《论》《孟》及《礼记》之一部分之外,皆系古史料而已,有何精义可作做人模范?我们在近日尽可挑出《论》《孟》诸书,或整理成新式读本,或译成今日语言,使今人与后人知道儒家典型的来源,这是我很赞成的。其他《诗》则以文学眼光读之;《左传》与《书》与《仪礼》,则以历史材料读之,皆宜与其他文学历史同等齐观,方可容易了解。我对于"经"的态度,大致如此,请教正。③

在胡适看来,传统儒家经典只具有"史料"价值。与"史料"

---

① 洪明:《读经论争的百年回眸》,《教育学报》第 8 卷第 1 期(2012 年 2 月)。
② 洪明:《读经论争的百年回眸》,《教育学报》第 8 卷第 1 期(2012 年 2 月)。
③ 欧阳哲生编:《胡适文集》第五册,北京大学出版社 1998 年版,第 419 页。

相对的则是所谓"精义"。他认为，儒家经学所蕴含的儒家伦理已经不足以作为现代的人生指导。众所周知，胡适是实用主义的信徒，在政治上信奉自由主义。正是因为他接受了近现代西方的自由主义与实用主义，他才拥有了拒斥经学的思想武器。

在儒家内部，学者的立场也存在巨大的分歧。其中的一种立场是将经学视为一套政治哲学。最典型的代表人物莫过于康有为。康有为认为儒家经典之所以称为"经"，就在于他承载了圣人之"道"。他说："道、教何从？从圣人。圣人何从？从孔子。孔子之道何在？在六经。"① 这与传统经学的看法是一致的。然而，康有为对"六经"的义理系统却有自己独到的理解：

> 孟子发《春秋》之学曰：其事则齐桓、晋文，其文则史，其义则丘取之矣。《左传》详文与事，是史也，于孔子之道无与焉。惟《公羊》独详《春秋》之义。孟子述《春秋》之学曰：《春秋》，天子之事也。《谷梁传》不明《春秋》王义，传孔子之道而不光焉。惟《公羊》详素王改制之义，故《春秋》之传在《公羊》也。②

康有为承汉代今文经学，尊《春秋》为六经之首；又据孟子之说，断定《公羊》为《春秋》正传。此外，康有为也表彰《四书》与《礼运》等经典。干春松指出："康有为所确立的新的经典系统以《春秋》公羊为本，以《四书》加《礼运》为辅翼，将三世说和进化论相结合，以大同之公理来转化宋儒之'天理'，如此，孔子之道才可以在现代保持不坠。"③ 质言之，传统经学在康有为这里被重新诠

---

① 康有为：《春秋董氏学》，《康有为全集》第二集，中国人民大学出版社2007年版，第307页。
② 康有为：《春秋董氏学》，《康有为全集》第二集，中国人民大学出版社2007年版，第307页。
③ 干春松：《康有为与儒学的"新世"：从儒学分期看儒学的未来发展路径》，华东师范大学出版社2013年版，第125页。

释为一套现代民族国家的立国之道。

作为康有为的学术与政治论敌，章太炎对于传统经学提出了截然不同的理解：

> 《尚书》《春秋》固然是史，《诗经》也记王朝列国的政治，《礼》《乐》都是周朝的法制，这不是史，又是甚么东西？惟有《易经》似乎与史不大相关，殊不知道，《周礼》有个太卜的官，是掌《周易》的，《易经》原是卜筮的书。古来太史和卜筮测天的官，都算一类，所以《易经》也是史。古人的史，范围甚大，和近来的史部有点不同，并不能把现在的史部，硬去分派古人。这样看来，六经都是古史。所以汉朝刘歆作《七略》，一切记事的史，都归入《春秋》家。可见经外并没有史，经就是古人的史，史就是后世的经。①

在这种"夷经为史"的诠释下，经学丧失了独立的地位与价值，经的价值被等同于史的价值。那么，"史"有什么价值呢？他基于古文经学的立场认为："《六经》皆史之方，沿之则明其行事，识其时制，通其故言，是以贵古文。"② 陈壁生指出："在章太炎看来，经学就是历史的记载，而且是最古老的历史记载，其价值，正在于其古老，而正因为其古老，可考见国族的根源。"③ 换言之，"经"在章太炎这里被诠释为一个民族最根源的身份认同。

尽管章太炎与康有为看似针锋相对，实际上他们都继承了同样的经学传统——汉学。所谓"汉学"，虽然有今古文的分别，但都以政治作为主要的学术关怀。这在今文经学固然十分显著，董仲舒就是一个著例。杨向奎指出："西汉政治受当时经学的影响，而当时经学以五行学说为骨干。"④ 其实，古文经学也有深刻的政治关怀。孙筱根

---

① 章太炎：《经的大意》，《章太炎演讲集》，上海人民出版社2011年版，第71页。
② 章太炎：《明解故下》，《国故论衡》，上海古籍出版社2003年版，第74页。
③ 陈壁生：《经学的瓦解》，华东师范大学出版社2014年版，第24页。
④ 杨向奎：《西汉经学与政治》，独立出版社2000年版，第1页。

据廖平《今古学考》中的《今学改变古学礼制表》和周予同《经今古文学》中所列"今古学文的同异"表，发现古文经学与今文经学的争议主要在礼制。他获得的结论是：

> 今文经学的政治取向于中央专制集权政体，代表了专制官僚政治的要求。而古文经学的政治取向则大略倾向于宗法社会的政体形式，代表了两汉时诸侯王国和豪门世族的要求。①

如果孙氏的分析可靠，这至少说明两点事实：第一，古文经学的宗旨不是建构一套超历史的政治哲学。相对而言，他们缺乏今文经学那样建构政治理论的兴趣。例如，今文经学建构的"大一统""张三世"等理论在古文经学那里就找不到类似的可以匹敌的理论。第二，古文经学关注的是政治制度。在制度争议的背后，实质上反映了两种不同政体的制度构想。

与康章不同，马一浮、唐文治则主要继承宋学传统。在这方面，马一浮的言论最为人熟知：

> 学者须知六艺本是吾人性分内所具的事，不是圣人旋安排出来。吾人性量本来广大，性德本来具足，故六艺之道即是此性德中自然流出的，性外无道也。②

这是典型的宋学立场。照这种看法，经学在本质上是心性的外在表现。用马氏的话说，六经中的道理都是"此性德中自然流出的"。贱言之，性即经。这样，马一浮提供了一套经学的本体论。这套经学本体论是以心性学说作为其理论的根基，而不是以政治哲学或政治制度作为其理论的根基。

唐文治的立场与马一浮颇为接近。他也主张：

---

① 孙筱：《两汉经学与社会》，中国社会科学出版社2002年版，第313页。
② 马一浮：《泰和宜山会语》，辽宁教育出版社1998年版，第13页。

> 经者，万事是非之标准，即人心是非之标准也。孟子之论乡原曰"非之无举，自以为是"，又引孔子恶似而非者，终则断之曰"君子反经而已矣。经正，则庶民兴；庶民兴，斯无邪慝矣。"经者，常道也。知常则明，明常道则明是非，政治、伦理之是非于经中求之。①

然而，唐文治的特殊性在于，他一方面采取宋学的心性本位立场，另一方面又继承汉学的政治关怀。从师承来看，他既有正宗的汉学训练，又有醇正的宋学传承。可以说，他充分继承了晚清以来汉宋会通的经学主潮并成为晚清民国转型时代的一位代表人物。事实上，他曾计划编撰《中国政治学》一书，而且曾试图对《尚书》《通鉴》《通典》《通考》和历代名臣奏议、文集的政治思想与制度进行系统的整理。他的宏大计划虽然没有全部实现，但企图系统重建儒家政治学的为学旨趣显然带有鲜明的汉学色彩。这一点让他与马一浮拉开了距离，并构成了转型时代一个独有的经学典范。

其次，唐文治是一位实干家，他致力于摸索传统经学与现代教育融合的实践模式。

自从"戊戌变法"失败以后，康有为等人的今文经学与之前居于主流地位的古文经学同归衰落。此后，治经学较有影响的有"国粹派"和"疑古派"，但他们对于经学的现代价值其实都已经普遍丧失信心。章太炎便声称：

> "六经皆史也"，这句话详细考察起来，实在很不错。在六经里面，《尚书》《春秋》都是记事的典籍，我们当然可以说他是史。《诗经》大半部是为国事而作（《国风》是歌咏各国的事，《雅》《颂》是讽咏王室的），像歌谣一般的，夹入很少，也可以

---

① 唐文治：《〈读经救国论〉序》，《茹经堂文集二编》卷五，台北：文海出版社1974年版，第790页。

说是史。《礼经》是记载古代典章制度的(《周礼》载官制,《仪礼》载仪注),在后世本是史的一部分。《乐经》虽是失去,想是记载乐谱和制度的典籍,也含史的性状。只有《易经》一书,看起来像是和史没关,但实际上却也是史。太史公说:"《易》本隐以之显,《春秋》推见以至隐。"引申他的意思,可以说《春秋》是罗列事实,中寓褒贬之意;《易经》却和近代社会学一般,一方面考察古来的事迹,得着些原则,拿这些原则,可以推测现在和将来。简单说起来,《春秋》是显明的史,《易经》是蕴着史的精华的。因此可见六经无一非史,后人于史以外,别立为经,推尊过甚,更有些近于宗教。①

章太炎在晚清是被奉为古文经学大师的,但他的立场显然已经不是汉学家"尊经"的立场。上面这段话与前文称引的一段话虽然大略相同,但更明确地批判了"经"的神圣性。他反对将六经"推尊过甚",要求尽量祛除经学的宗教性。因此,在他看来,将"经"推尊过甚就会让经学接近于宗教。毋庸置疑,这一立场与康有为的"孔教论",即经学宗教化的经学进路是针锋相对的。不过,他的立场也并不就是古文经学的立场。古文经学尽管也有史学化的倾向,但六经承载的政治制度对于他们而言依然具有神圣性。在章太炎这里,这种神圣性完全不复存在。因为,他所谓的"史"就是"古史",范围非常宽泛,既包括政治制度,也包括歌谣、史事和类似现代社会科学的一些内容。总之,古文经学对于"宗法社会的政体形式"②的倾向在章太炎这里可以说是荡然无存了。即便说章氏仍然有政治制度的关怀,但将这种关怀与汉代的古文经学拿来对比,显然已经毫无神圣性。

---

① 章太炎:《国学概论》,载章太炎《章太炎讲国学》,海潮出版社2007年版,第16页。章太炎虽然盛倡"六经皆史"之说,但他的经学思想也不是一成不变的。相关研究参看宋惠如《晚清经学思想的转变——以章太炎"春秋左传学"为中心》,台北:花木兰文化出版社2013年版。

② 孙筱:《两汉经学与社会》,中国社会科学出版社2002年版,第313页。

唐文治与学堂经学的改革

民国的"疑古派"正是从这里获得灵感。既然经书与其他古代典籍一样都只是所谓"国粹"的一部分,不具有任何特殊或神圣的价值,那么,对这些经书进行价值重估就合理合法且必要必须了。顾颉刚曾这样回顾自己的学术历程:

> 我的学术工作,开始就是从郑樵和姚、崔两人来的。崔东壁的书启发我"传""记"不可信,姚际恒的书则启发我不但"传""记"不可信,连"经"也不可尽信。郑樵的书启发我做学问要融会贯通,并引起我对《诗经》的怀疑。所以我的胆子越来越大了,敢于打倒"经"和"传""记"中的一切偶像。①

其实,他们的怀疑精神虽然溯源到郑樵和姚、崔,实际上更直接的是受到康章的影响。事实上,顾颉刚在北京大学读预科时,就曾听过章太炎的演讲,并曾一度服膺康有为的《新学伪经考》。大学毕业后,又受到钱玄同的亲自指导。钱玄同原来是章太炎的高足,后来却同时接受康有为今文经学的影响。钱氏告诉顾颉刚:"今文家与古文家的说话,都是一半对、一半不对;不对的是他们自己的创造,对的是他们对于敌方的攻击。"因此他教导顾颉刚,"要用了今文家的话来看古文家,用了古文家的话来看今文家,如此他们的真相就会给我们弄明白。"② 这让顾颉刚得以完全摆脱经学立场,并成为其发起"古史辨"运动的一个重要的方法论资源。③

唐文治则迥然不同。如前所述,他始终坚信:"经者,常道也。知常则明,明常道则明是非,政治、伦理之是非于经中求之。"④ 换

---

① 顾颉刚:《古史辨》第一册,上海古籍出版社1982年版,第12页。
② 顾颉刚:《中国上古史研究讲义》自序二,台北:文史哲出版社1989年版,第14页。
③ 梁秉赋:《变动时代的经学——从顾颉刚的谶纬观考察》,载林庆彰、蒋秋华总策划,蒋秋华主编:《变动时代的经学与经学家——民国使期(1912—1949)经学研究》,台北:万卷楼图书出版公司2014年版,第3卷,第455—471页。
④ 唐文治:《〈读经救国论〉序》,《茹经堂文集二编》卷五,台北:文海出版社1974年版,第790页。

言之，经学始终具有永恒的和普世的价值。在这一点上，他与马一浮可为同调。严寿澂指出：

> 然而另有一群学者，不随时俗风尚而转移，不为时髦学说所左右，努力从经学中发掘意义，唐文治（蔚芝）与马一浮即为其例。①

必须指出，唐文治是一位实干家。他毕生的努力并不只在于"从经学中发掘意义"，更在于从现代体制中摸索出一条能够行得通的经学研究与教育模式。固然，作为一位国学大师，唐文治在经学、理学、文学方面都著述颇丰，著有《十三经提纲》《十三经读本》《四书大义》《性理学大义》《紫阳学术发微》《国文经纬贯通大义》等。但与此同时，他也是一位政治家，曾官至晚清农工商部署理尚书；还是一位教育家，曾任邮传部上海高等实业学堂（今上海交通大学前身）监督，并参与创办无锡中学、无锡国学专修馆（后被改编为江苏师范学院，其后并入今苏州大学）。就经学的实践而言，唐文治在民国经学中也具有突出的典范意义。

二　重新定位唐文治

遗憾的是，现有的研究大都只注意到唐文治作为教育家的一面，②较少关注他作为政治家和学者的面向，经学方面的研究在很长时间里更是长期阙如。

上文提到，唐文治与马一浮都继承了宋学传统，而且都积极维护经学的现代意义。但是，马一浮在20世纪90年代已经出版全集，引

---

① 严寿澂：《百年中国学术表微·经学编》，《序言》，华东师范大学出版社2012年版，第1—2页。
② 例如，现有三本唐文治的研究专著全部都是谈他的教育思想或相关实践。这三本专著是：余子侠：《工科先驱　国学大师——南洋大学校长唐文治》，山东教育出版社2004年版；吴湉南：《无锡国专与现代国学教育》，安徽教育出版社2008年版；唐屹轩：《无锡国专与传统书院的转型》，台北："国立"政治大学历史学系2008年版。

唐文治与学堂经学的改革

起学界的重视。相比之下,唐文治的著作则迟迟未被整理,其经学也迟迟未能引起学界的注意。①

直到 21 世纪头十年,随着"国学热"持续升温,经学研究在中国大陆经历长久的沉寂后也呈现复苏之势。② 起初,学术界从 1935 年"读经问题"的论争中注意到唐文治的经学思想。③ 其后,专题论文随即涌现。截至目前,这方面的研究有高峰《唐氏易学述略》(2012),彭丹华《唐文治〈十三经提纲〉初探》(2012),茆萌、陈国安《唐文治编纂〈十三经读本〉论略》(2016),周生杰《唐文治经学教育思想述略》(2017),王鑫《唐文治〈读易提纲〉述要》(2017),彭林《唐文治先生学术中的汉、宋之辨》(2017),邓秉元《唐文治与经学在近代的回潮》(2018)。

上述七篇论文侧重点不尽相同。大略而言,彭丹华,茆萌、陈国安的两篇论文侧重在文献研究,其主要目的是评介唐文治的《十三经提纲》和《十三经读本》。彭丹华指出"唐文治《十三经提纲》是民

---

① 最近,《唐文治国学讲演录》《唐文治文集》《唐文治经学论著集》《唐文治性理学论著集》《唐文治文学论著集》已经相继整理出版。

② 姜广辉曾感叹:"可是七十年已过去,研究经学的人仍寥寥无几,经学几乎成为绝学。近二十年来,中国传统学术的研究有了很大的发展,但存在一个重大缺陷,即经学研究一直没能走出'五四'以来的低谷,因而对经学的认识一直停留在原有的陈旧的观念上。"参见姜广辉《经学研究的回顾与展望》,《中国社会科学院院报》2004 年 3 月 23 日第 3 版。中国大陆经学研究复兴的标志性事件包括《中国哲学》编辑部 2000 年创办《经学今诠》辑刊,清华大学人文学院 2004 年成立中国经学研究中心,2005 年创刊《中国经学》辑刊,并与新加坡国立大学联合举办"首届中国经学国际学术研讨会"。此外,多所大学成立国学院,经学研究成为其中的重点之一。关于中国大陆经学研究长期的低谷,林庆彰、劳悦强、梁秉赋都提出了各自的解释,可参看林庆彰《经学史研究的基本认识》,载林庆彰编《中国经学史论文选集》上册,台北:文史哲出版社 1993 年版,第 1—2 页;劳悦强、梁秉赋:《经学的多元脉络——文献、动机、义理、社群》"序论",台北:学生书局 2008 年版,第 II—IV 页。

③ 蔡元培等著:《读经问题》,上海商务印书馆 1935 年版;尤小立:《"读经"讨论的思想史研究——以 1935 年〈教育杂志〉关于"读经"问题的讨论为例》,《安徽史学》2003 年第 5 期;镫屋一:《中国文化のレシピ 1935 年の読経問題》,《目白大学総合科学研究》3 号(2007 年 3 月);林丽容:《民国读经问题研究(1912—1937)》,台北:花木兰文化出版社 2010 年版。

国时期最早对十三经作出概说的著作"①，并介绍此书体例。茆萌、陈国安探讨了《十三经读本》的成书背景、体例和内容，指出此书的意义是传承经学、匡正世风和教化民智。②周生杰、高峰、王鑫、彭林的研究则侧重在思想方面。周生杰《唐文治经学教育思想述略》虽然以"经学教育思想"标目，但也兼顾唐氏经学实践的讨论。高峰通过对《周易消息大义》的考察，指出唐文治《周易消息大义》本诸汉儒象数之"十二辟卦"，于义理之外不废象、占。③王鑫则以《读易提纲》为考察重点，指出唐文治的易学无论在象数义例的使用上还是义理的阐发上都折中于《十翼》。④彭林《唐文治先生学术中的汉、宋之辨》梳理了唐文治治经方法从早年汉宋兼采到后来高扬宋学的转变。⑤邓秉元的文章则是从思想史的视角，认为唐氏所接续的是道咸乃至晚明学术的思潮。这一学术思潮被他称为"第三期经学"，"也便是稍晚一辈的马一浮、熊十力等所接续的那个方兴未已的新经学"⑥。

值得单独介绍的是虞万里、邓国光、严寿澂三位先生的工作。2017年，在虞万里先生的推动下，上海交大召开唐文治学术思想国际研讨会，并成立唐文治研究专业委员会，这对于推进目前方兴未艾的唐文治研究可谓居功至伟。虞先生自己的唐文治研究既包括文献研究，也涉及思想研究。《唐文治〈论语大义〉探微》一文既对《论语大义》的书名、成书过程有详细考证，也对该书的重要义理和文章学有所阐发。⑦《唐文治〈孟子〉研究管窥》一文蠡述唐文治前后四十年的《孟子》研究，考证其先后撰成《孟子大义》《孟子新读本》

---

① 彭丹华：《唐文治〈十三经提纲〉初探》，《湖南科技学院学报》第33卷第3期（2012年3月），第7页。
② 茆萌、陈国安：《唐文治编纂〈十三经读本〉论略》，《学术界》2016年第5期。
③ 高峰：《唐氏易学述略》，《湖南科技学院学报》第33卷第2期（2012年2月）。
④ 王鑫：《唐文治〈读易提纲〉述要》，《云南大学学报》（社会科学版）第16卷第5期（2017年10月）。
⑤ 彭林：《唐文治先生学术中的汉、宋之辨》，《史林》2017年第5期。
⑥ 邓秉元：《唐文治与经学在近代的回潮》，《中华读书报》2018年5月23日。
⑦ 虞万里：《唐文治〈论语大义〉探微》，《经学文献研究集刊》第16辑（2016年）。

唐文治与学堂经学的改革

《孟子分类简明读本》《孟子救世编》的历程。① 以上二文是迄今对唐文治《论语》《孟子》著作最系统的梳理。《尊孔读经与治心救国》一文是为《唐文治国学演讲录》点校本撰写的导读。此文虽然主要以《唐文治国学演讲录》为论述范围,但对唐文治的经学、理学、文学思想也有全面评述,并指出六集《演讲录》"归结起来,所讲仍以读经救国为重点"②。这可视为一种对唐文治经学的定性。

在虞万里之前,有邓国光、严寿澂二先生率先推动唐文治经学的研究,而邓先生著述尤富。邓先生是唐文治经学研究的拓荒者,先后发表《唐文治的经学及其〈洪范大义〉的经世关怀》(2011)③、《唐文治〈尚书〉学及其〈洪范大义〉的经世关怀》(2012)④、《民国时代"礼教救国"论的强音:唐文治先生礼学及其〈礼记大义〉的新礼教初探》(2012)⑤、《唐文治礼学及其〈礼记大义〉初探》(2013)⑥、《唐文治〈论语大义〉的淑世意义》(2013)⑦、《唐文治先生〈论语大义〉义理体统探要》(2015)⑧、《中和之道:唐文治先生〈诗经大义〉诗教旨

---

① 虞万里:《唐文治〈孟子〉研究管窥》,《史林》2016 年第 2 期。
② 虞万里:《尊孔读经与治心救国——〈唐蔚芝先生演讲录〉导言》,《经学文献研究集刊》第 17 辑(2017 年)。
③ 邓国光:《唐文治的经学及其〈洪范大义〉的经世关怀》,《经学义理》,上海古籍出版社 2011 年版,第 610—667 页。该文其后分别以《唐文治经学研究——20 世纪前期朱子学视野下的经义诠释与重构》、《唐文治(1865—1954)经学研究——20 世纪前期朱子学视野下的经义诠释与重构》为名收入《中国经学》第 9 辑和《变动时代的经学与经学家:民国时期(1912—1949)经学研究》丛书第六册(林庆彰、蒋秋华总策划,张文朝主编:《变动时代的经学与经学家:民国时期(1912—1949)经学研究》第六册,台北:万卷楼图书出版社 2014 年版,第 237—290 页。)
④ 邓国光:《唐文治〈尚书〉学及其〈洪范大义〉的经世关怀》,载林庆彰、钱宗武主编《首届国际〈尚书〉学学术研讨会论文集》,台北:万卷楼图书出版社 2012 年版,第 161—186 页。
⑤ 邓国光:《民国时代"礼教救国"论的强音:唐文治先生礼学及其〈礼记大义〉的新礼教初探》,《国学学刊》2012 年第 3 期。
⑥ 邓国光:《唐文治礼学及其〈礼记大义〉初探》,载彭林、单周尧、张颂仁主编《礼乐中国:首届礼学国际学术研讨会论文集》,上海书店 2013 年版,第 457—498 页。
⑦ 邓国光:《唐文治〈论语大义〉的淑世意义》,载义守大学、台湾中华文化教育学会编《经典阅读与应用》,高雄:义守大学 2013 年版,第 49—59 页。
⑧ 邓国光:《唐文治先生〈论语大义〉义理体统探要》,《岭南学报》复刊第 3 辑(2015 年)。

要》（2017）①、《道济天下——唐文治、曹元弼二先生经学大义比论》（2018）②。邓先生的唐文治研究涉及唐文治《洪范大义》《礼记大义》《论语大义》《诗经大义》等专经研究，而《唐文治的经学及其〈洪范大义〉的经世关怀》一文则是他对唐文治经学的整体把握。该文提出四个富有创见的观点：第一，唐文治经学的"体用""皇极"思想源于朱子，并以此构成其"经学救国"思想进路的基础。第二，唐文治的"读经救国"论旨在融摄一切旧学，以重构明体达用的新经学。第三，唐文治治经是采取"经学家法""经学义理"二者并进的方法论。第四，唐文治的经学义理集中体现在他的《尚书》学，试图基于《洪范大义》建构以"大公"为轴心的政治伦理。

另一位率先从事唐文治经学研究的学者是严寿澂。严先生至今发表的唐文治研究论文有《经术与救国淑世——唐文治与马一浮》（2012）③、《礼俗与中国社会——以唐文治〈礼治法治论〉及刘咸炘〈礼废〉为中心》（2015）、《唐蔚芝先生学术思想概述——以孟学为体，以科学为用》（2019）。④ 其中，前文系统表达了严先生对唐文治经学的评价。该文旨在阐述唐、马二人经学之异同，并非专论唐文治。然而，唐、马并提，正体现了严先生独特的识见。该文认为唐、马二人出处虽异，但宗旨都是肯定经学的现代价值，期以经术救国淑世，对治抢攘纷乱的时代。二人都尊经服义、穷理躬行，认为经中义理具有普世价值，区别只是二人人格气象不同，要而论之，唐为力行

---

① 邓国光：《中和之道：唐文治先生〈诗经大义〉诗教旨要》，《中国文学研究》（辑刊）2017 年第 1 期。
② 邓国光：《道济天下——唐文治、曹元弼二先生经学大义比论》，《中国经学》第 23 辑（2018 年）。
③ 严寿澂：《经术与救国淑世——唐文治与马一浮》，《中国经学》第 9 辑；该文其后又收入《百年中国学术表微·经学编》和《变动时代的经学与经学家：民国时期（1912—1949）经学研究》丛书第六册。（严寿澂：《百年中国学术表微·经学编》，华东师范大学出版社 2012 年版，第 1—55 页；林庆彰、蒋秋华总策划，张文朝主编：《变动时代的经学与经学家：民国时期（1912—1949）经学研究》第六册，台北：万卷楼图书出版社 2014 年，第 261—296 页）
④ 严寿澂：《唐蔚芝先生学术思想概述——以孟学为体，以科学为用》，《经学文献研究集刊》第 21 辑（2019 年）。

唐文治与学堂经学的改革

派,马为自然派。该文指出唐文治经学的五个要点:第一,"以理学为体,以经济为用"是其讲学宗旨;第二,阐发经书中的仁义学说以正人心,以此为救世之第一事;第三,"按时以立论"是唐文治讲经的一个根本原则;第四,特重气节;第五,认为经中义理具有普世价值。

然而,就笔者闻见所及,现有的晚清或民国经学史著作都没有论及唐文治。① 早期的经学史著作如皮锡瑞《经学历史》、刘师培《经学教科书》写于晚清,当时唐文治尚未从事经学研究,其中没有述及唐文治自不必说。其后的经学史著作大抵分为两种类型。一种是中国大陆学者的做法,将鸦片战争以来到五四运动的经学称为"近代经学"。他们认为,经学在清朝覆灭后即已瓦解,因此其后没有所谓"现代经学",自然也就没有"现代经学史"一类的著作。例如,李耀仙《廖平与近代经学》、汤志钧《近代经学与政治》、田汉云《中国近代经学史》、刘大年《评近代经学》等即是如此。这一种经学史叙事强调了新文化运动的历史功绩与经学瓦解的必然命运。例如,汤志钧《近代经学与政治》便以"五四运动和经学的终结"作为全书的总结。②

另一种经学史叙事是从辛亥革命算起,到1949年或之后,称为"民国经学"。正如车行健指出的,"民国经学"有广狭二义:狭义的"民国经学"指1911—1949年的经学研究,广义则泛指1911年以来的经学研究。③ 台湾学者往往采用后面这种做法。例如,近几年出版的车行健《现代学术视野中的民国经学》、林庆彰主编《变动时代的

---

① 较早的中国经学史著作如皮锡瑞《经学历史》、刘师培《经学教科书》、马宗霍《中国经学史》、日本学者本田成之《中国经学史》等皆是如此,最新的几种经学史著如田汉云《中国近代经学史》,吴雁南、秦学颀、李禹阶主编的《中国经学史》,许道勋、徐洪兴著《中国经学史》等也依然如故。据笔者闻见所及,提到唐文治的经学史著作仅有严寿澂的《百年中国学术表微·经学编》和林庆彰主编的《变动时代的经学与经学家——民国时期(1912—1949)经学研究》。

② 汤志钧:《近代经学与政治》,中华书局1989年版,第348—365页。

③ 车行健:《现代学术视域中的民国经学:以课程、学风与机制为主要观照点》"自序",台北:万卷楼图书股份有限公司2011年版,第2—3页。

经学与经学家——民国时期（1912—1949）经学研究》便是如此。这些著作关注经学的现代延续与转型，他们试图强调在辛亥革命以后，传统经学并没有因为政治的革命而断绝。例如，林庆彰在《变动时代的经学与经学家——民国时期（1912—1949）经学研究》总序中便说："除了各经都有学者撰写论文外，最重要的是属于经学家的有 26 篇，其中有不少被遗忘的经学家，例如刘咸炘、王树荣、唐文治、陈柱、杨筠如、蒋伯潜、龚道耕、陈鼎忠等人，都是以前研究经学的人所忽略的，现在一并把他们表彰出来，就可以知道民国时期的经学并没有衰亡，也未必边缘化，这是执行这个计划最重要的目的。"① 不过，这些著作都还不是系统的经学史论述，而大抵只是专题研究及其汇编。例如，车行健的著作收录的便是他自著的 7 篇专题论文，而林庆彰主编的七册书则收录专经研究和经学史研究的论文共 125 篇。

此外，尚有少数几部经学史著作没有明确提出分期的方法，而是中性地处理分期问题。例如，程发轫主编的《六十年来之国学》第一册《经学之部》、林庆彰主编《五十年来的经学研究》、严寿澂《近百年中国学术表微——经学编》，便避免了采用"近代""民国"这两种带有政治色彩的史学概念作为经学的分期方法，而只是用"六十年""五十年""近百年"等中性说法大致标识时间跨度。其中，程、林书为文献综述性质，而严寿澂的著作则与车行健类似，书中收录了他自著的专题论文 8 篇。

基于上述文献回顾，我们不难看到，目前的唐文治经学研究尚未被纳入经学史的叙事之中，现有的论文大都只是针对唐文治经学专著的个案研究，即选取一本经学专著做初步的介绍或局部分析，如高峰、彭丹华、茆萌、陈国安、王鑫等即是如此。而且，现有的经学史著作尚缺乏对民国时期经学的系统论述，仅严寿澂、林庆彰的著作涉及唐文治经学，但也只是收录单篇的专题论文。这些研究

---

① 张文朝主编：《变动时代的经学与经学家——民国时期（1912—1949）经学研究》"总序"，台北：万卷楼图书股份有限公司 2014 年版，第 5 页。

唐文治与学堂经学的改革

都没有能够真正从经学史的角度确定唐文治在中国经学史上的历史地位。

要回答这个问题，第一步工作就是要对唐文治经学进行定性。换言之，我们需要确定唐文治经学的特质。在这一点上，目前大致有两个说法：第一个说法认为唐文治经学的核心是他的"体用"论。邓国光、严寿澂两位先生都有这个看法。邓先生认为唐文治的"体用"论是"明体达用"，其思想源于朱子；严先生也认为唐文治的"体用"论是"以理学为体，以经济为用"；而王尔敏则认为这个提法是晚清"中学为体，西学为用"论众多表述中的一种。① 第二个说法认为唐文治经学的要领是他的"读经救国"论。邓国光、严寿澂二位先生提到这个要点，虞万里先生更明确指出这是唐氏学术的重点。那么，从经学史的脉络看，唐文治的"体用"论究竟是源于朱子，还是源于晚清的"中体西用"论？他这个说法在观念上有什么突破吗？唐文治的"读经救国"论有什么特殊的理论或现实意义吗？这些问题还有待进一步厘清。

更重要的是，现有的唐文治经学研究大抵只注重唐氏的经学思想，而较忽略唐氏的经学实践。只有周生杰《唐文治经学教育思想述略》一文，讨论了唐文治编纂经学读本、制定读经规划、归纳读经方法的经学实践。周先生指出："在经学教育方式方法上，唐文治传统与现代结合，善于归纳总结，并有所发明。"② 应当指出，研究教育的学者在这方面做了更多的探讨。陈平原在《传统书院的现代转型——以无锡国专为中心》一文中提出"传统书院的现代转型"的概念，用以分析无锡国专国学教育的历史意义。③ 吴湉南《无锡国专与现代国学教育》、唐屹轩《无锡国专与传统书院的转型》二书都参

---

① 王尔敏：《清季知识分子的中体西用论》，载氏著《晚清政治思想史论》，广西师范大学出版社2005年版，第41—59页。
② 周生杰：《唐文治经学教育思想述略》，《中国矿业大学学报》（社会科学版）2017年第1期。
③ 陈平原：《传统书院的现代转型——以无锡国专为中心》，《现代中国》第1辑。该文另见陈平原《中国大学十讲》，复旦大学出版社2002年版，第69—99页。

考了陈平原"传统书院的现代转型"概念，但二书对于无锡国专转型的解释颇不相同。吴先生认为无锡国专"实现了传统书院与现代学校体制的结合，为现代社会的国学传承及其人才培养提供了一种比较成功的模式"[①]；而唐先生则将无锡国专的教育实践理解为传统书院与现代学校的竞争与对抗，认为这种对抗之所以能长期延续，一方面是由于唐文治的个人斡旋，另一方面是由于国专的学术网络建构。[②] 不管对无锡国专国学教育的解释有何不同，二书都认为唐文治的经学实践是承自传统书院。

然而，现有的考察都忽略了晚清学堂对唐文治经学实践的影响。这种忽略表现在两个方面：第一，唐文治的经学实践事实上是从晚清学堂开始的。早在邮传部上海高等实业学堂时期，唐文治就进行了经学教育实践的探索。陈平原、吴湉南、唐屹轩三位先生都强调无锡国专对传统书院的继承，却忽略唐文治早期的学堂教育阶段。只有余子侠的《工科先驱 国学大师——南洋大学校长唐文治》，兼顾唐文治在工科教育和国学教育两方面的贡献，并注意到邮传部上海高等实业学堂、无锡国专在国学教育实践上的连续性。[③] 第二，近年来，经学史研究已经注意到晚清经学的一些新特点。例如，叶纯芳《中国经学史大纲》注意到以张之洞为代表的晚清"中体西用"论，推动了晚清经学比附西学的风气。[④] 实际上，在"中体西用"论的指导下，晚清学堂不但在经学思想上出现比附西学的现象，而且在制度上不断尝试"现代学术"体制改革。车行健从课程、学风与学术机制三个面向考察源自西方的"现代学术"体制对民国经学的影响。[⑤] 这种"现

[①] 吴湉南：《无锡国专与现代国学教育》，安徽教育出版社2008年版，第260页。
[②] 唐屹轩：《无锡国专与传统书院的转型》，台北：政治大学历史学系2008年版，第230—232页。
[③] 余子侠：《工科先驱 国学大师——南洋大学校长唐文治》，山东教育出版社2004年版，第195—213页。
[④] 叶纯芳：《中国经学史大纲》，北京大学出版社2016年版，第475页。
[⑤] 车行健：《现代学术视域中的民国经学——以课程、学风与机制为主要关照点》"自序"，台北：万卷楼出版社2011年版，第1—3页。

代学术"体制的影响及相应的改革在晚清学堂中早已存在。① 由此引发出本书的研究问题：晚清学堂经学的改革是否对唐文治的经学思想与实践产生了某种影响？

三　经学思想与经学实践

上文已经反复提到"经学实践"的概念。就本书的视角而言，经学的现代转型绝不只是一个思想问题，也是一个实践问题。回到上文提出的问题：中国是否还需要"经学"？哪些书籍可以称为"经"？究竟还要不要读经？这些问题的回答，固然涉及经学思想的现代性分析，也涉及经学实践模式的探讨。

经学思想的分析是相对于经学文献的研究而言的。郑吉雄曾将古代典籍的研究区分为"文献"与"思想"，或"文献分析"与"哲理分析"两条诠释进路。② 在现有的唐文治经学研究中，大致也可分为文献研究、思想研究两类。前者一般选取一种或数种唐文治经学著作进行文献考订和梳理，虞万里《唐文治〈孟子〉研究管窥》一文在这方面很具有代表性，允为典范之作。后者侧重于探讨唐文治经学中的观念或思想，周生杰《唐文治经学教育思想述略》一文便是如此，该文聚焦的是唐文治的"经学教育思想"。当然，二者在研究过程中往往不容易切分。例如，虞万里《尊孔读经与治心救国》、邓国光《唐文治的经学及其〈洪范大义〉的经世关怀》便紧密地结合了两个方面。虞文既梳理了多种唐文治经学文献，也阐发了"读经救国"观念在其中的中心地位。邓文既有对《洪范大义》的文献研究，更

---

① 最近已有学者论及晚清学堂中的经学教科书与读经活动，这些学者也注意到学堂与书院体制的区别对于经学的影响。就笔者闻见所及，朱贞提出"学堂经学教员""学堂经学教科书"的说法，陆胤则以"书院治经"与"学堂读经"并举。参看朱贞《晚清经学教科书的编写与审定》，《学术研究》2014 年第 3 期；陆胤《从书院治经到学堂读经——孙雄与近代中国学术转型》，《学术月刊》第 49 卷第 2 期（2017 年 2 月）。

② 郑吉雄、张宝三合编：《东亚传世汉籍文献译解方法初探》"导言"，台北：台大出版中心 2005 年版，第 xiii 页；郑吉雄编：《东亚视域中的近世儒学文献与思想》"导言"，台北：台大出版中心 2005 年版，第 iii – vii 页。

有对唐文治经学思想体系的深度剖析。

其实,徐复观、姜广辉早就明确提倡"经学思想"的研究,① 但经学思想的研究也有不同的进路。劳悦强曾将中国经典诠释区分为"文内""文外"两种,分别指涉文本与文本以外的所有外缘因素。② 就经学思想而言,主要有两种外缘因素:一是余英时强调的经学思想变动的"内在理路"③,或经学史的内在变动的影响;二是艾尔曼(Benjamin A. Elman, 1946 -)强调经学史脉络之外的社会政治因素。④ 以唐文治的经学为例,他接受了晚清汉宋兼采的经学训练,这主要是受经学史思潮的影响;同时也由于甲午战争、新文化运动等事件的刺激而不断演变,则属于社会政治因素的影响。解读唐文治的经学思想,应取唐文治的经学著作文本与这些"文外"因素互证,方可获得"同情之了解"。

就"文内""文外"的区分而言,上述唐文治经学思想的研究大

---

① 徐复观:《中国经学史的基础》"自序",九州出版社 2013 年版,第 3—5 页;姜广辉主编:《中国经学思想史》"前言",中国社会科学出版社 2003 年版,第 1—19 页。

② 劳悦强:《文内文外——中国思想史中的经典诠释》"自序",台北:"国立"台湾大学出版社 2010 年版,第 V 页。

③ 余英时:《论戴震与章学诚:清代中期学术思想史研究》"自序",香港:龙门书店 1976 年版,第 2—3 页。此观念在 1975 年完成的《略论清代儒学的新动向》《清代思想的一个新解释》两篇论文中有更透彻的发挥,载氏著《历史与思想》,台北:联经出版事业公司 1976 年版,第 121—166 页。郑吉雄指出,余氏的这一观点实际上是奠基于钱穆先生的清代学术源于宋明理学说。参见郑吉雄《从乾嘉学者经典诠释论清代儒学思想的属性》,《戴东原经典诠释的思想史探索》,台北:"国立"台湾大学出版中心 2008 年版,第 285 页。

④ Benjamin A. Elman, "Preface (to the first edition)", *From Philosophy to Philology: Intellectual and Social Aspects of Change in Late Imperial China*, UCLA Asian Pacific Monograph Series, 2001, pp. XV - XVII. 这一研究进路同样应用在 Elman 对常州今文经学兴起的研究中,见 Benjamin A. Elman, "Preface", *Classicism, Politics, and Kinship: the Ch'ang - chou School of New Text Confucianism in Late Imperial China*, University of California Press, 1990, pp. XXI - XXVIII. 王汎森《权力的毛细管作用——清代的思想、学术与心态》一书提出清初以来有四股力量推动思想的变动:一股是晚明以来已发展到相当成熟的生活逻辑、城市化、商业化、逸乐、流动,以及日渐复杂化的生活形态;一股是道德正统主义的力量;一股是经典考证回向古代的势力;一股是因为异族统治者的不安全感所带来的政治压力。余英时《论戴震与章学诚:清代中期学术思想史研究》虽然强调"内在理路",但也承认社会政治等外缘因素的重要性。王氏提出上述四个因素,内外兼有,实际上是沿着其师的思路进一步细化,也可视为对两种进路的综合。参见王汎森《权力的毛细管作用——清代的思想、学术与心态》"序论",台北:联经出版事业股份有限公司 2014 年版,第 i - ii 页。

唐文治与学堂经学的改革

部分都属于"文内"研究,关于唐文治经学思想的"文外"研究比较匮乏。只有张晶华《唐文治学术思想研究》、邓国光《唐文治经学研究——20世纪前期朱子学视野下的经义诠释与重构》、严寿澂《经术与救国淑世——唐文治与马一浮》较有"文外"诠释的关怀。区别而言,严寿澂、邓国光二先生的论述较侧重经学史的脉络,严先生在该文引言中综述了清末民初国粹派和受新文化运动洗礼的新派学者尽管有守旧与趋新之异,而在认为经学不具现代价值一点上则并无不同,以此彰显唐文治、马一浮在清末民国经学史上的独特地位。邓先生亦是如此,他从经学史的脉络指出唐文治经学思想继承的是"明体达用"的朱子学观念,而不是晚清流行的"中体西用"论。不过,该文对晚清的"中体西用"论只是一笔带过,唐文治经学思想是否真与"中体西用"论异趣其实还存在商榷的余地。张晶华的研究视角侧重的不是经学史的脉络,而是社会政治因素的分析。该文分析太仓人文环境、唐文治的家学教育与师友网络,旨在说明唐文治与清代理学经世思想的联系,着重注意的是唐文治经学思想形成的家庭和社会因素。

相对而言,经学实践的研究是比较匮乏的。就上述文献而言,只有周生杰《唐文治经学教育思想述略》一文,关注了唐文治在经学实践上的试探。究其原因,则是因为现有的唐文治经学研究,主要是文献学与哲学两条进路。文献学进路的关注点是经学文献,哲学进路的关注点是经学思想。只有教育学进路的研究会重视经学实践,可是,采取这条进路的学者往往又不关注经学。即以周氏为例,虽然他关注到唐文治编纂经学读本、制定读经规划、归纳读经方法的经学实践,但由于他缺乏经学史的宏观视野,因此无法理解唐文治在经学实践上的典范意义及其在经学史上的继承与革新。

再者,经学实践的探讨之所以必要,乃是因为这直接涉及到经学在现代制度中的安顿问题。从哲学的立场,也许有人会说,读经问题的关键只是一个观念问题或思想问题。质言之,我们是否赞成读经取决于我们是否认为"经"还具有现代价值。因此,我们只要在思想上解决这一争议,读经问题就能获得根本的解决。也就是说,读经问

题可以化约为一个经学思想问题。尤小立就曾指出:

> 从理论上看,"读经"与不"读经"之间的根本分歧在于,经书是否仍旧承载着它的道德属性。①

这也许能够代表不少人的看法。问题是,"经"的根本价值是否只有道德价值,这尚属疑问。如此,则即便我们解决了"经书是否仍旧承载着它的道德属性"这样一个观念问题或思想问题,也依然无法决定是否还要读经的问题。更严重的是,除非我们是极端地赞成或反对读经,否则在实践中我们依然会面临非常复杂的分歧。基于对1935年《教育杂志》读经问题专辑七十二位专家观点的分析,尤小立就曾发现实践层面的复杂性:

> 就方法言,反对派、中间派与赞同派的观点其实相差并不多。所以有的论者干脆说,读经不成问题,问题是怎样读。②

可见,读经问题的解决固然需要经学观念或经学思想的厘清,但同样也需要经学实践的阐明。尤氏的研究说明,撇开极端的意见,大部分人都在某种限定条件下能够接受读经。读经实践的复杂性在于,我们如何确定一种实践模式或一种限定条件,能够让大部分人可以接受。这也意味着,读经问题并不能化约为经学思想问题。就这个意义而言,熊十力将读经问题化约为三个问题:(1)经籍是否为吾人今日所必须读?(2)如其须读,又应持如何态度以读之?(3)且六经大义,可否略为提揭,使初学得有准绳,以便进而求之?③ 这依然没有触及制度层面。不错,要解决读经问题,固然首先要解决经学的观

---

① 尤小立:《"读经"讨论的思想史研究——以1935年〈教育杂志〉关于"读经"问题的讨论为例》,《安徽史学》2003年第5期。
② 尤小立:《"读经"讨论的思想史研究——以1935年〈教育杂志〉关于"读经"问题的讨论为例》,《安徽史学》2003年第5期。
③ 熊十力:《读经示要》,岳麓书社2013年版,第3页。

唐文治与学堂经学的改革

念或思想问题,但同样重要的是,我们必须进一步解答经学实践的问题。用尤氏的话说,就是"怎么读"的问题,这关涉到制度性的设计与操作问题。

作为一个强调力行的理学家,唐文治的经学思想与其经学实践密不可分,这与清末民国一般从事经书研究或经学史研究的学者迥然有别。因而,忽略社会政治因素,我们不但无法全面了解唐文治经学思想的背景,更无从了解唐文治的经学实践。

经学思想的分析固然不能脱离"文内"的分析,而经学实践的研究则必然要求"文外"的考察。本书关注的"文外"考察,并不限于劳先生强调的思想史的背景分析(contextual analysis),而且涉及历史实践中的操作模式(operational mode)。[①] 具体而言,本书既关注晚清以来经学思潮与社会政治因素对唐文治经学思想的塑造,也关注经学课程、经学教科书等经学实践层面的操作模式。一方面,本书尝试从思想史的角度勾勒晚清经学思潮、社会政治剧变与唐文治经学思想的内在关联;另一方面,本书试图从晚清学堂和唐文治的经学实践中,指示一种富有生命力和启发性的"学堂经学"模式。这样,我们对于晚清民国之际的经学史将能获得一种新的解释,而唐文治的经学思想及其实践在近现代经学史上的地位与意义也将得以确定。

---

① 劳先生所说的"文外"诠释,包括读者的外缘因素和产生文本的外缘因素,尤其是思想史的外缘因素。其基本旨趣是将经典文本置于其产生的历史情境与诠释者自身的历史情境中予以同情之了解。这就是说,经典诠释视域中的"文外"诠释主要是一种思想史的背景分析(contextual analysis),其关注点依然是经典文本的解读,而不是经学家或经典诠释者在"文外"的经学实践。因此,一般并不关注制度层面的操作模式(operational mode)。参见劳悦强《文内文外——中国思想史中的经典诠释》"自序",台北:台湾大学出版社2010年版,第Ⅳ—Ⅴ页。

第二章 唐文治经学的学术与政治背景

第一节 经世与体用
——论唐文治的经学渊源

"汉宋调和"与"中体西用"是中国近代的两股重要思潮，相关论述甚多，但二者的内在关联却缺乏研究。① 在以往的论述中，"汉宋调和"是指经学史上汉学与宋学的调和，一般被认为是晚清经学史的一股思潮；而"中体西用"则一般被认为是晚清的一个政治或教育观念。不少学者注意到"中体西用"在晚清曾充当"文化政策"② 或"接受西用或改革的蓝图"③。在甲午中日战争以后，"中体西用"论主要流行于文化教育领域，有关"中体西用"的讨论大多是与"学术"或"学校"相联系。④ 职是之故，以往的中国经学史研究往往忽视"中体西用"论的经学史背景及其与"汉宋调和"思潮的内在关联，而有关"中体西用"论成因的解释也往往只强调外部

---

① 传统的经学史著作一般只关注正统的经学家，而张之洞不算一个正统的经学家，因此，他的"中体西用"论不在经学史论述之列，较早的经学史著作如皮锡瑞的《经学历史》、刘师培的《经学教科书》、马宗霍的《中国经学史》、日本学者本田成之的《支那经学史论》，都是如此。最新的几种经学史著作如田汉云的《中国近代经学史》，许道勋、徐洪兴的《中国经学史》，叶纯芳的《中国经学史大纲》等虽然放宽了"经学史"的视野，述及了张之洞的"中体西用"论，但并未述及"中体西用"与汉宋调和思潮的关联。

② 谭丕谟：《清代思想史纲》，上海古籍出版社2013年版，第76页。

③ 薛化元：《晚清"中体西用"思想论（1861—1900）》，台北：弘文馆出版社1987年版，第231页。

④ 谢放：《中体西用之梦：张之洞传》，四川人民出版社1995年版，第363页。

的西方文化冲击或政治斗争。① 本节旨在从中国经学史的脉络揭示二者的此种内在关联，并对"中体西用"论的生成提供一种新的解释。与此同时，曾国藩、张之洞在此脉络中的思想史角色也将得以彰显。

一 汉宋调和的思想基础

乾隆后期是清代盛极而衰的转折点，这包括人口激增、教育腐败、漕运危机等问题的凸显②，更棘手的是下层社会频繁的暴动，萧一山形象地说"嘉庆帝在位二十五年，没有一天得安生"③。洪亮吉、龚自珍等经学家都对时局提出严厉批判，研究经学史的学者普遍注意到"经世"成为嘉道以来一股重要的学术思潮。④

在经学领域，另一个普遍的趋势是汉宋调和。陈澧（1810—1882）通常被认为是晚清汉学的代表人物。陈氏精于汉学训诂、考订之学，著《声律通考》十卷、《切韵考》六卷、《外篇》三卷、《汉书地理志水道图说》七卷，又治宋儒义理之学，且师《近思录》之意而作《汉儒通义》。支伟成《朴学大师列传》将陈澧视为汉宋兼采的经师⑤，今就其治学领域与著作观之，则支氏所言诚为不虚。其晚年精力所萃，尤在《学思录》一书，其后删定为《东塾读书记》。陈

---

① 陈旭麓认为"中体西用"论是源于西方资本主义文化的冲击，参见陈旭麓《论"中体西用"》，《历史研究》1982年第5期；丁凤麟则认为"中体西用"论是源于张之洞的保守派立场，旨在与戊戌变法时期康梁"西体西用"的维新派主张切割，参见丁凤麟《论张之洞的洋务观》，《学术月刊》1982年第10期。

② John K. Fairbank ed., *The Cambridge History of China* (Vol. 10): *Late Ch'ing 1800 - 1911*, Cambridge University Press, 1978, pp. 107 - 162。Susan Naquin 和 Evelyn S. Rawski 对中国18世纪的社会史有专门的研究，也指出18、19世纪之交中国社会的巨变，参见 Susan Naquin & Evelyn S. Rawski, *Chinese Society in the Eighteenth Century*, Yale University Press, 1987, pp. 217 - 236。

③ 萧一山：《清史大纲》，上海古籍出版社2008年版，第62页。

④ 有关嘉道时期"经世"思潮的兴起，经学史家多有述及。参见汤志钧《近代经学与政治》，第三章：《经学的递变》，中华书局1989年版，第86—125页；田汉云：《中国近代经学史》，第二章：《高扬经世致用的旗帜》，三秦出版社1996年版，第42—110页；吴雁南主编：《清代经学史通论》，第二章：《经世之风的突起》，云南大学出版社2001年版，第15—18页。

⑤ 支伟成：《清代朴学大师列传》，上海人民出版社2014年版，第284—286页。

氏自云："《学思录》由汉唐注疏以明义理而有益有用，由宋儒义理归于读书而有本有原。此《学思录》之大指也。"① 可见，陈氏认为无论汉宋，经学都必须"有本有原"，而且要"有益有用"。要做到"有本有原"，就必须以汉唐注疏为根据；要做到"有益有用"，就必须发明义理，而不能以训诂、考订为足。根据陈澧的理解，不只宋学有义理，汉学也有义理，关键要看他们各自所谓的"义理"是否"有本有原""有益有用"。换言之，经学义理实为汉宋经学的共同旨归。陈氏一面说"经学所以治天下"②，另一面又说"专习一经以治身心，吾之学如此而已"③。可见陈氏的"义理"是合"治身心""治天下"两面而言，但陈氏自己则以"治身心"为主，故云"吾之学如此而已"。

汉学家主张汉宋调和，并不限于古文经学。乾嘉汉学极盛之时，在其内部分化出今文经学一支，也有调和汉宋的倾向。常州今文学派的创始人庄存与（1719—1788）④ 既著有提倡《公羊》学的《春秋正辞》，也为古文经典《毛诗》《周礼》作注，著有《毛诗说》《周官记》《周官说》。其孙绥甲跋《周官记》也说存与"治《礼》，本郑氏学，又遍举晋、唐、宋、明以来说经之书"⑤。则庄氏治经不但不专守今文门户，而且是汉宋兼采。《春秋正辞》"奉天辞第一"云："《春秋》应天受命制作，孟子舆言天子之事。以托王法，鲁无惌焉；以治万世，汉曷觊焉？"⑥ "春秋要指"云："《春秋》书天人外内之

---

① （清）陈澧：《东塾读书论学札记》，黄国声主编《陈澧集》第二册，上海古籍出版社2008年版，第381页。
② （清）陈澧：《东塾读书论学札记》，黄国声主编《陈澧集》第二册，上海古籍出版社2008年版，第360页。
③ （清）陈澧：《东塾读书论学札记》，黄国声主编《陈澧集》第二册，上海古籍出版社2008年版，第375页。
④ 这是主流看法，但有少数学者以洪亮吉或孔广森作为清代今文经学的开创者。相关争议参见黄开国《清代今文经学的兴起》，巴蜀书社2008年版，第55—67页。
⑤ （清）庄存与：《周官记》，《皇清经解续编》第一册，台北：艺文印书馆1965年版，第2026页。
⑥ （清）庄存与：《春秋正辞》，《皇清经解春秋类汇编》第一册，台北：艺文印书馆1986年版，第627页。

事，有主书以立教也，然后多连而博贯之，则王道备矣。"① 可见，庄氏治《春秋》，志在阐发"王法""王道"。他的《周官记》也是如此，该书旨在疏通《周礼》，补冬官司空之缺，以发明周代制度，阮元称其于"《周官》则博考载籍，有道术之文为之补其亡阙，多可取法致用。"② 可见，庄存与治《周礼》，其旨趣在于"取法致用"。

在宋学阵营中，调和汉宋的努力更为明显。陈庆镛（1795—1858）服膺宋儒，同时著《三家诗考》《说文释》等，提出："汉宋之学，其要皆主于明经致用，其归皆务于希圣希贤。他人视为二，吾直见为一也。"③ 夏炘（1795—1846）也提出过相似的看法："学无大小，以适于用者为贵。故义理为上，经济次之，经学、史学次之，诗古文词又次之，至于名物制度、声音训诂，不过借以攻诗古文词，借以考经史而已。"④ 又说："穷经以致用也。用之于家，则自收束身心，整齐内外，人情物理知明处当，事事皆有实际。用之于国，则自农桑、水利、风俗、学校以及奉公守法、洁己爱民，事事皆有实心。如是而后可为通儒，而后可以谓之学者。"⑤ 由上可知，陈庆镛认为无论汉宋，经学都应以"明经致用"为归；夏炘虽然从逻辑的先后说"义理为上，经济次之"，但实际上"义理"的归宿仍在于"经济"，故他又说"穷经以致用也"，而这并无汉宋之分。

不难发现，"经世"是汉宋之所以能够"调和"的一个重要共识。在此视域下，汉宋之争只是治经方法之争，其经世致用的目标并无冲突，因此二者完全可以调和。所谓"调和"，不是说汉、宋学的

---

① （清）庄存与：《春秋正辞》，《皇清经解春秋类汇编》第一册，台北：艺文印书馆1986年版，第723页。
② （清）阮元：《庄方耕宗伯经说序》，庄存与《味经斋遗书》，光绪八年（1882）阳湖庄氏刻本。
③ （清）何秋涛：《籀经堂类稿序》，陈庆镛《籀经堂类稿》，上海古籍出版社2010年版。
④ （清）夏炘：《乾隆以后诸君学术论》，《夏仲子集》卷一，民国十四年铅印本，第9页。
⑤ （清）夏炘：《乾隆以后诸君学术论》，《夏仲子集》卷一，民国十四年铅印本，第10页。

治经方法从此趋同，而是说他们在发明经书义理以期"经世"这一根本薪向上形成共识，可说是一种通经致用的普遍自觉。而且，汉宋调和思潮是源于汉、宋阵营共同的要求。汉学阵营不再单方面强调经学必须"有本有原"，同时也强调要"有益有用"；宋学阵营在强调"义理"的同时，也特别强调"经济""致用"。这样，从"经世"的共同诉求出发，汉宋两方都看到了调和的必要性与可能性，成为汉宋调和的思想基础。

二 曾国藩的"四科判学"

在晚清汉宋调和的思潮中，曾国藩（1811—1872）具有广泛的影响力，并具备建构学术体系的意识。他在经学上也主张调和汉宋，认为汉学宗旨本与宋学相通：

> 近世乾、嘉之间，诸儒务为浩博，惠定宇、戴东原之流，钩研训诂，本河间献王"实事求是"之旨，薄宋贤为空疏。夫所谓"事"者非物乎？"是"者非理乎？"事实求是"，非即朱子所谓"即物穷理"者乎？①

曾国藩对"实事求是"的阐释意在说明：无论汉宋，经学皆当以义理为归。无论是汉儒的"实事求是"，还是朱子的"即物穷理"，共同的旨趣都是探究义理。这就是说，汉宋之分并非学术的本质区分；学术的分野不在于是汉学抑或宋学，而在于其实质内容。

那么，学术的实质内容包括什么？曾国藩提出著名的"四科判学"。他认为：

> 有义理之学，有词章之学，有经济之学，有考据之学。义理之学即《宋史》所谓"道学"也，在孔门为德行之科；词章之

---

① （清）曾国藩：《书学案小识后》，《曾国藩全集·诗文》，岳麓书社1986年版，第166页。

唐文治与学堂经学的改革

学在孔门为言语之科；经济之学在孔门为政事之科；考据之学即今世所谓汉学也，在孔门为文学之科。此四者缺一不可。①

又说：

> 为学之术有四：曰义理，曰考据，曰辞章，曰经济。义理者，在孔门为德行之科，今世目为宋学者也。考据者，在孔门为文学之科，今世目为汉学者也。辞章者，在孔门为言语之科，从古艺文及今世制义诗赋皆是也。经济者，在孔门为政事之科，前代典礼、政书，及当世掌故皆是也。……苟通义理之学，而经济该乎其中矣。……义理与经济初无两术之可分，特其施功之序，详于体而略于用耳。②

曾国藩认为，学术在本质上应该判分为"四科"，而不是汉宋。所谓"四科"，就是义理之学、词章之学、经济之学和考据之学。只有从"四科"的视角，才能看清学术的实质。汉宋之争，是与学术的实质内容不相干的没有必要的门户之争。

以上两条引文都表明"四科"不是平行关系，而是以义理之学为根本。关于曾国藩的"义理"之学，余英时有一个细致的分析，他认为主要包含两方面：一是修身律己；二是指读书时抓住书中的大道理，与自己的切身经验互相印证。③ 所谓"大道理"当然不拘于修身律己，也可以包括治国平天下。曾氏主张："私意以为义理之学最大，义理明则躬行有要而经济有本。"④ 可知曾氏之学是以义

---

① （清）曾国藩：《问学》，《曾文正公全集·求阙斋日记类钞》卷上，传忠书局光绪二年（1876）刻本。
② （清）曾国藩：《劝学篇示直隶士子》，《曾国藩全集·诗文》，岳麓书社1986年版，第442页。
③ 余英时：《曾国藩的"士大夫之学"》，《现代儒学的回顾与展望》，生活·读书·新知三联书店2004年版，第310页。
④ （清）曾国藩：《致澄弟温弟沅弟季弟》，《曾国藩全集·家书》（一），岳麓书社1995年版，第55页。

理为本,以经济为用。义理与经济是"体用"关系:"义理与经济初无两术之可分,特其施功之序,详于体而略于用耳。"①曾氏认为,词章、考据之学都是服务于义理之学。他说:"必义理为质,而后文有所附,考据有所归。"②"词章之学,亦所以发挥义理者也。"③这说明,考据之学只是发现义理的手段,词章之学只是发挥义理的工具。

曾国藩的"四科判学"之所以值得特别重视,是因为其建构传统中国学术体系的尝试。在曾氏之前,"四部之学"只是一个书目分类,经史子集只告诉我们"中学"包括哪些书,而不能告诉我们中国有什么学科。汉宋之争只是经学研究方法之争,它只强调汉儒与宋明儒治经方法的差异,同样没有触及中国学术的实质内容。曾国藩反思的是中国学术的实质内容与学科分类。他不但提出了"四科判学",而且分析了"四科"的关系。经过他的分析,"四科"构成"考据—义理/经济—词章"的学科结构,全面揭示了"中学"的内在结构与学术体系。

需要说明的是,曾国藩的思考重心是确定"中学"的分科与本体,而不是其学术基础。他以"考据"作为"义理"的基础,但是,"考据"毕竟也只是一种方法。实际上,曾国藩所说的"义理"主要还是宋学的义理,因而他的汉宋调和只能是"以宋学为主的会通"④。正是在这个意义上,张昭军称曾氏的经世思想为"理学经世思想"⑤。曾国藩以理学作为主要资源,这与陈澧"由汉唐注疏以明义理",或庄存与通过今文经学的"微言大义"来发明义理相比,在方法论上显然不同。更重要的是,陈澧、庄存与调和汉宋的

---

① (清)曾国藩:《劝学篇示直隶士子》,《曾国藩全集·诗文》,岳麓书社1986年版,第443页。
② (清)曾国藩:《欧阳生文集序》,《曾国藩全集·诗文》,岳麓书社1986年版,第246—247页。
③ (清)曾国藩:《致澄弟温弟沅弟季弟》,《曾国藩全集·家书(一)》,岳麓书社1995年版,第55页。
④ 张昭军:《清代理学史》下册,广东教育出版社2007年版,第164页。
⑤ 张昭军:《清代理学史》下册,广东教育出版社2007年版,第178页。

> 唐文治与学堂经学的改革

目的是为了加强汉学的经世功能；曾国藩的目的则不仅仅是为了经世致用，而是更进一步，有意识地在经世致用的宗旨下建构中国学术的体系。在叩问"中学"本体这一点上，曾国藩是一位先行者；但是，曾国藩并没有解决"中学"的学术奠基问题。他主张以考据作为发现"义理"的方法，那么，是否可以通过传统"四部之学"的考据而发现义理呢？"四部之学"的考据应该如何进行？这就成了曾国藩未能解决的遗留问题。

三 "中体西用"论的生成

那么，"经世"之学究竟如何奠基呢？正统的经学家也许会不假思索地回答，经世的学术基础当然是经学。然而，西学乃至中国传统学术内部并不一定会接受这个答案。例如，张穆（1805—1849）便认为经世之学本于史学。[①] 事实上，晚清的"经世史学"成就斐然，这体现在边疆史地、外国史地等研究的发达，以及译介外国史地与改编国史运动。[②] 在这种学术背景下，如何认识传统的经学、史学乃至"四部之学"，由此厘定"经世"之学的学术基础，就显得日益迫切。伴随"西学"日益强劲的挑战，"经世"学术基础的追问也变得愈发尖锐，其中就必须面对这样一个棘手的新问题："西学"可以作为"经世"的学术基础吗？

尽管魏源没有明确提出"中体西用"，但他常被认为是"中体西用"论的先驱。他率先看到西方船坚炮利的优势，承认西方的"长技"。在《海国图志》中，他提出"先立译馆翻夷书"，并建议设立船厂、火器局等。[③] 这些主张后来在洋务运动中获得落实。实际上，《经世文编》列有兵政、工政等条目，学习西方的造船、火器等建议大致也可归入兵政、工政各条目中。《经世文编》"兵政"类中列有

[①] （清）赵之谦：《国朝汉学师承续记》，漆永祥《汉学师承记笺释》，上海古籍出版社2006年版，第956页。

[②] 彭明辉：《晚清的经世史学》，台北：麦田出版社2002年版，第281页。

[③] （清）魏源：《海国图志》卷3《筹海篇三》，《魏源全集》第4册，岳麓书社2004年版，第27、31页。

塞防、山防、海防、蛮防、庙防等条目,其中"海防"一目便收有乾隆年间广东知县张甄陶的《上广督论制驭澳夷状》,其后《海国图志》乃专以纂辑此类文献为主。由此可知,以"师夷长技以制夷"为鹄的的《海国图志》正是以经世致用为宗旨的《经世文编》"海防"一目的深入与拓展。就这个意义说,"师夷"可视为"经世"之学在"鸦片战争"以后的逻辑发展。①

值得注意的是,《海国图志》不止讲"西用",也兼明"中体"。魏源认为:"君、公、卿、士、庶人,推本今世、前世道器之污隆所由然,以自治外治,知违从、知伍参变化之为学。学为师长,学为臣,学为士庶者也。格其心、身、家、国、天下之物,知奚以正,奚以修,奚以齐且治平者也。"②格致治平是《大学》之道,推本古今则是史学。可见,魏源所谓"学"是指经史之学,不含西学在内。魏源也不主张学习西方宗教,此书卷二十七特撰《天主教考》以辟天主教。该卷的论赞说:"吾读福音诸书,无一及于明心之方、修道之事也,又非有治历明时、制器利用之功也,惟以疗病为神奇,称天父神子为创制……天方、天主皆衍其宗支,益之谲诞。"③可知,魏源的学术标准是"明心之方、修道之事"和"治历明时、制器利用",这与上述嘉道间经学家崇尚"义理"与"经济"并无分别。

随着"师夷"的深入,与"师夷"相对的"中学"的内涵也被不断重新阐述。冯桂芬(1809—1874)在1861年成书的《校邠庐抗议》中提出"以中国伦常名教为本,辅以诸国富强之术"④。在冯氏看来,中国的"伦常名教"与西方诸国的"富强之术",是"本末"或"主辅"关系。其后,薛福成(1838—1894)提出

---

① 参见陈其泰、刘兰肖《魏源评传》,南京大学出版社2004年版,第185—187页。
② (清)魏源:《皇朝经世文编序》,《魏源全集》第13册,岳麓书社2004年版,第1—2页。
③ (清)魏源:《海国图志》卷27《西南洋·天主教考》,《魏源全集》第五册,岳麓书社2004年版,第821—822页。
④ (清)冯桂芬:《校邠庐抗议·采西学议》,郑大华点校《采西学议——冯桂芬马建忠集》,辽宁人民出版社1994年版,第84页。

唐文治与学堂经学的改革

"取西人器数之学,以卫吾尧舜禹汤文武周孔之道"①,汤震(1856—1917)声称"中国所守者形上之道,西人所专者形下之器"②。在薛、汤看来,中国的"尧舜禹汤文武周孔之道"与西方的"器数之学"是"形上形下"或"道器"关系。郑观应(1842—1922)主张:"中学其体也,西学其末也,主以中学,辅以西学。"③ 又说:"道为本,器为末;器可变,道不可变。庶知所变者富强之权术,而非孔孟之常经也。"④ 在郑氏的观念中,中国的"孔孟之常经"与西方的"富强之权术"是"体用""本末""主辅""道器"关系。

上述各种"中体西用"论述,虽或有"本末""主辅""形上形下""道器""体用"等说法的不同,但存在一些共同点:第一,他们都接受"西学"具有经世致用的功用。从冯桂芬所说的"诸国富强之术",到郑观应所说的"器可变",都不否认这一点。第二,他们对于"中学"内涵的理解也具有共识。无论是冯桂芬所说的"伦常名教",薛福成所说的"尧舜禹汤文武周孔之道",还是郑观应所说的"孔孟之常经",他们所竭力维护的重点都是儒家的纲常伦理。然而,他们的这些论述大体仍比较零散。尤其突出的一点是,"中学"一词虽然被郑观应首次提出,但他并未对"中学"的学术内涵及其学术体系进行厘定。

尝试对"中学"提出明确界定的人有陈虬(1851—1904)。在1897年所撰的《经教答问》中,他对"中学"进行了明确阐述。陈虬将

---

① (清)薛福成:《筹洋刍议·变法》,徐素华选注《筹洋刍议——薛福成集》,辽宁人民出版社1994年版,第90页。
② (清)汤震:《危言·中学》,(清)郑观应、汤震、邵作舟撰,邹振环整理《危言三种》,上海古籍出版社2013年版,第273页。
③ (清)郑观应:《盛世危言·西学》,夏东元编《郑观应集》上册,上海人民出版社1982年版,第276页。
④ (清)郑观应:《盛世危言·增订新编凡例》,夏东元编《郑观应集》上册,上海人民出版社1982年版,第240页。

"中学"明确定义为"中国周、孔之学"①。又说:"中学之纲有五"②,包括训诂、考据、词章、义理、经制。他认为考据学就是所谓"汉学",义理学就是所谓"宋学"。陈虬对于"中学"的判摄显然延续了曾国藩义理、词章、经济、考据的四科判学,只是将曾氏的"考据"再细化为"训诂"与"考据"两科。与曾国藩显然有别的是,陈虬认为"西学"也自有体用,"西学"以算学为体,以化学、热学、光学、声学、汽学、水学、电学、矿学、地学、重学等学为用。在陈虬看来,"中学"与"西学"是两个各自独立的学术系统。换言之,"中学"与"西学"都可以作为"经世"的学术基础。在经世致用的目标下,"西学"也可以为"中学"所用,二者并不矛盾。必须指出,陈虬之所以认为不相矛盾,是因为他只注意到"西学"中的数学和自然科学,还没有注意到西方的人文社会科学、宗教信仰和政治制度与儒家纲常伦理的歧异,因此他尚未充分估量西学对"中体"的冲击。

另一位尝试对"中学"进行明确界定的关键人物便是张之洞(1837—1909)。③ 1898年5月,张之洞在《两湖、经心两书院改照学堂办法片》中提出:"两书院分习之大旨,皆以中学为体,西学为用。既免迂陋无用之讥,亦杜离经叛道之弊。"④ 同年出版的《劝学篇》分内外篇,内篇列《同心》《教忠》《明纲》《知类》《宗经》《正权》《徇序》《守约》《去毒》九篇。开篇提出"保教",继申忠君、三纲、宗经等说,可见这九篇"中心意思很明显是保护中学的'体'"⑤。在《劝学篇·设学》中,张之洞对"中学"与"西学"进行了具体的界定:"新旧兼学。四书五经、中国史事、政书、地图为旧学,西政、西艺、西史为新学。旧

---

① (清)陈虬:《经教答问》,胡珠生编《东瓯三先生集补编》,上海社会科学院出版社2004年版,第52页。
② (清)陈虬:《经教答问》,胡珠生编《东瓯三先生集补编》,上海社会科学院出版社2004年版,第52页。
③ 在张之洞发表《劝学篇》之前,"中体西用"论已经有人提出,但影响远不能与张之洞相比,参见陈旭麓《论"中体西用"》,《历史研究》1982年第5期。
④ (清)张之洞:《两湖、经心两书院改照学堂办法片》,苑书义、孙华峰、李秉新主编《张之洞全集》第二册,河北人民出版社1998年版,第1299页。
⑤ 夏东元:《洋务运动史》(修订本),华东师范大学出版社2010年版,第304页。

唐文治与学堂经学的改革

学为体,新学为用,不使偏废。"① 前言新旧,后言中西。显然,所谓"旧学"即是"中学",所谓"新学"即是"西学"。

《劝学篇·设学》将四书五经、中国史事、政书、地图归入"中学",是否这些学问都称得上是"中学"的"体"呢?在《守约》篇中,张之洞将"中学"化约为以下几条:一、经学通大义,二、史学考治乱典制,三、诸子知取舍,四、理学看学案,五、词章读有实事者,六、政治书读近今者,七、地理考今日有用者,八、小学但通大旨大例。根据这种化约的处理,"中学"就被区分为经学、史学、诸子、理学、词章、政治、地理、小学八门。至于各门学问是什么关系,研治之次第如何,该篇则未有说明。

在《书目答问》附录的《国朝著述诸家姓名略总目》序中,张氏提供了一个解说:

> 由小学入经学者,其经学可信;由经学入史学者,其史学可信;由经学、史学入理学者,其理学可信;以经学、史学兼词章者,其词章有用;以经学、史学兼经济者,其经济成就远大。②

这个解说表明:第一,张之洞既强调经学应当以小学作基础,又强调理学应当以经学、史学为基础。在这里,经学既被理解为宋学即所谓"理学"的根基,也被理解为以"小学"为基础的汉学的归宿,于是成为汉学与宋学会通的学术枢纽,从而化解汉宋的对立。③ 第二,

---

① (清)张之洞著,李忠兴评注:《劝学篇》,中州古籍出版社1998年版,第121页。

② (清)张之洞撰,范希曾补注:《书目答问补正》,上海古籍出版社2008年版,第238—239页。

③ 这一点由张氏所撰《輶轩语》也可获得佐证。《輶轩语》称:"近代学人,大率两途——好读书者宗汉学,讲治心者宗宋学。逐末忘源,遂相诟病,大为恶习。夫圣人之道,读书、治心,宜无偏废,理相取资。诋諆求胜,未为通儒。甚者或言许、郑,或自命程、朱,夷考其行,则号为汉学者,不免为贪鄙邪刻之徒,号为宋学者,徒便其庸劣巧诈之计。是则无论汉宋,虽学何为。要之学以躬行实践为主。汉宋两门,皆期于有品有用。"参见(清)张之洞撰,司马朝军详注《輶轩语详注》,华东师范大学出版社2010年版,第207页。关于张氏调和汉宋的详细论述,参见冯天瑜、何晓明《张之洞评传》,南京大学出版社1991年版,第274—285页。

第二章 唐文治经学的学术与政治背景

张之洞以经学与史学作为理学、词章、经济之学的基础。这实际上也是沿用曾国藩义理、考据、词章、经济"四科判学"的学术框架，而将"考据"之学进一步厘定为经史考据之学。具体而言，就是由小学深入经学，由经学深入史学，由此建立"考据之学"的主要内涵。至于理学、词章、经济三科，则与曾国藩所论无异。

在这个基础上，张之洞特别论述了"四部之学"的关系。上引《书目答问》提出："由经学入史学者，其史学可信。"基于为学次第的视角，张氏认为经学是史学的基础。《劝学篇·设学》指出诸子学应当折中于经学。《輶轩语》则言"读古人文集宜知体要"，"能知体要，则读文集有益于经、史、子。"① 这说明，集部是研究经学、史学、子学的辅助。如此一来，"四部之学"就被融铸为"考据之学"，而尤以经史考据为根本；义理、词章、经济之学，都应以经史考据为基础。

如果说曾国藩的汉宋调和偏重在宋学或所谓"理学"，那么，张之洞的汉宋调和毋宁说更偏重在汉学。如上所述，张氏颇费心力，尝试基于"四部之学"建立"考据"之学，以"四部之学"为"四科判学"奠基。这使得张之洞以四部之学为根基的"义理之学"比曾国藩以宋明理学为根基的"义理之学"有了更广泛、客观的学术基础。张之洞强调："中学，考古非要，致用为要。"② 张氏所谓"中学"，就其学术体系而言，就是"四部之学"；就其学术内涵而言，则是继承曾国藩的"四科判学"，即以"义理"为体，以"经济"为用。

在"四部之学"中，又以"经学"作为基础中的基础。张之洞指出："中学为内学，西学为外学。中学治身心，西学应世事。不必尽索之于经文，而必无悖于经义。"③ 张氏这里强调"中学为内学"，我们不能望文生义，以为他就此否认了儒学"外王"的一面；他的

---

① （清）张之洞撰，司马朝军详注：《輶轩语详注》，华东师范大学出版社2010年版，第121页。
② （清）张之洞著，李忠兴评注：《劝学篇》，中州古籍出版社1998年版，第43页。
③ （清）张之洞著，李忠兴评注：《劝学篇》，中州古籍出版社1998年版，第161页。

用意其实只是维护儒家的纲常伦理，彰显"中学"与"西学"在"体"上的根本分际，这与前述晚清各种"中体西用"论对于"中体"的共识一致。只不过，张之洞更进一步，他不止确定了"中体"的内涵，更进而确定了"中体"的学术基础。他所谓"不必尽索之于经文，而必无悖于经义"云云，便是明确了以经学或"经义"作为"中体"的学术基础。

经过陈澧、曾国藩等人的努力，汉宋调和运动在"经世"的诉求上虽然达成了共识，但他们用来经世致用的学术资源与方法则存在分歧。分歧产生的原因，是他们从"中学"中分别选取各自认为最重要的资源并通过相应的方法来实现"经世"的目的。陈澧主张汉宋调和，张之洞也主张汉宋调和；曾国藩讲"四科判学"，张之洞也讲"四科判学"。张之洞的特殊贡献在于，他基于为学次第的视角重新建构中国传统学术的学术体系，并用"中学"这一概念对中国传统学术进行整合。他尝试将"四部之学"建构为"四科判学"的学术基础，其中又以经学作为"四部之学"的内核。冯桂芬、薛福成等早期"中体西用"论者已经初步认识到儒家伦理以及由此建立的政治传统是"中学"的根本义理，张之洞则进一步论定这些根本义理的学术基础便是经学。因此，如果要推倒儒家伦理与中国政治传统，在学术上就必须推翻经学；反之，如果要继续维系"中学"的根本义理，在学术上就必须做到"不必尽索之于经文，而必无悖于经义"。经过张之洞的理论努力，汉宋两方不只在"经世"的目的上形成共识，而且首次厘清了"经世"的学术基础与学术体系。在这个意义上，张之洞的"中体西用"论是因应汉宋调和运动内在的深层要求，它不止进一步调和了汉宋，而且系统重整了包括汉宋在内的"中学"资源，论证了"经世"的学术基础。

四 唐文治的经学渊源

唐文治最初从家学中受到的是"理学经世"思想的影响。唐文治的父亲唐受祺（1841—1924），原名锡邕，后改名受祺，字若钦，别字兰客，恩贡生，以设帐受徒为生。受祺为学"不喜标榜，不务声华,时经学、词章家驰逐炫耀,府君退然不与争衡。每当稠人广厦之中,众论纷纭,府君默然不发一言,居恒惟以暗然自修、不求人知为宗旨……尝节录吕新吾先生《呻吟语》、张杨园先生《训门人语》及国初张文端《聪训斋语》并自辑日记、行年录。"①"尤以敦品立行为第一义。"② 显然,唐受祺治学是以理学为主,自觉与乾嘉以来"经学、词章家驰逐炫耀"之学相区别。同时,唐受祺生平非常推崇太仓乡贤清初理学家陆世仪,经过长期搜辑,唐文治子承父业,最终于1895年刊成《陆桴亭先生遗书》。唐文治曾明确表达对陆世仪的景仰:

> 桴亭先生之学,自天文、地理、礼乐、农桑,以及河渠、贡赋、战阵、刑法,无不源流毕贯,而一以理学为主。言乎其体则躬行实践,履中蹈和,足以存天理于几希,拯人心于将死;言乎其用则兼综博览,盖与亭林先生相颉颃。而其事事务实,因时适变,实为曾文正诸公学术之萌芽。然则学经济者,诚能以桴亭先生之学为先导则向所谓驵商市侩、矜情饰貌之徒,自无由托足其际,而本吾圣贤之道、忠君爱国之心以治西学,又安有好利夸诞、营私误国之弊耶。③

这段话一方面强调桴亭之学"一以理学为主",另一方面强调桴亭的经世之学。唐文治认为二者是"体用"关系。他说:"盖理学、经济相须而成,理学为体,经济为用。"④ 这个看法与曾国藩"义理与经济初无两术之可分"的主张旨趣相合。他推崇桴亭的理学,将

---

① 唐文治:《先考府君事略》,《茹经堂文集一编》(沈云龙主编《近代中国史料丛刊续编》第4辑第31种)卷五,台北:文海出版社1974年版,第367页。
② 唐文治:《先考府君事略》,《茹经堂文集一编》(沈云龙主编《近代中国史料丛刊续编》第4辑第31种)卷五,台北:文海出版社1974年版,第372页。
③ 唐文治:《上沈子培先生书》,《茹经堂文集二编》(沈云龙主编《近代中国史料丛刊续编》第4辑第32种)卷四,台北:文海出版社1974年版,第702—703页。
④ 唐文治:《上沈子培先生书》,《茹经堂文集二编》(沈云龙主编《近代中国史料丛刊续编》第4辑第32种)卷四,台北:文海出版社1974年版,第702—703页。

唐文治与学堂经学的改革

"存天理"视为桴亭学术的"体";同时推崇桴亭兼综博览、分门别类的经世之学,将其视为桴亭学术的"用"。这种以"理—事""心—物""未发—已发"来理解"体用"关系的思路,正是朱子"体用不离""明体达用"的思想。① 依此而言,唐文治"理学为体,经济为用"的思想从近源上讲是继承陆世仪、曾国藩的理学经世思想,而其"体用"论的理学思维架构从远源上讲则是对朱子学的继承。

事实上,唐文治毕生私淑曾国藩。在唐文治的心目中,曾国藩是"理学为体,经济为用"的典范。他认为陆桴亭以理学为体,以经世为用的学术"实为曾文正诸公学术之萌芽"。换言之,曾国藩诸公才是理学经世思想成熟的硕果。唐氏一则曰"少年读曾文正公书,未尝不匑匑翼翼,想见其为人",再则曰"数十年来高山仰止之诚",足见其私淑之诚。曾国藩对他的影响是多方面的。首先,唐文治推崇曾国藩的理学。他晚年欲撰《性理学发微》,② 第一卷为"理学大原,言性理为政治之本",这正是曾国藩"理学经世"思想的主旨。第二卷为"学派大同",自宋周濂溪始,至清曾涤生止,详论理学源流。唐文治将曾国藩作为理学史上的殿军人物,可谓拳拳服膺。③ 其次,唐文治也受到曾国藩"经世"之学的影响。1896 年,《年谱》载:"阅各国条约事务各书,并评点《万国公法》及曾惠敏、黎莼斋诸家文集,自是于经世之学,亦粗得门径矣。"④ 次年,"阅《经世文正续

---

① 从逻辑上讲,朱子认为"体用"不离,参见陈荣捷《朱子新探索》,华东师范大学出版社 2007 年版,第 180—182 页;从实践上讲,朱子主张"明体达用",参见(宋)黎靖德编,王星贤点校《朱子语类》卷 94,中华书局 1986 年版,第 2372 页。这两点是了解朱子"体用"思想的关键,当然朱子的"体用"论还有很多其他表述,用法复杂。相关讨论参见钱穆《朱子论体用》,《朱子新学案》,台北:联经出版事业公司 1994 年版,第 493—506 页;陈荣捷《朱子言体用》,《朱子新探索》,华东师范大学出版社 2007 年版,第 179—185 页;刘述先《朱子哲学思想的发展与完成》,吉林出版集团有限责任公司 2015 年版,第 308—317 页;景海峰《朱子哲学体用观发微》,《深圳大学学报》(人文社会科学版)第 12 卷第 4 期(1995 年 11 月)。
② 此书未刊,后来刊出的《性理救世书》应该即是此书。
③ 唐文治著,唐庆诒补:《茹经先生自订年谱正续篇》(沈云龙主编《近代中国史料丛刊》三编 9 辑第 90 种),台北:文海出版社 1986 年版,第 117 页。
④ 唐文治著,唐庆诒补:《茹经先生自订年谱正续篇》(沈云龙主编《近代中国史料丛刊》三编 9 辑第 90 种),台北:文海出版社 1986 年版,第 24 页。

编》及曾文正、胡文忠全集。"① 并且，他还认为："吾国无所谓外交学也，有之自曾惠敏始。惠敏以文正明德之后，熟公法历史，争回伊犁一事，声誉藉甚。每读其文集、函牍、日记与《金轺筹笔》，辄心向往之。此外若郭筠仙、薛叔耘、黎莼斋诸先生，亦皆受文正之陶淑，用能周知四国之为，开通吾国之风气。"② 可见，唐文治的"经世"之学是由曾惠敏、黎莼斋诸家入门，而这些人"皆受文正之陶淑"。此外，唐文治曾问学于吴汝纶。吴汝纶是"曾门四弟子"之一，唐文治从吴汝纶这里直接继承了曾氏的词章之学。后来，唐氏编《国文阴阳刚柔大义》，即本曾氏《古文四象》，绍述其学。③

由上可知，唐文治早年由于家学渊源的熏陶，治学以理学为主，同时重视"经世"之学。这种学术倾向正与曾国藩的"理学经世"思想吻合。咸同年间成长的唐文治从少年时代即私淑曾国藩的学术，一方面固然是因为曾国藩作为中兴名臣在当时的巨大影响，另一方面更是因为曾国藩的"理学经世"思想与他所受的家学一拍即合。曾国藩之学，从宗旨上讲是"理学经世"，从格局上讲是"四科分判"。如上所述，唐文治在义理、词章、经济方面都深受曾国藩影响。只有考据之学，主要是来自南菁书院的训练。直到主讲无锡国专，唐文治依然不忘提倡曾国藩与其他中兴名臣的事功与学术：

> 此时为学，必当以"正人心，救民命"为惟一主旨。务望诸生勉为圣贤豪杰，其次，亦当为乡党自好之士，预贮地方自治之才，惟冀有如罗忠节、曾文正、胡文忠其人者，出于其间，他日救吾国、救吾民，是区区平日之志愿也。④

---

① 唐文治著，唐庆诒补：《茹经先生自订年谱正续篇》（沈云龙主编《近代中国史料丛刊》三编9辑第90种），台北：文海出版社1986年版，第25页。
② 唐文治：《许肃恪公外集序》，《茹经堂文集一编》（沈云龙主编《近代中国史料丛刊续编》第4辑第31种）卷四，台北：文海出版社1974年版，第320页。
③ 唐文治：《国文阴阳刚柔大义·绪言》，此书未见，转引自唐文治著，陆远编《大家国学·唐文治》，天津人民出版社2007年版，第240—244页。
④ 唐文治著，唐庆诒补：《茹经先生自订年谱正续篇》（沈云龙主编《近代中国史料丛刊》三编9辑第90种），台北：文海出版社1986年版，第79—80页。

唐文治与学堂经学的改革

不过，唐文治的学术没有停留在他的家学。王祖畬、黄以周是他求学阶段的两位重要导师。从学于王祖畬、黄以周，让他接触到晚清汉宋会通的经学思潮。王祖畬言："四子，六经之阶梯；而汉唐注疏导其先路者也，宋五子深入堂奥者也。未有通经而不本于注疏者，未有通注疏而可舍宋五子者。"① 王祖畬的学术虽然是以宋五子为归宿，但他主张由经学注疏入手，显然具有会通汉学与宋学的用意。求学南菁书院期间，黄以周教导他："顾亭林先生有言，经学即理学，理学即经学，不可歧而为二。圣门之教，先博后约，子其勉之。"② 并指导他阅读陈淳《北溪字义》和黄以周自撰的《经义通故》③，点拨他"训诂与义理合一之旨"。唐文治自言"自是于经学小学亦粗得门径"④。王祖畬兼重汉唐注疏与宋五子，黄以周主张"训诂与义理合一"，尽管两个人一个以宋学名家一个以汉学名家，却都有汉宋会通的学术取向。

唐文治虽然曾由家学接触到理学，但对于汉学或宋学，均缺乏系统与专门的学术训练。从游于王祖畬以后，王祖畬命读汪份《孟子大全》、陆陇其《三鱼堂集》、《唐宋文醇》、《熊钟陵制义》，其后又在王氏指导下开始研读《朱子小学》《近思录》《性理精义》《学蔀通辨》《程氏读书分年日程》《王学质疑》《明辨录》，并购读《二程遗书》《朱子全书》《拙修集》等。在此期间，唐文治"余日淬厉于性理、文学，初知门径矣"⑤。可见，唐文治早年读书，还谈不上"术业有专攻"，即便在王祖畬指导下开始系统地研读理学著作，也还没有真正接受经学的训练。

---

① 唐文治：《王文贞先生学案》，《茹经堂文集三编》（沈云龙主编《近代中国史料丛刊续编》第4辑第33种）卷一，台北：文海出版社1974年版，第1206页。
② 唐文治著，唐庆诒补：《茹经先生自订年谱正续篇》（沈云龙主编《近代中国史料丛刊》三编9辑第90种），台北：文海出版社1986年版，第10—11页。
③ 此书后改名为《经训比义》。
④ 唐文治著，唐庆诒补：《茹经先生自订年谱正续篇》（沈云龙主编《近代中国史料丛刊》三编9辑第90种），台北：文海出版社1986年版，第11页。
⑤ 唐文治著，唐庆诒补：《茹经先生自订年谱正续篇》（沈云龙主编《近代中国史料丛刊》三编9辑第90种），台北：文海出版社1986年版，第6页。

第二章　唐文治经学的学术与政治背景

南菁四年对于唐文治经学的奠基具有关键性的意义。在这里，唐文治不但得以接触到晚清汉宋会通的经学主脉，而且还接受了系统的"四部之学"训练。据唐氏的《南菁书院日记》[①]所记，唐氏于1885年二三月间读书情况如下：

表2-1　　　　　　《南菁书院日记十六则》读书目录

门类	书目
经部	易经：《虞氏消息》《易通释》《周易集解》《仲氏易》《易书》 尚书：《尚书集注音疏》《尚书今古文注疏》 毛诗：《毛诗稽古编》《毛诗绅义》《诗经注疏》 春秋：《春秋大事表》《春秋正辞》 四书：《论语后案》《孟子字义疏证》《孟子正义》 其他：《经典释文》《九经古义》《经传释词》《群经识小》《经义通诂》
小学	《说文解字注》《音均表》《说文解字句读》《说文解字义证》《尔雅》《音韵阐微》《说文双声叠均》《切音便览》《李氏音鉴启蒙》
史部	—
子部	《燕丹子》《庄子》《北溪字义》《困学纪闻》《读书丛录》《蛾术编》《十驾斋养新录》《龙城札记》
集部	《归震川集》《文心雕龙》

列举"表2-1"的目的，是为了说明唐文治在南菁书院接受系统的"四部之学"训练的情况。由于史料的限制，"表2-1"只根据两个月的日记，不足以详考唐文治在此四年求学的全貌，以至于史部书目出现空缺。我们当然不能据此推断唐文治求学期间未曾研读史部。尽管如此，我们依然可以看出在此期间唐文治在经、子、集部精进用功的情形。同时，我们也看到南菁书院"四部之学"的治学格局。即便唐文治是以治经为主业，但出于考据学赅博的训练，他也必

---

① 此书未刊，手稿现存无锡琴山唐文治先生纪念馆内。下表仅据《唐文治文选》所录十六则以见一斑。参见王桐荪、胡邦彦、冯俊森等选注《唐文治文选》，上海交通大学出版社2005年版，第1—8页。

唐文治与学堂经学的改革

须兼涉四部。而且，这些四部之学的要籍并非都是唐文治自己随便涉猎，有些乃是黄以周指导他读的。例如，《经义通诂》《归震川集》便是黄以周"赐读"的，而这仅仅是刚入学两个月的事。后来，唐文治对于四部都有著述。经部著作甚多，第四章会详细介绍。史部著作有《近六十年来国政记》《越勾践志》①《国鉴》②及学案、碑传多种。子部有《曾子大义》（未成）、《性理学大义》《阳明学术发微》《紫阳学术发微》《性理救世书》《人格》等。集部著述有《国文大义》《古人论文大义》《国文阴阳刚柔大义》《国文经纬贯通大义》及《茹经堂文集》六编等。唐文治后来于四部都著述甚丰，于经、子、集三部皆足专门名家，这种治学格局与专门训练，无疑得力于"南菁"四年。

学术格局的发展是表，"义理"理解的转变是里。进入南菁之前，唐文治所受的家学与王祖畬指导的理学主要是研读程朱一系的理学著作和清初陆世仪、陆陇其等理学家的著作，也初步接触到咸同理学名臣曾国藩、吴廷栋的理学思想。这些人所讲的"义理"主要是宋明理学，准确地说，主要是性理之学。进入南菁以后，唐文治禀受黄以周"经学即理学，理学即经学"之说，落实在解经实践中，具体的方法便是追求"训诂与义理合一"。他对黄氏这一经学主张的接受，在他南菁书院的求学《日记》中有所流露：

> 言训诂者，病义理为空疏；言义理者，病训诂为泛骛；而言顿悟者，更病义理为支离。甚有主训诂之学，目未见程朱之书，而亦痛斥宋儒者；主义理之学，目未见许郑之书，而亦痛斥汉儒者。痛斥宋儒，而躬行视为迂腐；痛斥汉儒，而经书束之高阁；

---

① 笔者未见。抗日战争期间，唐文治编有《越勾践志》，以勾践、夫差、伍子胥、范蠡四人为纲，其意在以勾践复国之事为抗战救亡之借鉴。参见唐文治《越勾践论》，唐文治著，虞万里导读，张靖伟整理《唐文治国学演讲录》，上海交通大学出版社2017年版，第367—369页。

② 冯振编，王桐荪、洪长佳增补：《茹经先生著作年表》，载唐文治著，唐庆诒补《茹经先生自订年谱正续篇》（沈云龙主编《近代中国史料丛刊》三编9辑第90种），台北：文海出版社1986年版，第183页。但笔者未见此书，不知是否曾经刊印。

至言顿悟者，并且绝圣弃智，专认本来面目矣。此岂复成儒者气象哉？①

唐文治这时所追求的"义理"，明显有会通汉宋的意识。他既反对清代汉学末流"主训诂之学，目未见程朱之书"，也反对宋学家"主义理之学，目未见许郑之书"。② 可见，他所谓"义理"，已经不限于"程朱之书"，而是必须兼重"许郑"与"程朱"，也就是文献层面的义理考据与心性层面的义理躬行。以治《孟子》为例，他在1886年撰写的一篇读书札记中写道："蒙尝谓治他经之学，或可专守汉注，而《论语》及《孟子》两书，辨别仁义、心性、王霸，必屏宋儒而不用，其惑者既失精微，而僻者又随时抑扬，违离道本。"③ 可见，他在原则上虽然也接受治经要"专守汉注"，也就是说，不能妄解义理，而必须回归汉唐旧说，按照汉学"家法"治经；但他反对"必屏宋儒而不用"，尤其是《论语》《孟子》两书，宋儒辨别仁义、心性、王霸极精，不能摒弃，否则就会"其惑者既失精微，而僻者又随时抑扬，违离道本"。

其所谓"义理"的内涵，也不限于宋明理学家所侧重的"性理"或心性之说。他说："我国之伦常纲纪、政教法度，具备于十三

---

① 唐文治：《南菁书院日记》，王桐荪、胡邦彦、冯俊森等选注《唐文治文选》，上海交通大学出版社2005年版，第6页。

② 宋代"疑经"思潮盛行，不重训诂，这是就一般情况而言。参见蔡方鹿《中国经学与宋明理学研究》上册，人民出版社2011年版，第二章：《疑经思潮与宋学的产生》，第54—97页；杨新勋：《宋代疑经研究》，中华书局2007年版。但是，这不能一概而论。例如，清代汉学家也承认朱子重视训诂。更具体地区分，汉学与宋学对于汉唐注疏的态度也不同。清代汉学家非常强调汉代的经学"家法"，而宋学家则"认为必须从汉唐'师法'、'家法'师古泥古的束缚中解放出来，破除'疏不破注'的陈陈相因"。说见张君劢《汉学、宋学对于吾国文化史上之贡献》，《义理学十讲纲要》，中国人民大学出版社2006年版，第100页；向世陵主编，王心竹、吴亚楠著《宋代经学哲学研究·理学体贴卷》，上海科学技术文献出版社2014年版，第28页。

③ 唐文治：《读焦里堂孟子正义》，《茹经堂文集二编》（沈云龙主编《近代中国史料丛刊续编》第4辑第32种）卷一，文海出版社1974年版，第630页。

唐文治与学堂经学的改革

经。"① 可见,唐文治了解的"义理"与晚清"中体西用"论者类似,主要是儒家的"伦常纲纪、政教法度"。而他对"义理"的寻求,已不限于从学于王祖畬时期,专门研读宋明理学家的语录、文集,而是批评"经书束之高阁",主张立足经书原典,兼资训诂考据以研求"义理",虽然他仍不废宋儒经注,但事实上用力更多的则是汉学家的经学著作。

从著述情况也可以旁证上文的判断。唐文治一生的著述,大体上也是以南菁时期为起步。在此期间,他读书精进,著述日富。入学之初,他撰写的《陆象山言先立乎其大辨》《宋明诸儒说主一辨》显然是依据宋明理学家的文集和语录。从他此前师从王祖畬的训练来讲,写出这类文章是非常自然的。因为唐文治在王祖畬的指导下,系统阅读的是宋明理学家的文集和语录,所以文章的主题都是性理学的重要概念,写作的材料也以这类著作为主。但是,没隔多久,如"表2-2"所示,唐文治在南菁时期的著作就几乎全部立足于经书本身,除《春秋》外,他于《诗》《书》《礼》《乐》《易》皆有著述,而以《易》学为多。之所以会出现这样的情况,正是因为唐文治这时的学术格局已经发生改变,他对于"义理"的理解也已经转变。他不再认为"义理"只是理学家讲的性理,更应该追本溯源直探经书中的"义理"。

唐文治早年论学以"理学为体,经世为用"为宗旨。1888年,唐文治为南菁书院日记作跋说:"处今之世,为今之学,明忠孝之大旨,辨义利之根源,其体也。究民生之利病,裕经世之大猷,其用也。"② 这里强调以"明忠孝之大旨,辨义利之根源"为"体",以"究民生之利病,裕经世之大猷"为"用",显然是"理学为体,经世为用"的框架。1895年,唐文治写信对他的弟子李颂韩说:"吾弟有志之士也,务望慎守吾言,以理学为体,以经济为用。勿读无益之书,勿作无益之事。异日担荷斯道,维持人心,力为剥阳时之硕果,

---

① 唐文治:《〈中学国文新读本〉序》,《茹经堂文集二编》(沈云龙主编《近代中国史料丛刊续编》第4辑第32种)卷五,台北:文海出版社1974年版,第799页。
② 唐文治:《南菁书院日记》,王桐荪、胡邦彦、冯俊森等选注《唐文治文选》,上海交通大学出版社2005年版,第7页。

表2-2　　　　　　　　南菁书院期间唐文治著述年表

年份	著述目录	收载情况
1885	陆象山言先立乎其大辨	《茹经堂文集》初编卷三
	宋明诸儒说主一辨	《茹经堂文集》初编卷三
	乐无大夫士制论	《茹经堂文集》二编卷一
1886	易丰配主夷主议	《茹经堂文集》二编卷一
	读焦礼堂孟子正义	《茹经堂文集》二编卷一
1887	陈同甫与朱子辨论汉唐治法论二篇	《茹经堂文集》初编卷三
	易屯二爻辞义	《茹经堂文集》二编卷一
	易讼大象传义	《茹经堂文集》二编卷一
	易蛊先甲后甲巽先庚后庚义	《茹经堂文集》二编卷一
	易升上爻消不息义	《茹经堂文集》二编卷一
	易既济东邻西邻义	《茹经堂文集》二编卷一
	读书汤誓	《茹经堂文集》二编卷一
	礼酬爵奠而不授辨	《茹经堂文集》二编卷一
	恶圆篇	《茹经堂文集》二编卷二
1888	易师履临大君义	《茹经堂文集》二编卷一
	易观六四爻辞义	《茹经堂文集》二编卷一
	易坎九五爻辞义	《茹经堂文集》二编卷一
	易解朋至斯孚义	《茹经堂文集》二编卷一
	易涣涣汉涣血义	《茹经堂文集》二编卷一
	诗皇父考	《茹经堂文集》二编卷一
	鲁诗有传无传考	《茹经堂文集》二编卷一
	礼亲殁不得为人后议	《茹经堂文集》二编卷一
	释子云	《茹经堂文集》二编卷一
	汉书艺文志尔雅属孝经说	《茹经堂文集》二编卷二
	贾生深于礼述	《茹经堂文集》二编卷二
	叔孙通所著书考	《茹经堂文集》二编卷二
	郑君述汉律考	《茹经堂文集》二编卷二
	汲黯论	《茹经堂文集》二编卷三

唐文治与学堂经学的改革

风雨时之鸡鸣,有以存圣学于一线,而不至于中绝,此则鄙人之所厚望也。"① 这依然是"理学为体,经世为用"的框架。

唐文治由"经世"转而关注"洋务"是在入仕以后。唐文治于1892年考中进士,此后入户部任职。其时,"师夷"的主张经过洋务运动几十年的提倡,早已在官僚体系中流行。唐文治入仕后拜沈曾植为师,沈在政治上属于洋务派。②1894年,中日甲午战争爆发后,唐文治因翁同龢代上《请挽大局以维国运折》,云:

> 臣非不知变经策为洋务,不无得罪于名教,然与其俟数十年后,斯文扫地而无余,不如于今日先为变通,则先王之教泽,犹可留贻于一线也。③

在这封奏折中,唐文治明确要求"变经策为洋务"。在1894年撰写的《思辨录劄记》中,唐文治也提出类似主张:"盖今天下之大患,犹不在乎不谭洋务,而在乎人人嗜利,故吾辈欲挽回风气,振起人心,必当以理学为体,以洋务为用。"④ 这段话有两点值得注意:第一,唐文治明确以"洋务为用"替换"经济为用",表示他对于西方学术的接纳态度。第二,唐文治以"理学"与"洋务"对举,用意毫无疑问是试图处理"中学"与"西学"的关系。

必须指出,当唐文治提出"以理学为体,以洋务为用"之时,张之洞的"中体西用"论尚未提出。但是,两人的思想存在某些暗合:首先,两人都用"体用"观念看待中西学术的关系。无论是张之洞的"中学为体,西学为用",还是唐文治的"以理学为体,以洋务为用",都分享了自宋儒以来的"体用"论框架。其次,两人早年都受

---

① 唐文治:《与李生颂韩书》,《茹经堂文集二编》(沈云龙主编《近代中国史料丛刊续编》第4辑第32种)卷四,台北:文海出版社1974年版,第723页。
② 边家珍:《沈曾植与〈海日楼札丛〉》,《光明日报》2008年11月10日,第12版。
③ 唐文治:《请挽大局以维国运折》,《茹经堂奏疏》,台北:文海出版社1967年版,第34—35页。
④ 唐文治:《思辨录劄记》,王桐荪、胡邦彦、冯俊森等选注《唐文治文选》,上海交通大学出版社2005年版,第191页。

曾国藩"四部分判"的影响，讲"经济"之学，后来都转而讲"西学"或"洋务"。尽管有这些转变，但整体上他们始终都倡导经世致用之学。再次，两人都确定以经学作为"义理"的学术根据。无论是张之洞的"不必尽索之于经文，而必无悖于经义"，还是唐文治的"伦常纲纪、政教法度具备于十三经"，都明确表达了这一经学共识。在很大程度上，两人的见解都可视为对嘉道以来寻求"经世"学术基础的回应。

五 结论

清代中晚期有两股显著的学术动向，一是"经世"思潮，一是汉宋调和运动。"汉宋调和"之所以得以成为普遍的学术运动，"经世"的诉求是其重要的推动力。在庄存与、陈澧、曾国藩等代表人物那里，我们看到"经世"已然成为汉学和宋学的学术共识。其中，曾国藩的"四科判学"在理论上影响尤巨，其后陈虬、张之洞等人都继承并试图改造这个学术框架。曾国藩虽然尚未明确提出"中学"的概念，但他用义理、考据、词章、经济四科对中国古典学术进行了一次系统的判摄与综合。这与近代西方大学普遍以文、理、法、商、医、农、工"七科判学"类似，都体现了中西两方各自重构学术体系的努力。曾国藩的"四科判学"尽管并非直接针对近代西方的"七科判学"而提出，但他已经具有建构"中学"体系的意识。

不过，直到曾国藩，"汉宋调和"仍然只是一种低限度的调和。曾国藩的"四科判学"虽然指出"义理"以及相应的"经济"是"中学"的共同归宿，但"中学"的根本义理是什么？相较于"西学"的学术体系，"中学"又如何构筑中国学术自身的学术体系，从而在自身的教育体制中研究与传授这些义理？曾国藩虽然已经触及这些问题，但他还没有能够就此深入展开。而这些问题随着晚清"西学"冲击的加剧而变得愈益迫切，因为，假如"中学"没有自身的根本义理，又或者"经世"不必植根于中国学术自身的学术体系；那么，人们完全可以尖锐地质疑：为什么中国不可以将"经世"全盘奠基在"西学"的基础呢？

唐文治与学堂经学的改革

晚清"中体西用"论的生成经历了漫长的酝酿，它的提出绝不只是由于西方文化的冲击，也不只是起于戊戌变法时期的政治斗争，而是因应于上述理论问题而起。尽管"中体西用"论有多种不同表述，但它们都试图回应上述两点：第一，"中学"的根本义理究竟是什么？第二，"西学"可以作为"经世"的学术基础吗？这两个问题的答案是紧密关联的。这是因为"中学"根本义理的追问一方面固然是由于"汉宋会通"运动的内在要求；另一方面也是在"西学"的冲击下才被迫彰显。本节对冯桂芬、薛福成、郑观应等人的讨论显示，晚清的"中体西用"论者大致都认同儒家伦理及其政治传统是"中学"的根本义理，即"中体"；同时，他们也普遍认同，在"中体"的前提下可以接纳"西用"，这即是说，在不抵触"中学"根本义理的前提下可以接纳"西学"作为"经世"的学术基础。于是，第一、第二两个重大理论问题至此都在理论上获得了解答。

张之洞的"中体西用"论更进一步，这涉及第三个重要的理论问题。冯桂芬、薛福成、郑观应等人虽然揭示了"中学"的根本义理，却没能较好地回应自曾国藩以来遗留的一个重要问题，即如何奠定"中学"的学术基础，从而在西学冲击下挺立"中学"的学术体系。张之洞尝试融会传统的"四部之学"和曾国藩的"四科判学"。他基于为学次第的角度，论证了"经世"必须以"义理"为根据，"义理"必须以"四部之学"尤其是经史考据作为学术基础；其中，经学又是史学的基础，诸子学是对经学义理的辅翼，集部著作是为经史考据服务。由此，他论证"中学"的学术体系是"四部之学"，"中学"的"体"是"义理"，"义理"的学术基础是经学。要言之，张之洞明确论定经学是"中体"的学术基础。这就解答了曾国藩"四科判学"的遗留问题。就本节的视野来看，"中体西用"论的提出是"汉宋调和"运动的深度发展。顺着晚清经学史的内在脉络，原本可望深入开展经学与"中学"的系统重建，然而，这种系统重建的工作由于晚清民国之际的政治剧变而强行中止，至今仍在恢复的过程中。

基于唐文治家学和早期教育的考察，我们发现唐文治早年受到理学熏陶，并受到"经世"思潮的感染，终生私淑曾国藩，在思想上主张"以理学为体,以经济为用"。可以说,"体用"与"经世"构成了唐氏思想的底色。

张晶华说唐文治受到晚清"理学经世"思想的影响,这无疑是正确的。问题是如何理解"理学经世"思想?这一思想的代表人物是曾国藩。曾氏认为义理与经济是"体用"关系,又说"义理与经济初无两术之可分",这与朱子"体用一源""明体达用"的思想一致。事实上,唐文治对朱子的"体用"思想也很了解,还曾特别予以表彰:"论其即体以达用,则浑然灿然者,贯彻于身心内外,赅五事五伦,完性体而无不足。论其即用以见体,则浑然灿然者,流行于日用民彝,驭八政六官,亦完体性而非有余。"① 可见,朱子的"体用"论正是清代"理学经世"思想的源头,无论是曾国藩,还是唐文治,都深受朱子"体用"论的影响。在这个意义上,邓国光追本溯源,指出唐文治的"体用"论源于朱子学,可谓探本之论。

不过,如果我们认为唐文治的思想只是停留在朱子的"体用"论或曾国藩的"理学经世"思想,那就错了。南菁书院的求学经历让唐文治系统接受了"四部之学"的训练,同时也接上了汉宋会通的经学思潮。尤其在他1892年入仕后,更明显感受到西方学术的冲击。晚清"中体西用"论者面对"中学"根本义理与中西学术关系的两大思想焦虑,也同样冲击着唐文治。他虽然没有像张之洞那样以"中学"概念尝试对"中学"内部各门学术进行系统综合,但他同样接纳了西方学术,确认以"理学"② 作为中西一切学术的"体"。明乎此义,我们就能够了解他为什么在"以理学为体,以经济为用"的基础上还要提出"以理学为体,以洋务为用"。唐文治与张之洞的"体用"论之所以多有暗合,正是因为他们的思想共同起源于嘉道以来汉宋会通的内在要求与西方学术的外来冲击。由此,王尔敏将唐文治列为晚清"中体西用"论的一家,尽管未作深入解读,而我们也可心知其意了。

---

① *唐文治:《论朱子学为今时救世之本》,唐文治著、虞万里导读、张靖伟整理《唐文治国学演讲录》,上海交通大学出版社2017年版,第131页。

② 即"经学即理学,理学即经学"意义上的"义理"之学,说见上文。

第二节　唐文治的"读经救国论"与近代中国变革

在近百年国学与经学教育史上,唐文治和他主持的"无锡国专"具有典范意义。① 民国时期,唐氏提出"读经救国论",即主张以"读经"作为救国图存的基础。在1935年围绕读经问题的大辩论中,他的意见被刊登在《教育杂志》专辑②,并被该刊主编何炳松(柏丞)将其列为几位绝对赞成读经的代表之首,其重要地位可见一斑。20世纪90年代以来,伴随国学教育的复兴,下到儿童读经班,上到大学国学院,"读经"问题再次引发教育界的关注。③

然而,关于唐文治"读经救国"的评价却存在两极分化的现象。在晚清民初,无论是政治领域还是文化领域,都存在"革命与改良"④ "转

---

① 陈国安:《中国文化教育传统的百年回响——唐文治和"无锡国专"论略》,《苏州大学学报》(教育科学版) 2017年第1期。
② 该专辑于1935年5月10日作为《教育杂志》第25卷第5期出刊。同年,又以《读经问题》为书名由商务印书馆单行出版。近年来,该书以其重要的文献价值,又被两次再版:1. 龚鹏程编:《读经有什么用:现代七十二位名家论学生读经之是与非》,上海人民出版社2008年版;2.《教育杂志》社编辑部:《全国专家对于读经问题的意见》,福建教育出版社2016年版。
③ 洪明:《读经论争的百年回眸》,《教育学报》第8卷第1期。
④ 有关"革命与改良"分歧的讨论非常丰富。中文方面的研究参见亓冰峰《清末革命与君宪的论争》,"中研院"近代史研究所1966年版;汤志钧《改良与革命的中国情怀:康有为与章太炎》,台北:台湾商务印书馆1991年版;王晓秋《改良与革命:晚清民初史事新探》,北京大学出版社2012年版;陈旭麓《中国近代史上的革命与改良》,《历史研究》1980年第6期;林增平《革命派、改良派的离合与清末民初政局》,《历史研究》1986年第3期;龚书铎《近代中国的革命和改良》,《思想理论教育导刊》2006年第10期。日文方面参见〔日〕寺广映雄《革命瓜分论的形成をめぐつて——保皇・革命の対立》,《中国革命の史的展开》,东京:汲古书院1979年版,第43—71页;〔日〕有田和夫:《改良派と革命派——革命意识のかたち》,《清末意识构造の研究》,东京:汲古书院1984年版。英文方面参见 Michael Gasster, *Chinese Intellectuals and the Revolution of 1911: The Birth of Modern Radicalism*, University of Washington Press, 1969; Joseph W. Esherick, *Reform and Revolution in China: the 1911 Revolution in Hunan and Hubei*, University of California Press, 1976; Martin Bernal, *Chinese Socialism to 1907*, Cornell University Press, 1976, pp. 129–197.

化与调适"① 的对抗。革命派主张用一套高远的理想彻底转化现实世界，由于这些高远的理想方案都来自西方文化，因而他们主张用西方文化替代中国文化，因而被视为"激进"；相反，改良派认为不能只看理想而不顾现实，因而主张局部的渐进性的调适，在文化上他们往往也强调维护传统文化，因而被视为"保守"，而且多数可称为"文化保守主义"。张慧琴认为唐文治此说即属于一种"文化保守主义"观点②，而张舜徽更直指此说："政治、伦纪之是非，于经中求之；理财、教育、兵事、外交之是非，亦于经中求之……此识此议，固迂远而阔于事情。"③ 与此相反，邓国光则认为："唐文治提倡读经的强烈信念，乃源于亲历……则其默察世变而高瞻远瞩的智慧，的确拔乎流俗，究非人云亦云的守旧迂腐所可拟于万一。"④ 本节考察唐氏"读经救国论"的提出过程，旨在阐明此一经学教育思想的历史成因及其与近代中国几次重大变革的关联。

一 唐文治早年对"器物救国论"和"制度救国论"的接受

根据梁启超的分析，中国知识界自鸦片战争以来逐渐感到中国的不足，这一觉醒过程经历了三个阶段，分别是感到器物、制度、文化三个方面的不足。⑤ 与此相应，中国知识界先后提出了三种救国主张：第一种是"器物救国论"，主张学习西方军事技术与工商业，追求富国强兵，这是"洋务派"的主张；第二种是"制度救国论"，主张采

---

① "转化与调适"的诠释框架最早由墨子刻（Thomas A. Metzger, 1938 - ）提出。参看 Thomas A. Metzger, *The Internal Organization of Ch'ing Bureaucracy: Legal, Normative, and Communication Aspects*, Harvard University Press, 1973; *Escape from Predicament: Neo - Confucianism and China's Evolving Political Culture*, Columbia University Press, 1970; "Ching - shih Thought and the Societal Changes of the Late Ming and Early Ch'ing Period: Some Preliminary Consideration"，收入中研院近代史所编《近世中国经世思想研讨会论文集》，中研院近代史所1984年版，第21—35页。
② 张慧琴：《唐文治的生平与思想》，台北：台湾师范大学历史系2012年硕士学位论文，第3页。
③ 张舜徽：《清人文集别录》，华中师范大学出版社2004年版，第596页。
④ 邓国光：《唐文治的经学及其〈洪范大义〉的经世关怀》，《经学义理》，上海古籍出版社2011年版，第623页。
⑤ 梁启超：《五十年中国进化概论》，《梁启超全集》第7册，北京图书馆出版社1999年版，第4030—4031页。

唐文治与学堂经学的改革

纳西方政治制度,废除君主专制,维新变法与辛亥革命虽然政见不同,但都持这种主张;第三种是"文化救国论",主张引进西方科学与民主,革新中国传统文化,这是"新文化运动"①的主张,由此促成陈旭麓所谓"观念形态的革命"②。唐文治早年也曾接受"器物救国论"和"制度救国论"的主张,但都有所保留。

唐文治早年也经历过一段"洋务"时期。1892年,唐文治步入仕途,开始与洋务人士接触。唐文治入仕后拜沈曾植为师,沈在政治上属于洋务派。③ 甲午战争以后,"洋务救国"思潮更加高涨。④ 在此期间,唐文治根据沈曾植的建议重读《思辨录》。陆世仪《思辨录》提倡"兵法儒者不可不习",唐文治在《思辨录劄记》中该条目下提出"以理学为体,以洋务为用"。⑤ 唐氏主张,洋务也是儒者不可不习的,他甚至申言"惟忠臣孝子而后可以谈洋务,亦惟忠臣孝子断不可不谈洋务"。⑥ 在这个意义上,唐文治赞成洋务派的"物质救国论"。

基于此一理念,唐文治开始研习"洋务"。1896年,唐文治开始

---

① "新文化运动"的起始时间说法不一。张德旺以1915年《新青年》创刊为起点,参见张德旺《新编五四运动史》,黑龙江人民出版社2009年版,第57页。耿云志以1917年"文学革命"运动发起为起点,参见耿云志《新文化运动、五四运动与激进主义》,《史学月刊》2009年第5期。周策纵则以1919年"新文化运动"这一名词的流行为起点,参见Tse-tung Chow, *The May Fourth movement: Intellectual Revolution in Modern China*, Harvard University Press, 1960, pp. 194-196。如果以对科学、民主的提倡来算,则"新文化运动"的起源可以追溯到更早,伍启元认为"始于戊戌维新运动的时候",参见伍启元《中国新文化运动概观》,黄山书社2008年版,第33页。

② 陈旭麓:《近代中国社会的新陈代谢》,上海社会科学院出版社2005年版,第389页。

③ 边家珍:《沈曾植与〈海日楼札丛〉》,《光明日报》2008年11月10日,第12版。

④ 甲午战败后,中国面临被列强瓜分的严重危机。许多洋务派人士在总结洋务历史和甲午惨败教训的基础上纷纷提出继续发展洋务,战前设定的目标是"求强求富",战后则重新设定为"自强救国",亦称为"洋务救国论"。参见关捷、唐功春、郭富纯、刘恩格总主编《中日甲午战争全史》第五卷《思潮篇》,吉林人民出版社2005年版,第144—176页。

⑤ 唐文治:《思辨录劄记·续思辨录题词》。这两篇文献由于只是读书笔记未被收入《茹经堂文集》。引文见王桐荪、胡邦彦、冯俊森等选注《唐文治文选》,上海交通大学出版社2005年版,第191页。

⑥ 唐文治:《与友人书》,《茹经堂文集二编》(沈云龙主编《近代中国史料丛刊续编》第4辑第32种),台北:文海出版社1974年版,第717页。

第二章　唐文治经学的学术与政治背景

"阅各国条约事务各书,并评点万国公法及曾惠敏、黎纯斋诸家文集"。① 必须说明的是,唐文治当时担任户部主事,各国条约与万国公法并非他的业务范围。事实上,同年7月,他报考了总理各国事务衙门的考试,并考取总理衙门章京第二名。可见,他本年研读"洋务"之学是出于对"洋务"的重视,并蓄意转入总理衙门从事"洋务"工作。功夫不负有心人,唐文治于两年后传补总理衙门章京。②

除了研读"洋务"书籍,唐文治的"洋务"实践还表现在两个方面:第一,参与晚清商部(后更名"农工商部")的创建。1903年正月,唐文治被指令每8日进大内一次,不久又连续得到"引见",并委以协助伍廷芳编订《商律》和筹设农务、工艺、铁路、矿务诸公司的大任。7月,代载振拟《议复张振勋条陈商务折》,提出创设商部的十二条建议。随之于当月16日,清廷批准成立商部,唐文治被任命为商部右丞。直到1906年署理农工商部尚书,唐文治在近4年时间内协助尚书载振进行了三方面的改革:一是通过拟上奏折,借助朝廷推力加强各地对实业兴办的筹划和管理;二是通过促设商会,借助民间结社厚聚推动民族经济发展的主体力量;三是通过创办实业,借助经济实体的样板作用以开全国风气之先。③ 这些改革由于清廷的昏庸敷衍与朝臣的权力内斗而未能贯彻,唐文治实业救国的理想尽管没能实现,但他对晚清农工商业的竭力推动功不可没。

第二,参与洋务派的实业教育。1907年,丁忧居家的唐文治没有再回农工商部复职,而是转入教育界。唐文治转入实业教育事业不是偶然的。1902年,第二次出国考察回国后,唐文治曾上《由英回京条陈》提出必须尽快进行三项改革:一、办商务;二、办路矿;三、开学堂。其中,唐文治认为开学堂一项尤有长远战略意义,"国

---

① 唐文治著,唐庆诒补:《茹经先生自订年谱正续篇》(沈云龙主编:《近代中国史料丛刊三编》第9辑第90种),台北:文海出版社1986年版,第24页。
② 唐文治著,唐庆诒补:《茹经先生自订年谱正续篇》(沈云龙主编:《近代中国史料丛刊三编》第9辑第90种),台北:文海出版社1986年版,第26页。
③ 余子侠:《唐文治与清末商政》,《华中师范大学学报》(人文社会科学版),第44卷第3期(2005年5月)。

唐文治与学堂经学的改革

运隆污必与学校盛衰相消息"。① 1906 年，在商部左侍郎任上，唐文治曾奏上《请调用人员设立储才馆折》，也提出为国际交易储备经济外交人才。从这两件事，足见唐文治对培养实业人才的重视。邮传部上海高等实业学堂为洋务派大臣盛宣怀创办。1907 年，唐文治长校后，首先确定办学理念："其大要在造就专门人才，尤以学成致用振兴全国实业为主，并极意注重中文以保国粹。"② 他又强调："原学堂之异于科举，要以尚实为宗旨，使人人重于实学，俾得自谋其生计，而不得锢之以虚荣。"③ 并先后创设铁路、电机、邮政、航海等专科。

在戊戌变法期间，唐文治虽然未曾明确表态支持"维新变法"，但应该是倾向变法的。早在 1894 年递上的《请挽大局以维国运折》，他已经明确表达了变法的诉求。1895 年 5 月 2 日（农历四月初八），甲午战败后，康有为联合全国举人 1400 余人发动"公车上书"，并发表著名的《上今上皇帝书》，力主变法。在康有为之前，唐文治 3 月份也为江苏一省举人代拟《上都察院呈》，力主"拒签辱国条约"。④ 可见，在维新变法的根本目标上，唐文治与康有为立场一致。

另一事件也表明唐文治的维新立场。唐文治会试的座师为晚清维新派重臣翁同龢，康有为即由翁同龢保荐而获得光绪帝重用。1892 年以后，唐文治也深受翁同龢器重。1894 年，中日甲午战争爆发，唐文治通过翁同龢代上《请挽大局以维国运折》，提出八条变法主张：一、正人心，别流品；二、务刚断，严赏罚；三、奖气节，去阘冗；四、正官常，破资格；五、拔真才，变科目；六、改武科，用火

---

① 唐文治：《职思随笔》卷 15。按：《茹经堂文集》《茹经堂奏疏》《茹经堂年谱正续编》均未提及此书。引文见郭齐家《论唐文治教育思想的历史价值与现实意义》，《教育研究》1996 年第 10 期。

② 唐文治：《咨呈重订章程和宗旨》，刘露茜、王桐荪编《唐文治教育文选》，西安交通大学出版社 1996 年版，第 19 页。

③ 唐文治：《咨邮传部转咨学部文》，刘露茜、王桐荪编《唐文治教育文选》，西安交通大学出版社 1996 年版，第 39 页。

④ 唐文治著，唐庆诒补：《茹经先生自订年谱正续篇》（沈云龙主编：《近代中国史料丛刊三编》第 9 辑第 90 种），台北：文海出版社 1986 年版，第 23 页。

器；七、联邦交，简使臣；八、塞漏卮，节浮费。① 该折要求系统改革内政外交，尽管还没有上升到改革政体的高度，但无疑已经超越洋务派囿于军事和工商业的改革范畴；就系统改革政治的诉求而言，唐文治的主张实与维新派为近。

事实上，唐文治与康有为在许多改革主张上也所见略同。第一，改革科举。康有为建议改为两场，首场试时务，分为内政、外交、理财、经武、格物、考工六科；次场试经史，分为经学五科、史学八科。经、史、时务听人自认，三类各试一科。② 唐文治虽然主张维持三场，首场试经义，次场、三场试史地、时务。③ 二人的建议表面似有出入，但实质目标都是试图结合经史之学与"洋务"之学。第二，兴办学堂。康有为在这方面建言甚多，包括建立京师大学堂，④ 改直省书院为中学堂、乡邑淫祠为小学堂，⑤ 等等。戊戌变法失败后，康有为的许多新政都遭废黜，新政期间建立的学堂也在撤废之列，但唐文治支持继续兴办西学堂。1899年，他听说家乡有人提议将新建的学堂并入书院，特去信制止：

> 圣上力求变法，专志维新，只以用非其人，全局决裂。于是不学无术之徒，承间抵隙，臆决唱声，方欲尽裁天下之书院，尽撤天下之学堂，藉以涂饰生民之耳目，而以自文其固陋。仁人君子顾何忍复张其焰？又况运会变迁……⑥

---

① 唐文治：《茹经堂奏疏》（沈云龙主编《近代中国史料丛刊》第6辑第56种），台北：文海出版社1967年版，第19—57页。
② 孔祥吉编著，《康有为变法奏章辑考》，北京图书馆出版社2008年版，第287—289页。
③ 唐文治：《茹经堂奏疏》（沈云龙主编《近代中国史料丛刊》第6辑第56种），台北：文海出版社1967年版，第34页。
④ 戊戌年正月初七，康有为奏上《请大誓臣工，开制度新政局折》，建议"学校局，掌于京师。各直省即书院、佛寺为学堂。"康氏建议在京师设"学校局"掌管各省学堂，即设立掌管各省学堂的"大学堂"，此即后来设立京师大学堂的构想，参见孔祥吉编著《康有为变法奏章辑考》，北京图书馆出版社2008年版，第139页。
⑤ 孔祥吉编著，《康有为变法奏章辑考》，北京图书馆出版社2008年版，第290—294页。
⑥ 唐文治：《与友人书》，《茹经堂文集二编》（沈云龙主编《近代中国史料丛刊续编》第4辑第32种），台北：文海出版社1974年版，第715页。

唐文治与学堂经学的改革

信中说"用非其人",尽管语涉委婉,但光绪所用变法之人显然首先是康有为。那么,唐文治对于康有为的不满是显而易见的。不过,唐文治认为戊戌变法虽然失败了,康有为虽然"非其人",但维新变法的措施则并非全不可取,兴办学堂等改革不能因其失败而尽被废除。这也表现了唐氏对康有为的某种程度的认同。

更重要的是,唐文治赞同维新派提倡的君主立宪政体。1901年,唐文治出使日本,代那桐作《奉使日本国记》,认为日本明治维新成功的主要原因是政体和教育改革:"揆厥所源,讵有异术,不过以上下之志通,而士大夫无日不求新学之所致也。"[①] 1902年,唐文治出使英、比、法、美、日五国,对立宪再三致意:"考英议院之制,其权极重,盖英虽称君民共主之国,然实民权为重,君权为轻……然或办理国事有所舛误,则国人皆归罪于执政,不闻咎及君主,此则明定宪法之效。"[②] 又认为"日本立国,首重宪法"[③]。1905年,他连续奏上《请改定官制折》《请立宪折》,积极主张实行官制变革和君主立宪制。可见,唐文治在戊戌变法后,已经明显地倾向维新派的"制度救国论"。

二 唐文治对"器物救国论"和"制度救国论"的反省

原则上,唐文治能够接受洋务派的"器物救国论",但他对这种主张有所保留。甲午战争期间,他就指出:"即如今之洋务亦然,儒者不习,而顾使鬼琐小人习之,一旦有事,朝廷不得不用此辈,此辈乃大饱其欲壑,而天下事遂至于糜烂溃败不可收拾。"[④] 又说:"余创此论(洋务不可不习)久矣,继而思之,不能无弊,盖今天下之大

---

① 唐文治:《奉使日本记》,《茹经堂文集一编》(沈云龙主编《近代中国史料丛刊续编》第4辑第31种),台北:文海出版社1974年版,第486页。
② 载振、唐文治撰:《英轺日记》(沈云龙主编《近代中国史料丛刊续编》第74辑第734种),台北:文海出版社1972年版,第155—156页。
③ 载振、唐文治撰:《英轺日记》(沈云龙主编《近代中国史料丛刊续编》第74辑第734种),台北:文海出版社1972年版,第364页。
④ 唐文治:《思辨录札记·续思辨录题词》,王桐荪、胡邦彦、冯俊森等选注《唐文治文选》,台北:上海交通大学出版社2005年版,第191页。

第二章 唐文治经学的学术与政治背景

患,犹不在乎不谭洋务,而在乎人人嗜利,故吾辈欲挽回风气,振起人心,必当以理学为体,以洋务为用。人必先勉为君子而后可谈洋务,否则聚无品势利之徒,相率而习洋务,国家之受害,更无所底止矣。"①唐文治认为,"洋务"固然要谈,但如果让没有道德的小人来兴办洋务,则洋务适足以成为功利之徒中饱私囊的口实,救国适足以祸国,济民适足以病民。因此,他主张"人必先勉为君子而后可谈洋务"。作为理学家,唐文治认为"勉为君子"必须具备理学修养,为此,他提出"以理学为体,以洋务为用"。

唐文治后来转而投身国学教育亦与此有关。前文已经提到,唐文治1908年长校邮传部上海高等实业学堂时,就曾提出"大要在造就专门人才,尤以学成致用振兴全国实业为主,并极意注重中文以保国粹"②。时隔十年,他提出不同的看法:

> 世道之诪张,人心之迷谬,风俗之庸恶,士品之卑污,上下历史,无有甚于今日者,有识之士怒焉思所以救之。顾其策奈何?或曰将讲武备,精器械,而振之以军国民教育乎?曰:否,否。扬汤不足以止沸也。或曰将研哲学,谈心理,而跻之于高明之域乎?曰:否,否。空言无补于实事也。或曰将务实业,进农家、工家、商家,而道国民以生活乎?曰:斯言似矣。然而不揣其本,徒以生计为惟一之教育,言义则万无一应,言利则赴之若川。此近代教育家之昧于先后,中国之大危机也。然则有道乎?曰:一、读十三经;二、读国文。③

在1908年提出的教育宗旨中,唐文治以实业教育与国学教育并

---

① 唐文治:《思辨录札记·续思辨录题词》,王桐荪、胡邦彦、冯俊森等选注《唐文治文选》,上海交通大学出版社2005年版,第191页。
② 唐文治:《咨呈重订章程和宗旨》,刘露茜、王桐荪编《唐文治教育文选》,西安交通大学出版社1996年版,第19页。
③ 唐文治:《〈中学国文新读本〉序》,《茹经堂文集二编》(沈云龙主编《近代中国史料丛刊续编》第4辑第32种),台北:文海出版社1974年版,第798—799页。

唐文治与学堂经学的改革

重。10年后,他认为当时的根本问题是"世道之诪张,人心之迷谬,风俗之庸恶,士品之卑污",救国的根本在于正人心,厉风俗。基于此一见解,他认为军国民教育是扬汤止沸,哲学、心理教育是空言无补。实业教育比较切实,有益于国民生计,但具有强烈的功利性质,"言义则万无一应,言利则赴之若川"。为此,实业教育的救国方案依然是"不揣其本"。经过十年实业教育的实践,唐文治更清楚地看到,振兴国学教育才是根本要图。余子侠认为五四运动爆发后,"唐文治思想发生了极大的变化,经过一年多的思想斗争,最终他以'亲老目疾'为理由,坚辞了担任13年之余的校长职务"[①]。在笔者看来,唐文治的思想在此十年之间的确经历了重大变化,但主要不是"五四"学潮所致,而是由1907年以来唐文治教育思想的上述转变造成。我们发现,正是因为在教育思想上确认国学教育才是救国的根本之图,唐氏才在辞职后旋即欣然接受无锡国学专修馆馆长一职。

唐文治对"制度救国论"也有类似反省。他后来对戊戌变法曾经有过如下反思:"光宣之间,力行新政,先生(王祖畬)颇以变本加厉为忧,谓当此人心日坏之时,多兴一利不如多除一弊,盖除弊而利即在其中。否则,兴利而弊已随之,失先后之序矣。"[②]王祖畬的这种对于"先后之序"的担忧,以及对于"人心"的关切,对唐文治的观念产生深刻影响。他后来也表达了同样的观点。戊戌变法前夕,唐文治代沈曾植拟《陈管见以固人心折》言:

> 臣窃以为本原之地有未清者,盖以今世学术不明,异说交讧,缀学之士各逞其浮嚣之气,挟其利欲之私,相与侈言西法,妄觊名位,而究其所谓西法者,实不过浮光掠影、游谭不根而

---

① 余子侠:《工科先驱 国学大师——南洋大学校长唐文治》,山东教育出版社2004年版,第184页。
② 唐文治:《王文贞公学案》,《茹经堂文集三编》(沈云龙主编《近代中国史料丛刊续编》第4辑第33种),台北:文海出版社1974年版,第1207页。

第二章 唐文治经学的学术与政治背景

已。皇上苟尽得此辈用之，而天下之乱源从此方长矣。①

戊戌变法主张效法西方的君主立宪制，兴办西式学堂，可谓是"相与侈言西法"。然而，该折的顾虑不是效法"西法"本身，而是以下两点：第一，提倡西法的人"各逞其浮嚣之气，挟其利欲之私"，这与上述唐文治"人必先勉为君子而后可谈洋务"的顾虑相同。第二，维新派提倡的西法"实不过浮光掠影、游谭不根而已"，此即所谓"学术不明"。合而观之，这两点先言心术，后言学术；学术之所以不明，正是因为心术不正，"本原之地有未清者"；反之，心术不正，则必然会"逞其浮嚣之气，挟其利欲之私"，于是无法实事求是地研究"西法"，因而学术也不可能得而讲明。

有鉴于此，唐文治强调制度改革必须以变人心为前提。他认为："惟由今之风俗，无变今之人心，虽尽改古制，至于朝三暮四，终必颠倒错乱而无以善其后。此何故哉？诵曾氏义利之箴，读孟子道揆法守之训，当憬然知所本务矣。"②所谓"曾氏义利之箴"，是指曾子《大学》所云："国不以利为利，以义为利也。长国家而务财用者，必自小人矣。彼为善之。小人之使为国家，菑害并至，虽有善者，亦无如之何矣。此谓国不以利为利，以义为利也。"所谓"孟子道揆法守之训"，是指《孟子·离娄上》所说："不仁而在高位，是播其恶于众也。上无道揆也，下无法守也；朝不信道，工不信度；君子犯义，小人犯刑，国之所存者幸也。"唐文治的主张与曾子、孟子一脉相承，强调仁义比制度更重要，变人心比变法改制更根本，否则，就算尽改古制也是于事无补。

也许有人会提出异议，认为人心固然要变，但未必须要先变人心再改革制度，而是可以反过来，只要先改变制度就自然可以改变人

---

① 唐文治：《茹经堂奏疏》（沈云龙主编《近代中国史料丛刊》第6辑第56种），台北：文海出版社1967年版，第78—79页。
② 唐文治：《壬辰殿试策自跋》，《茹经堂文集三编》（沈云龙主编《近代中国史料丛刊续编》第4辑第33种），台北：文海出版社1974年版，第1389页。

心。对此，唐文治提出告诫：

> 论者且谓变法乃可洗心，不知今日之法，万不足以变今日之人心。且正心以变法，士皆明于尊君亲上之义，实事以求是，则法自可随心而变。若欲变法以正心，以我中国之优柔，断不能尽如欧洲诸国之法。徒使人心日趋于桀黠。譬诸食马肝以求长生，饮鸩酒以为甘醴，求之愈亟，死亡愈速。故十余年来，何尝不言变法，而法卒愈变而愈坏者，此其故盖可知也。①

唐文治认为上述异议存在两个误区：第一，上述看法颠倒了正心与变法的本末关系。持这种看法的人不了解，良法的起源是由于人心通达义理并基于现实的实事求是的创造，如果能在正心的基础上实事求是地变法，则"法自可随心而变"。因此，正心与变法的次序断不能本末颠倒。如果试图凭借一群心术不正的统治者利用制度改革的强制力来强行改造被治者的人心，以为这样做就能变人心，在唐文治看来，这样做非但不能变人心，而只能坏人心，其后果只能是"法卒愈变而愈坏"。第二，撇开心术不说，完全照搬西方制度到中国在现实上也不可行。这是由于中国"优柔"的国民性格，在引进西方制度的时候，不可能没有变形，也不可能彻底落实，因此即便尽力照搬，最终也"断不能尽如欧洲诸国之法"。说到底，所谓"优柔"的国民性格依然是一个心术问题。总之，唐文治对"器物救国论"和"制度救国论"的反省，最后都归结到正人心的优先性。

三 "新文化运动"与"读经救国论"的提出

民国初年的"新文化运动"虽然也是中国近代"救亡"运动的

---

① 唐文治：《上沈子培先生书》，《茹经堂文集二编》（沈云龙主编《近代中国史料丛刊续编》第4辑第32种），台北：文海出版社1974年版，第700—701页。

一环，但采取了一种激烈的反传统立场。①但这一立场却触及了唐文治的思想底线，不可能像对待洋务运动、维新变法、辛亥革命那样与之调和。这种分歧的焦点表现在两个方面：一、尊孔与贬孔，二、读经与废经。在这两个根本问题上，唐文治提出了严正的回应。

蔡元培在《新教育意见》②中提出废除晚清学部"钦定教育宗旨"中的"尊孔"教育。他提出的理由是"尊孔与信仰自由相违"③。蔡元培认为，孔子的教育原本不是宗教而是学术，后世所谓的"儒教""孔教"属于宗教，应当分别对待。在他看来，中国教育应该顺应进化潮流，"循思想自由、言论自由之公例，不以一流派之哲学、一宗门之教义梏其心"④。换言之，孔教无论是作为学术或宗教，充其量也只是一家或一宗之说，因此不能成为全国普遍接受的国家教育宗旨。

针对教育部上述《教育宗旨令》，唐文治于次年作《驳学校不祀孔子议》提出严正反驳。首先，唐文治反驳教育部的"孔子非宗教家""孔教非宗教"说。唐文治认为，"孔教非宗教"并非定论，而只是西方少数人基于西方观念的私言。其次，唐文治反驳教育部的"教育与宗教分离"说。他认为就中国的教育传统而言，孔教原本既

---

① 近藤邦康认为，谭嗣同、章炳麟、李大钊代表中国近代知识分子"救亡"的三种形态或三个阶段，其思想观念经历了由反传统、回归传统到与传统彻底决裂的过程。参见［日］近藤邦康著，丁晓强、单冠初、姜英明译《救亡与传统：五四思想形成之内在逻辑》"前言"，山西人民出版社1988年版，第1页；李泽厚也指出"新文化运动"是"以彻底与传统决裂的激烈的新姿态和新方式，带来了新的性质"，参见李泽厚《中国现代思想史论》，东方出版社1987年版，第8页。

② 1912年9月，中华民国临时政府教育部通过《教育宗旨令》，规定"注重道德教育，以实利教育、军国民教育附之，更以美感教育完成其道德。"早在本年2月，蔡元培出任南京政府临时内阁教育总长，旋即公开发表《新教育意见》，提出军国民教育、公民道德教育、实利主义教育、世界观教育、美育五项主张。两相对比，除了世界观教育一项，其余四项都被写进《教育宗旨令》，定为国家教育宗旨。这说明，民国元年教育部的《教育宗旨令》基本上是遵循蔡氏《新教育意见》的主张。参见舒新城编《近代中国教育史料》，中国人民大学出版社2012年版，第255页。

③ 蔡元培：《新教育意见》，参见舒新城编《近代中国教育史料》，中国人民大学出版社2012年版，第504页。

④ 蔡元培：《新教育意见》，参见舒新城编《近代中国教育史料》，中国人民大学出版社2012年版，第502页。

唐文治与学堂经学的改革

是宗教又是世俗教育，如果废除孔教，便无异于全面废除中国的传统教育。最后，唐文治反驳教育部"学校祀孔有碍信教自由"的论点。唐文治指出，教会学校向孔教子弟传教不必顾及"信教自由"；而中国学校却必须出于"信教自由"之例自行废除孔教。教育部的做法，实为借"信教自由"为由以废除孔教，这样最终只会把中国学生驱入西方宗教。①

在唐文治看来，尊孔与读经是一体的两面。唐文治《谒孔陵文》说："绍承绝学，厥惟遗经；经存道存，经亡道亡。"②《孟子尊孔学题辞》也说："欲复兴中国，必先复孔子之精神。欲复孔子之精神，在教师能讲经，学生能读经。"③ 这即是说，复兴孔教必须先复兴孔子的精神，因为，皮之不存，毛将焉附？如果不能先复兴孔子的精神，则包括各种礼仪制度在内的孔教形式也终将无所附丽。而复兴孔子的精神，关键在于复兴经学。复兴经学从何入手？落实的办法就在"教师能讲经，学生能读经"。要之，孔教是经学的精神内涵，而经学则是孔教的学术基础。显然，这种兴国必须尊孔，尊孔必须读经的主张，是以孔教或孔子的精神作为根本考量，用唐氏的话说，就是维护孔子的"正人心"之学。

唐文治与"新文化运动"的根本分歧就在于，他不认为以民主、科学为核心价值的"新文化"可以替代以经学为核心的"正人心"之学。恰恰相反，他认为民主、科学需要接受中国传统学术教育的监督，而自觉以"正人心"作为其道德奠基。

早在"新文化运动"正式提出"赛先生"的口号之前，④ 唐文治就对"科学"提出了反思：

---

① 唐文治对《教育宗旨令》的批评与他的孔教观念密切相关，参见毛朝晖《唐文治的孔教观》，《宝鸡文理学院学报》（社会科学版）第37卷第4期（2017年8月）。

② 唐文治：《谒孔陵文》，《茹经堂文集一编》（沈云龙主编《近代中国史料丛刊续编》第4辑第31种），台北：文海出版社1974年版，第146页。

③ 唐文治：《孟子尊孔学题辞》，《茹经堂文集四编》（沈云龙主编《近代中国史料丛刊续编》第4辑第33种），台北：文海出版社1974年版，第1642页。

④ 1919年1月15日，陈独秀在《新青年》杂志上发表《〈新青年〉罪案之答辩书》，正式提出"德先生""赛先生"作为"新文化运动"的核心口号。

第二章 唐文治经学的学术与政治背景

  某生翩而进言曰：弟子既闻命矣。我校创设于十年以前，树风号纯朴，其于国文翘勤以求之，罔敢存菲薄之志。第今者欧化东渐，科学搀张，举凡兵、农、法、数、声、光、化、电之学，靡不肇胚佉卢，有识之士方将特辟径涂，改从象寄。先生独提而倡之，毋乃左欤？文治曰：吁！子误矣。夫木之轮囷而夭矫者，本也；水之潏汨而喷薄者，源也。生民之类，自弃其国学未有不亡者也。子独不观夫欧洲诸国乎？其竞进于文明者，则其国家、其人类强焉存焉；反是，则其国家、其人类弱焉息焉灭焉。①

  回顾文明盛衰与国家兴亡的历史经验，唐文治认为国学与科学是本末源流关系。未有本源不固而末流昌盛者，也未有国学澌灭而其国不亡者。实际上，唐文治1909年就已经指出："道德，基础也；科学，屋宇垣墉也。彼淹贯科学，当世宁无其人？然或忘身徇利，一旦名誉扫地，譬诸基础未筑，则屋宇垣墉势必为风雨所飘摇而不能久固。如此者，由道德之不明也。"②在唐文治看来，科学本身既可以用来行义，也可以用来徇利，如果没有道德作为基础，科学就可能"为风雨所飘摇而不能久固"，而非人类之福。③因此，科学必须以道德作基础；就中国而言，这个道德根基无疑在于国学的熏陶，应该以此为基础来吸收与运用科学。

  就民国的政治语境而言，"新文化运动"所标榜的"德先生"即

---

 ① 唐文治：《〈工业专门学校国文成绩录〉序》，《茹经堂文集二编》（沈云龙主编《近代中国史料丛刊续编》第4辑第32种），台北：文海出版社1974年版，第804—805页。
 ② 唐文治：《学校培养人才论》，《茹经堂文集二编》（沈云龙主编《近代中国史料丛刊续编》第4辑第32种），台北：文海出版社1974年版，第99—100页。
 ③ 在唐文治以后，不少学者都曾指出"新文化运动"之后的这一学术流弊。钱穆指出"新文化运动"影响所及，造成"学问"与"为人"判若两事，参见钱穆《谈当前学风之弊》，《学籥》，台北：兰台出版社2000年版，第176—196页。与此类似，王汎森也指出1920—1930年代中国史学界出现"价值与事实的分离"，参见王汎森《价值与事实的分离？——民国的新史学及其批评者》，《中国近代思想与学术的系谱》，台北：联经出版公司2003年版，第377—462页。

唐文治与学堂经学的改革

为民主共和政体。根据唐文治的至交王清穆的说法,唐氏"尝谓治乱兴亡之故,在内外上下之通与隔而已"。① 换言之,政治的决定因素并非政治体制本身,而是行使政治体制的人以及政治体制在实践中能否真正做到"内外上下之通"。任何政制背后都是人的政治运作,因而都需要道德奠基。正是基于这样的认识,唐文治在戊戌变法以后可以接受君主立宪政体,在辛亥革命以后也可以接受共和政体,因为关键不在于"君主立宪"抑或"民主共和"制度本身,而在于该制度的实践是否能够实质性做到"内外上下"一体。有关此点,唐文治在1922年成书的《洪范大义》中指出:

> 古人训"皇"为"君",篇中曰"汝",曰"而",曰"臣",皆指君言,而与民为一体者也,故曰"锡汝保极",恶得以为天子之制而讳言之乎?且即以古时天子之制言之,苟其合于大同之义者,即无悖乎共和之理者也,天下之所以治也。苟违乎大同之义者,则虽名为共和,而实则舞弊营私,为《洪范》之罪人。天下之所以日乱,正由于经义之不明也,恶足与言治道乎哉?爰大书之以告后世之读《洪范》者。②

可见,唐文治终极的政治理想是"大同"。所谓"大同",就是真正做到他所谓"内外上下"一体。《洪范》"皇极"的根本精神是令一国之君(可以是君主制下的君主,也可以是君主立宪或民主共和制下的政府首脑)做到"与民一体"。摆落政治形式,直指政治精神,则即使"古时天子之制",尽管偏重于君主,"苟其合于大同之义",也能臻于"大同";君主立宪制,强调君民共主,其宗旨在于"上下之志通",固然可以臻于"大同";至于民主共和政体,尽管偏重于民主,同样也可以臻于"大同"。虞万里指出:"先生从倡议立

---

① 唐文治:《茹经堂奏疏》(沈云龙主编《近代中国史料丛刊》第6辑第56种),台北:文海出版社1967年版,第4页。
② 唐文治:《十三经读本》第1册,上海人民出版社2015年版,第465页。

第二章　唐文治经学的学术与政治背景

宪，到期待共和，一再失望之后，沉思其弊，洞察心之公私是其关键，故于克去私欲，复归公理，亦即对克己复礼归仁之为政因果有深刻认识。"① 此言深得唐氏之意。

以上分析表明，唐文治对科学、民主的批判最终都归结到"新文化"的道德奠基问题。那么，要如何进行道德教育呢？1917年，唐文治指出道德教育的关键在于涵养善气。涵养之法如下：

> 夫世界中之善气，即天地中之正气，亦即文字中之正气也。人皆吸天地之间之空气，而不知吸世界中之善气。人欲吸世界中之善气，必先吸文字中之正气。文字之气正而世界昌焉。是故《易》者，阴阳消息之气之所荟滋也；《书》者，虞夏商周政治文明之气之所昭晰也；《诗》者，明堂雅颂、里巷歌谣之气之所发抒也；《礼》者，吉凶宾军嘉喜怒哀乐之气之所周浃也；《春秋》者，圣人拨乱反正善善恶恶之气之所旁魄也。②

将《五经》解释为五种"善气"或"正气"，这形象地说明了道德涵养如何以经学作为学术基础。然而，这毕竟只是一个比喻。1918年，唐文治明确提出"读经救国论"：

> 新道德既茫无所知，而旧道德则扫地殆尽，世道至于此，人心至于此，风俗士品至于此，大可悯也。且夫我国之伦常纲纪，政教法度，具备于《十三经》。孔子曰："定而后能静。"废经则一日不能定，一日不能静。又曰："和无寡，安无倾。"废经则一日不得和，一日不得安。彼宗教家方日日诵经，而我国则厌恶经籍有若弁髦，举国民之心皆粗而不能细，举国民之气皆浮而不能

---

① 虞万里：《唐文治〈论语大义〉探微》，《经学文献研究集刊》第16辑（2016年）。
② 唐文治：《〈工业专门学校国文成绩录二编〉序》，《茹经堂文集二编》（沈云龙主编《近代中国史料丛刊续编》第4辑第32种），台北：文海出版社1974年版，第813页。

唐文治与学堂经学的改革

沉，如是而犹望其治平也，岂不慎哉？此读经为救世之第一事也。①

参考上文所述各种"救国"主张，唐文治这里所说的"救世"无疑也就是说"救国"。这段话的要旨是强调以经学作为道德教育的学术奠基。与上一段的比喻相比，这段阐述显然更加明确。第一，这段话从经典与心气的关系提出如果废经，则国人的心气将不可能定、静、和、安，原因是废经将造成"旧道德则扫地殆尽"，从而使世道、人心、风俗丧失安顿的道义根据，造成个人与国家丧失安定和谐的心理基础。第二，这段话明确指出"我国之伦常纲纪，政教法度，具备于《十三经》"。这即是说，伦常纲纪与政教法度是经学的核心内涵；在中国的"旧道德"中，伦常纲纪以及由此建立的政教法度都是以经学作为其学术奠基。因此，在"新道德既茫无所知"的前提下，如果要重建道德教育，就不能不首先复兴"读经"教育。

四 结论

追溯唐文治"读经救国论"的起源，我们发现他也曾经历过一段"洋务"和"维新"时期。受甲午战争的刺激，他曾一度积极研习"洋务"。戊戌变法之前，他就曾提出系统的政治改革，而且拥护君主立宪制，主张与康有为颇为相合。可见，唐文治早年也曾接受"器物救国论"和"制度救国论"并付诸实践。

不过，唐文治对"器物救国论"和"制度救国论"的接受都是有所反省和有所保留的。无论是提出"以理学为体，以洋务为用"，还是指出"本原之地有未清者"，都一再说明，唐文治自始至终都秉持理学家的立场，强调以"正人心"作为救国的前提。但是，在1918年之前，唐文治并未确认"正人心"必须要以经学作为学术基础。

---

① 唐文治：《〈中学国文新读本〉序》，《茹经堂文集二编》（沈云龙主编《近代中国史料丛刊续编》第4辑第32种），台北：文海出版社1974年版，第799—800页。

第二章 唐文治经学的学术与政治背景

直接刺激唐文治提出"读经救国论"的动因是"新文化运动"。在尊孔与贬孔、读经与废经两个关键问题上，唐文治与"新文化运动"的"文化救国论"无法调和。唐文治认为，尊孔与读经是一体的两面。"尊孔"就是尊崇"孔子之精神"，而经学则是尊孔的学术基础。对于"新文化运动"提倡的"科学"与"民主"，唐文治在原则上也能接受，但他绝对不能接受以贬孔和废经作为提倡"科学"与"民主"的前提。恰恰相反，他认为"新文化"也需要进行道德奠基。他指出道德与科学是本末体用关系，而良好政治的实现也并非取决于政治制度本身，而在于行使政治制度的人。科学与民主的建设，都必须依靠国民道德素质的提升。他对"新文化运动"的反省最终归结到道德的提倡，明确指出经学的核心内涵是"伦常纲纪，政教法度"，并确认经学是传统道德教育的学术基础。基于中国道德教育的传统，他认定必须复兴经学才能从根基上提升国民的道德素质。经过上述漫长的思想历程，唐文治最终于1918年才首次提出他的"读经救国论"。

第三章　晚清的"学堂经学"改革

第一节　京师大学堂的课程改革与"学堂经学"形态

民国元年，大学废除经学科、小学废除读经科，这表征着传统经学在现代教育体制中丧失了其独立的学科地位。但是，这不意味着传统经学未曾尝试以独立学科的姿态融入现代教育体制，以实现现代转型。近年来的经学史研究注意到，晚清经学也曾尝试自我更新，并产生一股比附西学的新风气。① 最新的研究表明，这股新风气的形成与晚清学堂密切相关。② 然而，长期以来，这种传统经学自我更新的努力在权威的经学史论述中遭到忽略。③ 本节尝试以晚清学堂课程改革作为切入点，剖析晚清学堂课程改革的内在动力与主要争议，探讨晚

---

① 据葛兆光考察，晚清今古文经学都有吸纳西方知识的现象，参见葛兆光《中国思想史》第二卷，复旦大学出版社2001年版，第477—493页。叶纯芳也指出晚清经学的一个主要特点是"以西学比附经学"，参见叶纯芳《中国经学史大纲》，北京大学出版社2016年版，第475、483—497页。

② "学堂经学"一词虽为本书提出，但最近已有学者注意到晚清学堂与近代经学改革的关系。例如，朱贞注意到晚清学堂编纂的经学教科书以及"学堂经学教员""学堂经学教科书"等新事物，参见朱贞《晚清经学教科书的编写与审定》，《学术研究》2014年第3期；陆胤也注意到学堂与书院中经学形态的差异，并将"书院治经"与"学堂读经"并举，参见陆胤《从书院治经到学堂读经——孙雄与近代中国学术转型》，《学术月刊》第49卷第2期（2017年2月）。

③ 除了上述叶纯芳的新著《中国经学史大纲》提到晚清经学的这种努力外，就笔者考察所及，其他各种权威经学史著作如皮锡瑞《经学历史》，刘师培《经学教科书》、马宗霍《中国经学史》，吴雁南、秦学颀、李禹阶主编的《中国经学史》等都没有述及晚清民国之际经学的自我更新努力。

清经学课程的自我更新以及在此过程中形成的"学堂经学"形态。

本节对经学课程的考察涉及洋务运动以来兴办的新式学堂，但选择以京师大学堂作为"学堂经学"的主要个案，这是基于以下两点考虑：第一，京师大学堂是晚清新式学堂的最高学府，晚清历次课程改革都以京师大学堂作为试点学堂。就这一点而言，京师大学堂可说是晚清学堂课程改革的晴雨表与实验室，极具代表性。[1] 第二，京师大学堂相较于许多其他新式学堂，由于其官方背景和重要地位，档案保存相对完整，为本节对经学课程的研究提供了较完备的文献资料。本节首先对晚清学堂的教育理念与经学课程进行一般性的考察，然后聚焦京师大学堂经学课程的理念、设置与改革，进行个案研究，最后，再由特殊回到一般，推论"学堂经学"形态的一般特征与经学史意义。

一 晚清学堂的教育理念与经学课程

在讨论之前，让我们先厘清"学堂"的概念。对于接受现代新式学校教育的人而言，很容易将"学堂""学校"两个名词混淆。"学校"作为中国固有的教育名词，在《孟子》中就已经出现。[2] 马端临《文献通考》专列"学校考"，分为太学、郡国乡党之学。[3] "学校"起源甚早，在周代，"学校"已明确采用国学、乡学双轨制。[4] 可见，"学校"是中国古代公立教育机构的通称，既包括国立学校，也包括地方学校。

"学堂"则是晚清洋务运动以来开办的新式教育机构。晚清的

---

[1] Xiaoqing Diana Lin（林小青）便指出京师大学堂的课程后来成为晚清乃至民国高等学校课程仿效的一个范本，参见 Xiaoqing Diana Lin, *Peking University: Chinese Scholarship and Intellectuals 1898–1937*, State University of New York Press, 2005, p. 17.

[2] 《孟子·滕文公上》："设为庠序学校以教之。庠者养也，校者教也，序者射也。夏曰校，殷曰序，周曰庠，学则三代共之，皆所以明人伦也。"参见（宋）朱熹《四书章句集注》，中华书局1983年版，第255页。

[3] （元）马端临：《文献通考》，浙江古籍出版社2000年版，第379—434页。

[4] 周予同：《中国学校制度》，《民国丛书》第三编第45册，上海书店1991年版，第14—15页。

唐文治与学堂经学的改革

"学堂"是新式教育的通称,名称并非规范划一,有些也叫作"馆"或"学校",如1861年创办的京师同文馆、1904年创办的私立南开学校。不过,最普遍的名称还是"学堂"①,如福建船政学堂、天津水师学堂、湖南时务学堂、两江师范学堂、京师大学堂,等等。直到1912年1月19日,国民政府颁布《教育部普通教育暂行办法通令》,规定将"学堂"改称"学校",监督、堂长一律改称校长。② 在国家教育政策的强制下,"学堂"作为中国近代新式教育的一个过渡形态才从此退出历史。

与传统书院相比,"学堂"具有两个主要特点:第一,教育理念上遵循"中体西用"论。苏云峰指出"中体西用"论奠定了清末新教育的基础;民国成立后,政体变更,思想解放,关心教育的学者才放弃"中体西用"论,提出多种新教育思想。③ 第二,课程上接纳西方现代教育体制下的学术分科,重视学习西方科学知识。梁秉赋曾为"学堂"提出一个界说:"传授现代学科知识与技术的教育机构,在清代称之为'馆',或曰'学堂''学校'。"④ 便强调了上述第二个特点。桑兵指出:"清代教育,前期集唐宋以来学校体制之大成,后期开现代教育体制的先河。前期学校育才教化,贵通不贵专,所重在于养成做人之道和御人之人。后期学堂分科教学,虽有普通学和国民教育取向,总体上贵专不贵通,所重在于培育治事之人和办事之才,使人人各得其所。"⑤ 此说虽然是针对清代教育前后期所做的区分,但用来区分传统书院教育与新式学堂教育也同样恰当,因为清代前后

---

① 美国史学家毕乃德(Knight Biggerstaff)将晚清学堂细分为七类,详见 Knight Biggerstaff, *The Earliest Modern Government Schools in China*. Ithaca, Cornell University Press, 1961, p. 31。
② 《教育部普通教育暂行办法通令》,舒新城编《近代中国教育史料》,中国人民大学出版社2012年版,第209页。
③ 苏云峰著,吴家莹编校:《中国新教育的萌芽与成长:1860—1928》,台北:五南图书出版公司2005年版,第9页。
④ 梁秉赋:《新、马华教起源的几个相关历史因素的讨论——革命、维新、科举、学堂》,《亚洲文化》第39卷(2015年8月)。
⑤ 桑兵:《科举、学校到学堂与中西学之争》,《学术研究》2012年第3期。

第三章 晚清的"学堂经学"改革

期教育正是以传统书院与新式学堂为代表。

"中体西用"是"中学为体,西学为用"的省略语,一般被学界公认是洋务运动的指导思想。① 其中"体用"概念沿袭明清以来官方学说——程朱理学的"体用"论,强调"'体'不变而'用'可变"。② 不过,"中体西用"论的用法有其特殊性。在"中体西用"论述中,"体用"既不是指形体与作用的关系,也不是指本体与功能关系,而是指在文化或教育政策上根本原理(原则)与具体应用的关系。③ 其所谓"体",是指文化政策或教育政策中不容改变的根本原理或原则,而"用"则是指可以与时俱进的具体应用。"中西"对举,则是"鸦片战争"以后中国遭遇西方文化冲击的产物。需要指出的是,"中体西用"论的提出不是要用"体用"概念来重新讨论宇宙本体或心性问题,而是用来应对迫在眉睫的西方文化的冲击。其关注的重点在于要不要讲西学?讲哪些西学?④ 不少学者都注意到,"中体西用"并不是一个哲学概念,而是"文化政策"⑤或"接受西用或改革的蓝图"⑥。事实上,在甲午战争以后,"中体西用"论流行的主要领域就是文化教育领域,有关"中体西用"的讨论大多是与"学术"或"学校"相联系,"中学为体,西学为用"作为一个比较明确而普遍的提法也是在这样的语境中才正式出现的。⑦

晚清学堂课程在原则上都奉行"中体西用"的理念。以晚清第一所新式学堂京师同文馆为例,它限定必须具有正途资格即举人、恩拔副岁优等贡生,并由此出身之五品以下京外各官年三十以下者才能入

---

① 夏东元:《洋务运动史》(修订本),华东师范大学出版社2010年版,第303页。
② 薛化元:《晚清"中体西用"思想论(1861—1900)》,台北:弘文馆出版社1987年版,第36—38页。
③ 葛荣晋:《中国哲学范畴通论》,《葛荣晋文集》第四卷,社会科学文献出版社2014年版,第312页。
④ 苏云峰著,吴家莹编校:《中国新教育的萌芽与成长:1860—1928》,台北:五南图书出版公司2005年版,第9页。
⑤ 谭丕谟:《清代思想史纲》,上海古籍出版社2013年版,第76页。
⑥ 薛化元:《晚清"中体西用"思想论(1861—1900)》,台北:弘文馆出版社1987年版,第231页。
⑦ 谢放:《中体西用之梦:张之洞传》,四川人民出版社1995年版,第363页。

唐文治与学堂经学的改革

学,入学后再研习西方语言与天文、测算、几何、化学等科学。① 又如,李鸿章1881年奏设的北洋水师学堂也规定"教之经,俾明大义;课以文,俾知论人。瀹其灵明,即以培其根本"②。再如,张之洞1887年奏设的广东水陆师学堂,更是规定"堂中课程限定每日清晨先读《四书》《五经》数刻,以端其本"③。可见,晚清学堂普遍都奉行"中体西用"的办学理念,而尤以儒家经学作为"中学"课程的根本。

强调以经学作为"中学"课程的根本,主要是出于维护儒家伦理及其政治传统的考虑。张之洞"中学为内学,西学为外学。中学治身心,西学应世事"④的说法强调"中学"为"内学""治身心",实质就是强调经学课程对于塑造伦理道德的功能。他还曾明确指出:"《四书》《五经》道大义精,炳如日月,讲明五伦,范围万世。圣教之所以为圣,中华之所以为中,实在于此。"⑤ 孙家鼐也说:"储才之道,尤在知其本而后通其用。臣于来堂就学之人,先课以经史义理,使晓然于尊亲之义,名教之防,为儒生立身之本;而后博之以兵、农、工、商之学,以及格致、测算、语言文字各门。务使学堂所成就者,皆明体达用,以仰副我国家振兴人才之至意。"⑥ 张、孙二人都强调经学的基础地位就在于它承载的儒家伦理。由伦理延伸,则及于

---

① (清)文庆等纂辑:《筹办夷务始末》卷46,故宫博物院1930年版,第46—47页。最初只限招考十三四岁以下八旗子弟,后多次修订招考办法,才在原则上确定"专取正途人员",参见陈向阳《晚清京师同文馆组织研究》,广东高等教育出版社2004年版,第233—240页。
② (清)李鸿章:《水师学堂请奖折》,《李鸿章全集》第三册,海南出版社1997年版,第1552页。
③ (清)张之洞:《创办水师学堂折》,《张之洞全集》第一册,河北人民出版社1998年版,第575页。
④ (清)张之洞著,李忠兴评注:《劝学篇》,中州古籍出版社1998年版,第161页。
⑤ (清)张之洞:《妥议科举新章折》,陈景盘、陈学恂主编《清代后期教育论著选》上册,人民教育出版社1997年版,第373页。
⑥ (清)孙家鼐:《奏陈京师大学堂开办情形折》,陈景盘、陈学恂主编《清代后期教育论著选》上册,人民教育出版社1997年版,第233页。

政治。孙家鼐认为"中国以礼教为建邦之本"①,这就是说,中国的传统政治也是建基在儒家伦理的基础上。刘光蕡说得更加明白:"有伦理,然后有世道。主持世道者,君臣也。吾《六经》所言皆是此理。"② 又说:"伦理为主政治之源,政治即修伦理之道。"③ 在刘氏看来,经学的根本是其中承载的儒家伦理,其次则是基于儒家伦理而建立的政治与社会。

晚清学堂的办学初衷固然是试图在"中体西用"理念的指导下兼融儒家伦理与西方的专门知识,不过,落实在具体的学堂办学中,"西学"教育的成效并不显著。一方面,洋务运动以来设立的新式学堂数量本来就不多;另一方面,加上教学内容大多流于粗浅,于是造成所谓"西学"往往仅得皮毛。而且,由于当时科举尚未废除,士习仍以科第出身为贵,学堂无法招收到好的生源。1892年,郑观应便清楚地指出这些弊端:

> 至如广方言馆、同文馆虽罗致英才,聘请教习,要亦不过只学语言文字,若夫天文、舆地、算学、化学直不过粗习皮毛而已。他如水师武备学堂,仅设于通商口岸,为数无多;且皆未能悉照西洋认真学习,良以不重之故,下亦不好。世家子弟皆不屑就,恒招募婪人子弟及舆台贱役之子弟入充学生。况督理非人,教习充数,专精研习曾无一人,何得有杰出之士,成非常之才耶?④

1896年,李端棻在《请推广学校折》中提出了更全面的批评:

---

① (清)孙家鼐:《奏陈京师大学堂开办情形折》,陈景磐、陈学恂主编《清代后期教育论著选》上册,人民教育出版社1997年版,第232页。
② (清)刘光蕡:《甘肃省大学堂功课提要》,《刘光蕡集》,西北大学出版社2014年版,第236页。
③ (清)刘光蕡:《甘肃省大学堂功课提要》,《刘光蕡集》,西北大学出版社2014年版,第237页。
④ (清)陈忠倚辑:《皇朝经世文三编》卷二,"西学",文海出版社1972年版,第35页。

唐文治与学堂经学的改革

夫二十年来，都中设同文馆，各省立实学馆、广方言馆、水师武备学堂、自强学堂，皆合中外学术相与讲习，所在而有。而臣顾谓救之之道未尽，何也？诸馆皆徒习西语西文，而于治国之道，富强之原，一切要书，多未肄及，其未尽一也。格致制造诸学，非终身执业，聚众讲求，不能致精。今除湖北学堂外，其余诸馆，学业不分斋院，生徒不重专门，其未尽二也。诸学或非试验测绘不能精，或非游历察勘不能确，今之诸馆，未备图器，未遣游历，则日求之于故纸堆中，终成空谈，无自致用，其未尽三也。利禄之路不出斯途，俊慧子弟，率从事帖括，以取富贵，及既得科第，遂与学绝，终为弃材。今诸馆所教，率自成童以下，苟逾弱冠，即已通籍，虽或向学，欲从末由，其未尽四也。巨厦非一木所能支，横流非独柱所能砥。天下之大，事变之亟，必求多士，始济艰难。今十八行省只有数馆，每馆生徒只有数十，士之欲学者，或以地僻而不能达，或以额外而不能容。即使在馆学徒一人有一人之用，尚于治天下之才万不足一，况于功课不精，成就无几，其未尽五也。此诸馆所以设立二十余年，而国家不一收奇才异能之用者，惟此之故。①

李氏所论计有五点，其中三点与郑观应的批评相同：数量不多，内容粗浅，重科第不重学堂。此外，李氏还提出两点重要批评：一是设备不足。"西学"与"中学"不同，"诸学或非试验测绘不能精，或非游历察勘不能确"，因此，如果缺乏试验测绘的设备，或未能实地游历察勘，则无从致用致精。二是分科不专。李氏认为，"学业不分斋院，生徒不重专门"，就无法学好"西学"。在这一点上，"西学"与"中学"也差别很大，"西学"必须区分学科，重视专门知识的训练，否则必然造成学生无法专精。

---

① 麦仲华编：《皇朝经世文新编》卷五，"学校上"，台北：文海出版社1972年版，第15—17页。

第三章 晚清的"学堂经学"改革

  这种课程专门化的要求在当时并非个别现象。1896年,梁启超在所撰《变法通议》中说:"今之同文馆、广方言馆、水师学堂、武备学堂、自强学堂、实学馆之类,其不能得异才何也?言艺之事多,言政与教之事少。其所谓艺者,又不过语言文字之浅,兵学之末,不务其大,不揣其本,即尽其道,所成已无几矣。又其受病之根有三:一曰科举之制不改,就学乏才也。二曰师范学堂不立,教习非人也。三曰专门之业不分,致精无自也。"① 同年,孙家鼐也提出:"京外同文、方言各馆,西学所教亦有算学、格致诸端,徒以志趣太卑,浅尝辄止,历年既久,成就甚稀,不立专门,终无心得也。"②

  上述批评的提出大都发生在中日甲午战争之后。一方面,洋务运动兴办三十余年,而大败于甲午一役,则其所兴办之各类新式学堂的成效自不能不引起世人之质疑。另一方面,甲午战争后,新式学堂迅速推广,由于办学的需要,教育界对于西方和日本的学制接触越来越多,提供了更多批评的参照。左玉河便指出:"甲午战争后,随着西书翻译之增多和西学传播规模之增大,西方近代分科观念及分科原则即为越来越多的中国学人所接受。"③ 若细作区分,则甲午战前中国曾一度属意英美学制,而甲午战后中国更重视日本学制。④ 明白这些原委,李端棻、梁启超、孙家鼐等人将批评的矛头指向洋务派创办的新式学堂,纷纷提出专门分科的改革要求,正是抓住了"中学"与"西学"教育区分的一个要害。

  就"中学"课程而论,洋务派开办的新式学堂更难令人满意。新式学堂学生忙于学习"西学"科目,往往忽视经学课程而随便应付,

---

 ① 梁启超:《变法通议》,《梁启超全集》第一册,北京图书馆出版社1999年版,第20页。
 ② (清)孙家鼐:《议覆开办京师大学堂折》,《时务报》第三册,京华书局1967年影印版,第1326—1327页。
 ③ 左玉河:《从四部之学到七科之学——学术分科与近代中国知识系统之创建》,上海书店出版社2004年版,第152页。
 ④ Chan-Fai Cheung & Guangxin Fan, "The Chinese Idea of University, 1866-1895", in Ricardo K. S. Mak ed., *Transmitting the Ideal of Enlightenment: Chinese Universities since the Late Nineteenth Century*, University Press of America, 2009, pp. 23-34.

· 75 ·

唐文治与学堂经学的改革

甚至视为无用而予以轻视。1896年,梁启超批评道:"吾尝见乎今之所论西学者矣,夷其语,夷其服,夷其举动,夷其议论,动曰中国之弱由于教之不善,经之无用也。推其意,直欲举中国文字付之一炬。"① 1898年,梁启超在代拟的《遵筹开办京师大学堂疏》② 中再次批评道:"今士人学无本原,不通中国政教之故,徒袭西学皮毛,岂能供国家之用?"③ 并指出:

> 近年各省所设学堂,虽名为中西兼习,实则有西而无中,且有西文而无西学。考东西各国,无论何等学校,断未有尽舍本国之学而能讲他国之学者,亦未有绝不通本国之学而能通他国之学者。中国学人之大弊,治中学者则绝口不言西学,治西学者亦绝

---

① 梁启超:《〈西学书目表〉后序》,《梁启超全集》第一册,北京图书馆出版社1999年版,第85页。

② 京师大学堂章程虽然是由梁启超执笔草拟,其方案则出自康有为。康有为《自编年谱》载:"自四月杪大学堂议起,枢垣托吾为草章程,吾时召见无暇,命卓如草稿,酌英美日之制为之,甚周密,而以大权归之教习。总署覆奏学堂事,大臣属之章京,章京张元济来请吾撰。吾为定四款:一曰预筹巨款,二曰即拨官舍,三曰精选教习,四曰选刻学书。"见康有为《康南海自编年谱》,台北:文海出版社1966年版,第54页。梁启超追述当时经过:"皇上既毅然定国是,决行改革,深知现时人才未足变法之用,故首注意学校,三令五申。诸大臣奉严旨令速拟章程,咸仓惶不知所出,盖中国向未有学校之举,无成案可稽也。当时军机大臣及总署大臣咸饬人来,属梁启超代草。梁乃略取日本学规,参以本国情形,草定规则八十余条,至是上之,皇上俞允,而学校之举乃粗定。"则未提及康有为,参见梁启超《戊戌政变记》,《梁启超全集》第一册,北京图书馆出版社1999年版,第194页。罗惇曧《京师大学堂成立记》:"迄于戊戌,康有为向用,复力主兴学,迭奉严旨,促拟大学章程,枢廷及总署大臣仓卒不知所措。梁启超时在京师,方倡新学,乃争遣人乞启超属章。启超略取日本学规,参以本国情形,为草程八十余事,乃据以上之。"亦从梁说。参见舒新城编《近代中国教育史料》,中国人民大学出版社2012年版,第88页。按:梁之见用由于康,创设京师大学堂为变法大政,拟撰章程事必曾与康氏商议。合诸说观之,康氏属梁氏者当为大致方案,其中包括"酌英美日之制为之""大权归之教习"。至于所谓"章程八十余事"则出梁氏一人之手,或较近实情。

③ 梁启超:《遵筹开办京师大学堂疏》,载王延熙、王树敏编《皇朝道咸同光奏议》,卷七,"变法类·学堂",上海久敬斋光绪二十八年(1902)刊本,第7—13页。按:《北京大学史料》据《谕折汇存》引作《总理衙门奏筹办京师大学堂并拟学堂章程折》,时间定为光绪二十四年五月十五日。参见北京大学校史研究室编《北京大学史料》第一卷,北京大学出版社1993年版,第44页。据前注及《皇朝道咸同光奏议》所引,知《遵筹开办京师大学堂疏》即《总理衙门奏筹办京师大学堂并拟学堂章程折》,虽然是以总理衙门的名义具奏,但实则出于梁启超的手笔。

第三章 晚清的"学堂经学"改革

口不言中学。此两学所以终不能合，徒互相诟病，若水火不相入也。①

梁启超说学堂课程虽然名义上是"中西兼习"，但其实是"有西而无中"。在这一点上，张之洞与梁启超的看法一样：

夫明伦必以忠孝为归，正学必以圣经贤传为本，崇正学明人伦，舍此奚由？乃近来学堂新进之士，蔑先正而喜新奇，急功利而忘道义，种种怪风恶俗，令人不忍睹闻。至有议请废罢《四书》《五经》者，有中小学堂并无读经讲经功课者，甚至有师范学堂改订章程，声明不列读经专科者，人心如是，习尚如是，循是以往，各项学堂于经学一科，虽列其目，亦止视为具文，有名无实。②

张之洞对学堂"中学"课程的批评，主要是针对经学课程的设置。张氏批评学堂的读经课程"有名无实"，甚至"议请废罢《四书》《五经》"，"声明不列读经专科"。张氏特别重视经学课程，他认为这关系到"正学"的存废。他认为"正学必以圣经贤传为本"，也就是以经学为本；而所谓"正学"，主要就在于"明人伦"。这就是说，经学课程的存废之所以在所必争，就在于它在实质上决定了儒家伦理的存废。

与张之洞一样，王先谦也对学堂经学课程的设置深表不满。王先谦将学堂与书院课程相比较，提出两点批评：第一，学堂课程太密。"今听讲日数科，上学日数次，闻铃而趋，执策而讽，不能深造，何由自得？"王先谦认为书院以自学为主，而学堂则以讲授为主，大抵都是口耳灌输之学，很难深造自得。第二，经学课程章程

---

① 梁启超：《遵筹开办京师大学堂疏》，王延熙、王树敏编《皇朝道咸同光奏议》卷七，"变法类·学堂"，上海久敬斋光绪二十八年（1902）刊本，第7—13页。
② （清）张之洞：《创立存古学堂折》，陈景盘、陈学恂主编《清代后期教育论著选》上册，人民教育出版社1997年版，第422页。

不合理。"近日章程愈变,小学堂不读经,诸学堂读经年限,非廿余岁不能毕。群经义理之钥不开,灵明之府皆锢,而欲'中学'不绝,其道末由。"① 王先谦认为,在小学堂废除读经的情形之下,按照中等或高等学堂经学课程的设置"非廿余岁不能毕",由于课程设置不当,其结果不可能真正了解"群经义理",从而导致"中学"断绝。

二 京师大学堂的课程改革及其理念分歧

京师大学堂的创议可溯源到中日甲午战争。1895年,中日议和期间,康有为倡议上书拒绝和议,于4月8日递呈都察院,是为"公车上书"。同年,康有为在京发起创办京师强学会,附设书局,京中士大夫自尚书、侍郎以至翰林、科道有志维新者如孙家鼐、李端棻、徐致靖、张荫桓、文廷式、杨深秀等人皆列名会籍②,成为一个维新派的政治团体。其后,书局一度被禁,后以胡孚宸奏请获准解禁,并改为官办。1896年,刑部左侍郎李端棻建议推广官书局之意以设学堂:

> 臣请推广此意,自京师以及各省府州县皆设学堂。……省学选诸生年二十五以下者入学,其举人以上欲学者听之。学中课程,诵经史子及国朝掌故诸书,而辅之以天文、地舆、算学、格致、制造、农、商、兵、矿、时事、交涉等学,以三年为期。京师大学选举、贡、监年三十以下者入学。其京官愿学者听之。学中课程,一如省学,惟益加专精,各执一门,不迁其业,以三年为期。③

---

① (清)王先谦:《学堂论上》,王先谦撰,梅季校点《王先谦诗文集》,岳麓书社2008年版,第15页。
② 庄吉发:《京师大学堂》,台北:台湾大学文学院1970年版,第9页。
③ (清)李端棻:《请推广学校折》,陈景磐、陈学恂主编《清代后期教育论著选》,上册,人民教育出版社1997年版,第340页。

第三章 晚清的"学堂经学"改革

李氏构想中的京师大学课程分为中学、西学两部。中、西学课程中以中学为主,西学为辅,属于前述"中体西用"论中"主辅"论的形态。李氏所谓"中学",包括"经史子及国朝掌故诸书",也就是"四部"之学;西学就是天文、地舆、算学、格致、制造、农、商、兵、矿、时事、交涉等学,即前述所谓"专门"之学。不过,李氏未能清楚说明经学课程在"四部"之学中的位置。

同年七月,工部尚书、管理书局大臣孙家鼐奏上开办京师大学堂办法:

> 一曰宗旨宜先定也。中国五千年来,圣神相继,政教昌明,决不能如日本之舍己芸人,尽弃其学而学西法。今中国京师初立大学堂,自应以中学为主,西学为辅;中学为体,西学为用。中学有未备者,以西学辅之;中学有失传者,以西学还之。以中学包罗西学,不能以西学凌驾中学。此是立学宗旨。日后分科设教,及推广各省,一切均应抱定此意,千变万化,语不离宗。①

孙家鼐与李端棻一样,都强调中学与西学课程的主辅关系。只不过,孙氏更明确地说出"中学为体,西学为用"是立学宗旨。他强调不能尽弃"中学"而全盘采纳"西学",他认为中国"政教昌明","决不能如日本之舍己芸人,尽弃其学而学西法",可见孙氏所坚持的是中国"政教",这与张之洞、刘光蕡等人坚持儒家伦理及其政治传统的观点是一致的。同时也可以看到,李端棻、孙家鼐与张之洞、刘光蕡等人在"中体西用"的办学理念上具有共识。

此外,孙家鼐在该奏折中还构拟了一份京师大学堂课程。课程设置如下:

---

① (清)孙家鼐:《议覆开办京师大学堂折子》,《时务报》第三册,京华书局1967年影印版,第1327页。

表3-1　　　　　　　孙家鼐所拟京师大学堂分科课程

分科	课程
天学科	天学，附算学
地学科	地学，附矿学
道学科	道学，附各教源流
政学科	政学，附西国政治及律例
文学科	文学，附各国语言文字
武学科	武学，附水师
农学科	农学，附种植、水利
工学科	工学，附制造、格致各学
商学科	商学，附轮舟、铁路、电报
医学科	医学，附地产、植物、化学

这份课程贯彻了孙氏"中体西用"的办学理念。如"表3-1"所示，孙氏构拟的京师大学堂课程分为十科：天、地、道、政、文、武、农、工、商、医。在孙氏看来，这些都是"中学"固有的内容，只不过天、地、工、商等学原来并非传统书院课程的重点，现在则从边缘升格为重点。十科都以"中学"为主，而以西学为"附"，这个设想是按照"自应以中学为主，西学为辅"的观念来设置课程的。前文指出，孙氏坚持的是中国的"政教昌明"，在课程中就落实为"道学科"和"政学科"，分别代表了中国的伦理道德与政治之学。以中国的道学、政学居首，分别附以各教源流和西国政治及律令。这样的配置表示，孙氏似乎认为中国的"政教"大致可与西方政治、法律和宗教的内容对应。只不过，应以中国的"政教"为主为体，而以西方政法和宗教为辅为用。

第三章 晚清的"学堂经学"改革

1898年正月，王鹏运重申建立京师大学堂之议。① 二十五日（3月7日）获上谕："御史王鹏运奏请开办京师大学堂等语。京师大学堂，迭经臣工奏请，准其建立。现在亟须开办，其详细章程着军机大臣会同总理各国事务衙门王大臣妥筹具奏。"② 四月二十三日（6月11日）颁布《定国是诏》，提出"以圣贤义理之学植其根本"，此诏延续了孙家鼐折对"中体"的强调，并明确认定"圣贤义理之学"是"中学"的根本。不过，对于"圣贤义理之学"具体存在何种学术中，此诏则未有说明。

五月初八（6月26日），光绪帝"诏立京师大学堂，命孙家鼐管理。赏举人梁启超六品衔，办理译书局。"③ 十五日（7月3日），军机大臣、总理衙门联署呈奏《遵筹开办京师大学堂疏》，称"今士人学无本原，不通中国政教之故"④。该奏疏强调维持"中国政教"，这与两年前孙家鼐奏上的《议覆开办京师大学堂折子》表面相同。在课程设置方面，该奏疏是由梁启超"略取日本学规，参以本国情形"代为拟订，后附《章程清单》，课程如表3-2。

梁氏虽然名义上也承认"中学体也，西学用也，二者相需，缺一不可"⑤，但课程设置并不遵循"中体西用"。如"表3-2"所示，章程将经学、理学、中外掌故学、诸子学等"中学"课程与初级算学、

---

① 正月初七，康有为也曾奏上《请大誓臣工，开制度新政局折》言："学校局，掌于京师。各直省即书院、佛寺为学堂。"康氏建议由"学校局"掌管各省学堂，此即后来京师大学堂的地位。不过，总理衙门却拖了四十天，至二月二十九日才递呈该折。该折即《上清帝第六书》，与王鹏运折及上谕并观，可见戊戌变法前创办京师大学堂的呼声并非个别意见。康氏奏折参见孔祥吉《康有为变法奏章辑考》，北京图书馆出版社2008年版，第139页。有关此折的考证参见茅海建《从甲午到戊戌：康有为〈我史〉鉴注》，生活·读书·新知三联书店2009年版，第295—302页。
② 《清实录》第57册，中华书局1986年版，第422页。
③ 赵尔巽等撰：《清史稿》第4册，中华书局1977年版，第923页。
④ （清）王延熙、王树敏编：《皇朝道咸同光奏议》卷七，"变法类·学堂"，上海久敬斋光绪二十八年（1902）刊本。案：《北京大学史料》据《谕折汇存》节引，题作《总理衙门奏筹办师大学堂并拟学堂章程折》，时间定为五月十五日。参见北京大学校史研究室编《北京大学史料》第一卷，北京大学出版社1993年版，第46页。
⑤ 军机大臣、总理衙门：《遵筹开办京师大学堂折》，舒新城编《近代中国教育史料》，中国人民大学出版社2012年版，第76页。

表3-2　　　　　　　　梁启超代拟京师大学堂课程

学级	课程	性质
溥通学	经学、理学、中外掌故学、诸子学、初级算学、初级格致学、初级政治学、初级地理学、文学、体操学	必修
外国语言文字学	英国语言文字学、法国语言文字学、俄国语言文字学、德国语言文字学、日本语言文字学	选修一科
专门学	高等算学、高等格致学、高等政治、高等地理学、农学、矿学、工程学、商学、兵学、卫生学	溥通学卒业后各选修一门或两门

初级格致学、初级政治学、初级地理学等"西学"课程混合在一起，共同作为全体学生所必修的"溥通学"课程。这种课程设置一方面没有真实贯彻"中学"与"西学"的体用主辅关系，另一方面也没有说明经学在"中学"课程中的地位。问题的根源在于，今文经学对于梁氏而言只是推动变法的理论工具，并非旨在提倡儒家伦理与政治。实际上，戊戌变法失败后，梁启超即对过去其师提倡的今文经学表示否定，转而宣传西学。① 可以推知，他戊戌期间的学术宗旨在于推动政治改革，因而中学、西学的价值都以此为准绳，今文经学与民权论、进化论就其工具价值而言，并无一定的体用主辅关系。而孙家鼐、张之洞等人则旨在维护儒家伦理，宗旨不同，课程设置自然各异。

这引起孙家鼐的不满。六月二十二日（8月9日），孙家鼐递呈《奏陈筹办京师大学堂大概情形疏》，对梁氏所拟课程批评道：

> 查原奏溥通学凡十门，按日分课。然门类太多，中材以下，断难兼顾。拟每门各立子目，仿专经之例，多寡听人自任。至理学可并入经学为一门，诸子、文学皆不必专立一门，子书有关政

---

① 郑师渠：《梁启超与今文经学》，《中州学刊》1994年第4期。

第三章 晚清的"学堂经学"改革

治、经学者,附入专门,听其择读。①

孙氏批评的重点是溥通学门类太多,希望予以裁并。孙氏对于溥通学中的"西学"并无异议,裁并的对象只是针对"中学"。在梁氏所拟的溥通学课程中,涉及"中学"者共有五门:经学、理学、中外掌故学、诸子学、文学。孙氏认为理学可并入经学,诸子学、文学不必独立,诸子有关政治、经学者附入。裁并之后,就只剩下经学、中外掌故学两门。② 可见,孙氏提出裁并梁氏溥通学中"中学"课程,目的是突出经学、掌故学的地位。这与孙氏之前提呈的《议覆开办京师大学堂折子》重视道、政二科用意无别。

1902年,京师大学堂经过短暂的停顿又获得恢复。③ 张百熙受命为京师大学堂管学大臣,奏上《进呈全学章程折》④,并拟定《钦定学堂章程》。《钦定学堂章程》将京师大学堂分为三级:一、大学院;二、大学专门分科;三、大学预备科。并附设仕学馆、师范馆。其中,大学院为学问极则,主研究不主讲授,不立课程。⑤ 我们先看大学专门分科课程见表3-3。

---

① (清)孙家鼐:《奏陈筹办京师大学堂大概情形疏》,舒新城编《近代中国教育史料》,中国人民大学出版社2012年版,第82页。

② 掌故之学为史学旁支,主要内容是当代政治与制度,当即属于孙氏所谓中国之政学。此学的发达与嘉道以降经世思潮的兴起有关。例如,龚自珍即习闻"国朝掌故",其掌故学的内容主要包括内阁掌故、礼部掌故等。参见黄长义《龚自珍的掌故学述略》,《江汉论坛》1994年第4期。

③ 戊戌政变以后,大学堂虽蒙朝旨准予保留,但维新人才因新政诛连,或被杀戮、革职,或被迫流亡,新式课程名存实亡。后又经庚子拳乱,清政府被迫再次实行变法,故京师大学堂于1902年重新开学。参见庄吉发《京师大学堂》,台北:台湾大学文学院1970年版,第19—22页。有关京师大学堂为何在戊戌变法后仍得以延续以及如何在1902年重开,Renville Clifton Lund 的梳理颇为详尽,参见 Renville Clifton Lund, *The Imperial University of Peking*, University Microfilms, 1969, pp. 129 - 135, 146 - 154.

④ (清)张百熙:《张百熙进呈全学章程折》,《钦定学堂章程》(沈云龙主编《近代中国史料丛刊》三编第10辑第91种),台北:文海出版社1986年版。按:张折见此书"附录",又收入《中国近代教育史料汇编·晚清卷1》,全国图书馆文献微缩复制中心2006年版。

⑤ (清)张百熙:《钦定学堂章程》,《中国近代教育史料汇编·晚清卷1》,全国图书馆文献微缩复制中心2006年版,第49页。

唐文治与学堂经学的改革

表 3-3　　　张百熙所拟京师大学堂大学专门分科课程

大学专门分科	课程
政治科	1. 政治学，2. 法律学
文学科	1. 经学，2. 史学，3. 理学，4. 诸子学，5. 掌故学，6. 词章学，7. 外国语言文字学
格致科	1. 天文学，2. 地质学，3. 高等算学，4. 化学，5. 物理学，6. 动植物学
农业科	1. 农艺学，2. 农业化学，3. 林学，4. 兽医学
工艺科	1. 土木工学，2. 机器工学，3. 造船学，4. 造兵器学，5. 电气工学，6. 建筑学，7. 应用化学，8. 采矿冶金学
商务科	1. 簿计学，2. 产业制造学，3. 商业语言学，4. 商法学，5. 商业史学，6. 商业地理学
医术科	1. 医学，2. 药学

再看预备科课程：

表 3-4　　　张百熙所拟京师大学堂大学预备科课程

大学预备科	课程	升入大学专门分科
政科	1. 伦理学，2. 经学，3. 诸子，4. 词章学，5. 算学，6. 中外史学，7. 中外舆地，8. 外国文，9. 物理，10. 名学，11. 法学，12. 理财学，13. 体操学	政治、文学、商务分科
艺科	1. 伦理学，2. 中外史学，3. 外国文，4. 算学，5. 物理，6. 化学，7. 动植物学，8. 地质及矿产学，9. 图画，10. 体操	农业、格致、工艺、艺术分科

与梁启超一样，张百熙也并未遵循"中体西用"的课程理念。如"表 3-3"所示，京师大学堂大学专门分科依张百熙自言，其课程设

计"略仿日本例"①，采取"七科设学"的方案。② 经学、史学、诸子、掌故、词章与外国语言文字学并列，共同组成"文学科"，其余六科尽为西学，属下二级学科的设置也完全照搬西方。如此，"四部"之学整个被压缩成大学课程一科中的一部分，经学课程也就变成"文学科"的一门二级学科，地位未被突出。

预备科课程的设置理念则与专门分科课程有所出入。无论是政科还是艺科，都规定以"伦理学"为基础课。其中原委，第一章《全学纲领》第二节说："中国圣经垂训，以伦常道德为先。外国学堂于知育、体育之外，尤重德育。中外立教本有相同之理。今无论京外大小学堂，于修身伦理一门，视他学科更宜注意，为培植人才之始基。"③ 从表面看，张百熙与孙家鼐、张之洞等一样，也强调以儒家伦理作为教育的基础。然而，"伦理学"课程规定"考求三代汉唐以来诸贤名理，宋、元、明、国朝学案及外国名人言行，务以周知实践为主"④，则所谓"伦理学"的学术根据不是经学，而是历代名贤的语录，且不限于中国。换言之，张百熙所说的"伦理学"是杂采中西的伦理说教，并非单纯的儒家伦理。

此外，"政科"课程中列有"经学"一课。这是否意味着对经学的特别尊重呢？该课程分三年依次讲授十三经，课程内容为"自汉以

---

① （清）张百熙：《钦定学堂章程》，《中国近代教育史料汇编·晚清卷1》，全国图书馆文献微缩复制中心2006年版，第50页。

② 所谓"七科设学"或"七科之学"，是指民国教育部设立文、理、法、商、医、农、工七科的大学学制。其来源主要是日本文、法、医、格致、农、工"六科分立"的大学学制，张百熙的《钦定学堂章程》中的政治科包含政治学和法律学，相当于日本大学的法科，他实际上只是在日本"六科分立"学制的基础上增加商科。张之洞《奏定学堂章程》采纳"八科分学"学制，是在张百熙"七科设学"的基础上增设经学科。民国成立后，教育部规定大学取消经学科，于是又回到张百熙"七科设学"的学制，只是将格致科改名为理科而已。具体讨论详下文。民国"七科设学"与日本大学学制的关系，参见左玉河《从四部之学到七科之学——学术分科与近代中国知识系统之创建》，上海书店2004年版，第185页。

③ （清）张百熙：《钦定学堂章程》，《中国近代教育史料汇编·晚清卷1》，全国图书馆文献微缩复制中心2006年版，第43页。

④ （清）张百熙：《钦定学堂章程》，《中国近代教育史料汇编·晚清卷1》，全国图书馆文献微缩复制中心2006年版，第56页。

唐文治与学堂经学的改革

来注家大义"①。经学仅是"政科"八门课中的一门,却要在三年内通十三经"注家大义",单就课时而言,是否能真正深入经学原典已经颇属可疑。更加可疑的是,他所谓"注家大义"既不是政、农、工、商、医、格致的"大义"(分科大学诸科不习经学),也不是"伦理学"的"大义"(伦理学"大义"采自汉唐以来诸贤名理、历代学案及外国名人言行),则其所谓"大义"的具体指涉实际上是完全落空了。由此可知,张氏既不认为经学可以作为文化政策或教育政策上的根本原理(原则),甚至也不认为可以作为伦理学的学术根据,尽管形式上依然给经学单独保留一席,但实则已经初步偏离儒家伦理(伦理学课程规定不只学儒家语录,也学外国名人言行),也放弃了"中体西用"的办学理念。

1903 年,张之洞奉命会同张百熙及荣庆重定京师大学堂章程,十一月二十六日(1904 年 1 月 13 日)《奏定学堂章程》奉旨颁布,实则此章程都是张氏"一手包办"②。此章程规定高等教育为高等学堂或大学预备科、分科大学及通儒院三级。其中,"通儒院为研究各科学精深义蕴,以备著书制器之所。通儒院生但在斋舍研究,随时请业请教,无讲堂功课。"③ 因此,并无具体课程。分科大学共分为八科,课程设置如表 3-5。

"表 3-5"的课程设置体现了张之洞一贯的尊经主张。早在 1901 年,张之洞就在综合英、法、德、日各国大学分科设置的基础上以日本"六科分立"学制为蓝本,特增经学科,提出大学分设经学、史

---

① (清)张百熙:《钦定学堂章程》,《中国近代教育史料汇编·晚清卷1》,全国图书馆文献微缩复制中心 2006 年版,第 56 页。

② 陈青之:《中国教育史》,东方出版社 2008 年版,第 481 页。按:张之洞于光绪二十九年曾与张百熙频繁通信讨论《章程》事宜,有云"现在,各学堂章程草创之稿粗具,请将前送台览之《进士馆章程》《初等师范学堂章程》各册饬检付下,以便详加校正,再行汇呈察阅,面晤谈商。"可知,《章程》粗稿与校正本都出张之洞之手,可证陈青之所说不诬。参见张之洞《致张野秋》,苑书义、孙华峰、李秉新主编《张之洞全集》第十二册,河北人民出版社 1998 年版,第 10310 页。

③ (清)张之洞等:《奏定学堂章程·大学堂章程》,《中国近代教育史料汇编·晚清卷1》,全国图书馆文献微缩复制中心 2006 年版,第 454 页。

表 3-5　　　张之洞所拟京师大学堂大学分科大学课程

分科大学	课程
经学科	1. 周易学门, 2. 尚书学门, 3. 毛诗学门, 4. 春秋左传学门, 5. 春秋三传学门, 6. 周礼学门, 7. 仪礼学门, 8. 礼记学门, 9. 论语学门, 10. 孟子学门, 11. 理学门
政法科	1. 政治门, 2. 法律门
文学科	1. 中国史学门, 2. 万国史学门, 3. 中外地理学门, 4. 中国文学门①, 5. 英国文学门, 6. 法国文学门, 7. 俄国文学门, 8. 德国文学门, 9. 日本文学门
格致科	1. 算学门, 2. 星学门, 3. 物理学门, 4. 化学门, 5. 动植物学门, 6. 地质学门
医科	1. 医学门, 2. 药学门
农科	1. 农学门, 2. 农艺化学门, 3. 林学门, 4. 兽医学门
工科	1. 土木工学门, 2. 机器工学门, 3. 造船学门, 4. 造兵器学门, 5. 电气工学门, 6. 建筑学门, 7. 应用化学门, 8. 火药学门, 9. 采矿及冶金学门
商科	1. 银行及保险学门, 2. 贸易及贩运学门, 3. 关税学门

学、格致、政治、兵、农、工的"七科分学"方案。②《奏定学堂章程》延续了 1901 年尊经的教育宗旨，单立经学科，居于各科之至尊地位。不仅大学分科中首列经学科，而且各级中小学也要"注重读经"。经学的地位为什么这么重要？张之洞的解释是：

> 若学堂不读经书，则是尧、舜、禹、汤、文、武、周公、孔子之道，所谓三纲五常者尽行废绝，中国必不能立国矣。学失其

---

① 据《奏派满蒙文高等学堂监督折附奏大学堂增设满蒙文学一门片》，文学科大学增设满蒙文学一门，列于中国文学之前。参见《学部官报》第 23 期，"学部章奏"，台北"故宫博物院" 1980 年影印版，第 195 页。

② （清）张之洞：《变通政治人才为先遵旨筹议折》，苑书义、孙华峰、李秉新主编《张之洞全集》第二册，河北人民出版社 1998 年版，第 1393—1406 页。

唐文治与学堂经学的改革

本则无学，政失其本则无政。其本既失，则爱国爱类之心以随之改易矣，安有富强之望乎？故无论学生将来所执何业，在学堂时经书必宜诵读讲解。……方足以定其心性，正其本原。①

张氏认为，经学是中国的立国基础。他认为经学的核心是"三纲五常"，如果废除经学，则"中学"就会失其本，政治也会失其本，其结果将造成"爱国爱类之心以随之改易"，中国将不再是"中国"，更不用说富强了。张之洞认为中国之所以成为"中国"，中国人心性的安顿，学术与政治的本原，都是立根于经学。Min Tu‐ki（1932－2000）认为张之洞所说的"中学"与"西学"的关系其实不能解读为"体/用"（principle/utility）关系，而是各有其"用"，不过，二者的"用"具有"内/外"之分。②张之洞的上述观点与 Min 的解读颇可相通，二人均强调了经学不仅仅是"体"（根本原理），而且有它的"用"（具体应用）。

不过，《奏定学堂章程》颁布后并未立即获得实施，而是直到1909年才开始试办。③与此同时，也有人提出不同的课程改革主张。例如，1902年梁启超在《教育政策私议》中提出：大学院下设实科与文科，实科包括理科、工科、农科、商科四科大学；文科包括文科、法科、医科大学。④梁氏与张百熙一样，都采取日本的"七科分学"，他与张之洞分科方案的最大差别就是不设经学科。这与梁氏1898年《代总理衙门奏拟京师大学堂章程》所拟课程类似，经学只保存于溥通学中，大学专门分科中则没有经学的独立位置。

王国维的反对意见更加激烈。1904年，王氏在《教育偶感》中

---

① （清）张之洞等：《奏定学堂章程·学务纲要》，《中国近代教育史料汇编·晚清卷1》，全国图书馆文献微缩复制中心2006年版，第395—396页。
② Min Tu‐ki, *National Polity and Local Power: The Transformation of Late Imperial China*, Harvard University, 1989, p. 76.
③ 王应宪利用报章数据、讲义笔记，对1909年京师大学堂经学科建置、筹建招生、师资教学的具体情况进行了细致的爬梳，参见王应宪《旧学新制：京师大学堂经科大学史事考》，《史林》2018年第1期，第96—107页。
④ 梁启超《教育政策私议》，《梁启超全集》第二册，第756页。

对张之洞的分科方案提出批评。① 1906年,他在《奏定经学科大学文学科大学章程书后》中进一步提出批评,并提出一份他心目中的文学科课程:

表3-6　　　　　　　　王国维所拟文学科大学课程

学科	课程
经学科	1. 哲学概论,2. 中国哲学史,3. 西洋哲学史,4. 心理学,5. 伦理学,6. 名学,7. 美学,8. 社会学,9. 教育学,10. 外国文
理学科	1. 哲学概论,2. 中国哲学史,3. 印度哲学史,4. 西洋哲学史,5. 心理学,6. 伦理学,7. 名学,8. 美学,9. 社会学,10. 教育学,11. 外国文
史学科	1. 中国史,2. 东洋史,3. 西洋史,4. 哲学概论,5. 历史哲学,6. 年代学,7. 比较语言学,8. 比较神话学,9. 社会学,10. 人类学,11. 教育学,12. 外国文
中国文学科	1. 哲学概论,2. 中国哲学史,3. 西洋哲学史,4. 中国文学史,5. 西洋文学史,6. 心理学,7. 名学,8. 美学,9. 中国史,10. 教育学,11. 外国文
外国文学科	1. 哲学概论,2. 中国哲学史,3. 西洋哲学史,4. 中国文学史,5. 西洋文学史,6. 英国文学史(或德国文学史、法国文学史),7. 心理学,8. 名学,9. 美学,10. 教育学,11. 外国文

王国维认为《奏定学堂章程》根本之误"在缺一哲学科"而已。他认为:"夫欧洲各国大学,无不以神、哲、医、法四学为分科之基本。日本大学,虽易哲学科以文科之名,然其文科之九科中,则哲学衰然举首,而余八科无不以哲学概论、哲学史为其基本学科者。"② 为什么要将哲学居首呢?王氏说:"人于生活之欲外,有知识焉,有

---

① 王国维:《教育偶感·大学及优级师范学校之削除哲学科》,《王观堂先生全集》第五册,台北:文华出版社1968年版,第1758—1760页。
② 王国维:《奏定经学科大学文学科大学章程书后》,舒新城编《近代中国教育史料》,中国人民大学出版社2012年版,第205页。

唐文治与学堂经学的改革

感情焉。感情之最高之满足，必求之文学美术；知识之最高之满足，必求之哲学。叔本华所以称人为形而上学的动物，而有形而上学的需要者为此故也。"[①] 王氏似乎预设了文科也与工、商等科一样是以求知识为目标，由于哲学是"知识之最高之满足"，自然文科各门都应以哲学为基础。显而易见，王氏立论的依据是"西学"。具体说，他特别借重的是叔本华的哲学；他参照的体制则是日本大学的学制。可知，王氏的批评实质是以"西学"为"体"（根本原理），而并无"中体"的要求。王氏之所以要与张之洞针锋相对，就是因为他们各自认同的教育理念存在根本的对立。

基于"尊哲学"的办学理念，王国维提出了对经、文两科改造的分科意见。在他看来，经学与理学都是儒家哲学，而儒家哲学与诸子学等则都可以统合在"中国哲学史"一门中，以与西洋、印度哲学并列研究。也就是说，经学、理学、诸子学都是平等的。而且，要研究中国、西洋、印度的哲学史，先必须对哲学有基本的知识，因此必须以西方的哲学概论为基础。这意味着，经学只是哲学在中国的一种特殊形态。他认为张之洞将经学独立分科，则有似西方的神学，而孔孟学说"固非宗教而学说也，与一切他学均以研究而益明"[②]，因此不宜独立分科。反之，他相信经学科若与文学科合并，则能与中西文、史、哲诸学参照研究，其价值反而会更加昌明光大。非常有趣的是，王国维完全接受了西方的学术分科，也接受了用西方哲学作为学术基础来研究包括经学在内的一切"中国哲学"，但他认为这才是真正的"尊经"。这里不拟深入检讨此说的逻辑与意义，而只想指出一点，他已经完全放弃"中体西用"的办学理念。

与王国维持类似见解的还有蔡元培。1912年10月，蔡元培出任中华民国教育部总长，上任伊始即颁布《大学令》，第一条规定：

---

① 王国维：《奏定经学科大学文学科大学章程书后》，舒新城编《近代中国教育史料》，中国人民大学出版社2012年版，第206页。

② 王国维：《奏定经学科大学文学科大学章程书后》，舒新城编《近代中国教育史料》，中国人民大学出版社2012年版，第208页。

第三章 晚清的"学堂经学"改革

"大学以教授高深学术,养成硕学闳材,应国家需要为宗旨。"① 第二条规定大学分为文、理、法、商、医、农、工七科。第三条则规定七科之中以文、理二科为主。这实际即是张百熙、王国维所主张以日本为蓝本的"七科分学",而取消了张之洞增加的经学科。蔡氏在草拟《大学令》之初,曾招致英、美、德、法、俄、日等国留学生讨论,"原拟将各国之学制译出,舍短取长,以造成适于我国之学制。结果所译出之条文,与我国多枘凿不相容。而起草委员会,屡经讨论,仍趋重于采取日本制"②。因此,最终仍采取了日本的"七科分学",结果与张百熙"略仿日本例"相近。

主张大学以文、理二科为主,这与蔡元培对于"高深学术"的理解有关。蔡氏认为:

> 学与术可分为二个名词,学为学理,术为应用。各国大学中所有科目,如工、商,如法律,如医学,非但研求学理,并且讲求适用,都是术。纯粹的科学与哲学,就是学。学必借术以应用,术必以学为基本,两者并进始可。③

又说:

> 学与术虽关系至为密切,而习之者旨趣不同。文、理,学也。虽亦有间接之应用,而治此者以研究真理为的,终身以之。所兼营者,不过教授著述之业,不出学理范围。法、商、医、工,术也。直接应用,治此者虽亦可有永久研究之兴趣,而及一程度,不可不服务于社会;转以服务时之所经验,促其术之进步,与治学者之极深研几,不相侔也。鄙人初意以学为基本,术

---

① 《教育部公布大学令》,《教育杂志》第4卷第10号(1912年10月)。
② 蒋维乔:《民国教育部初设时之状况》,舒新城编《近代中国教育史料》,中国人民大学出版社2012年版,第599页。
③ 蔡元培:《在爱丁堡中国学生会及学术研究会欢迎会演说词》,《北京大学日刊》1921年8月30日。

唐文治与学堂经学的改革

为支干,不可不求其相应。故民国元年修改学制时,主张设法、商等科者,不可不兼设文科。设医、农、工各科者,不可不兼设理科。①

蔡元培认为文、理二科是"学",其他五科是"术"。文科与法、商二科、理科与医、农、工三科,是"学"与"术"、基本与支末、理论与应用的关系。基于这一论述,蔡元培实际上是厘定了以文、理二科作为"西学"的"体"(根本原理),其他五科则是"西学"的"用"(具体应用)。

那么,"中学"与"西学"(即"七科之学")是什么关系?"中学"在"七科之学"中居于什么样的地位呢?请看1913年由蔡元培主持、中华民国教育部颁布的《大学规程》,其大学课程如表3-7。

蔡元培也采取"尊哲学"的办学理念。不过,《大学规程》并没有像王国维那样要求以"哲学概论"作为所有文科学门共同的基础课,而是只要求哲学、文学两个学门必修"哲学概论"课程而已。其所谓"哲学门",则是直接合并王国维的经学、理学二科而成。十三经在《大学规程》里被分散在中国哲学、中国文学、中国史及东洋史学三个二级学科中。《周易》《毛诗》《仪礼》《礼记》《春秋公羊传》《论语》《孟子》八种经典被划入中国哲学系,《尔雅》被划入中国文学系,《尚书》《春秋左氏传》被划入中国史及东洋史学系。此外,《周礼》与《孝经》未被提及,不知划入何系。这样,经学到底是什么呢?它显然不再是一门独立的"学",连张百熙所保留的二级学科的地位也谈不上。至此,中国以经、史、子、集为骨架的"四部之学"就完全消融在以"七科之学"为主干的西方学术中;至于"中体"是什么,"经学"是什么性质的"学",对于绝大部分的经学学者和教育学家而言,这时已经不再是他们的重要关怀和争论焦点所在。

---

① 蔡元培:《读周春岳君〈大学改制之商榷〉》,舒新城编《近代中国教育史料》,中国人民大学出版社2012年版,第345页。

表3-7　　中华民国教育部《大学规程》所拟大学课程①

分科	分门	分类	课程
文科	哲学门	中国哲学类	1. 中国哲学（周易、毛诗、仪礼、礼记、春秋公羊传、论语、孟子、周秦诸子、宋理学），2. 中国哲学史，3. 宗教学，4. 心理学，5. 伦理学，6. 论理学，7. 认识论，8. 社会学，9. 西洋哲学概论，10. 印度哲学概论，11. 教育学，12. 美学及美术史，13. 生物学，14. 人类及人种学，15. 精神病学，16. 言语学概论
		西洋哲学类	略
	文学门	国文学类	1. 文学研究法，2. 说文解字及音韵学，3. 尔雅学，4. 词章学，5. 中国文学史，6. 中国史，7. 希腊罗马文学史，8. 近世欧洲文学史，9. 言语学概论，10. 哲学概论，11. 美学概论，12. 论理学概论，13. 世界史
		梵文学类	略
		英文学类	
		法文学类	
		德文学类	
		俄文学类	
		意大利文学类	
		言语学类	

① 《教育部公布大学规程令》，《教育杂志》第5卷第1号（1913年1月）。

唐文治与学堂经学的改革

续表

分科	分门	分类	课程
	历史学门	中国史及东洋史学类	1. 史学研究法，2. 中国史（尚书、春秋左氏传、秦汉以后各史），3. 塞外民族史，4. 东方各国史，5. 南洋各岛史，6. 西洋史概论，7. 历史地理学，8. 考古学，9. 年代学，10. 经济史，11. 法制史（周礼、各史制、通典、通考、通志等），12. 外交史，13. 宗教史，14. 美术史，15. 人类及人种学
		西洋史学类	略
	地理学门	略	略
理科	数学、星学、理论物理学、实验物理学、化学、动物学、植物学、地质学、矿物学九门	略	略
法科	法律学、政治学、经济学三门	略	略
商科	银行学、保险学、外国贸易学、领事学、税关仓库学、交通学六门	略	略
医科	医学、药学二门	略	略
农科	农学、农艺化学、林学、兽医学四门	略	略
工科	土木工学、机械工学、船用机关学、造船学、造兵学、电气工学、建筑学、应用化学、火药学、采矿学、冶金学十一门	略	略

三 "学堂经学"形态

透过本节对晚清学堂特别是京师大学堂经学课程改革的研究，我们可以看到晚清经学跟西方学术持续的冲突、调和与自我更新。然而，这场历经数十年的经学自我更新运动长期遭到经学史研究者的忽略。实际上，它对于我们当前开展国学教育与经学研究，仍不乏借鉴与启示意义。表现在教育领域，很值得关注的一点就是晚清时代涌现的"学堂经学"形态。

所谓"学堂经学"形态，这是与传统经学教育相比之下而彰显的。它表现为两个显著的新特征：

第一，晚清学堂经学是在"中体西用"的理念下确立经学的学术定位。教育领域的"中体西用"论，则是在西方文化的冲击下，中国文化尝试在西方教育的知识架构中重新寻求自我定位的一种理论努力；在这个努力的过程中，经学的学科定位被尖锐地提出来。这既是传统经学所不曾遭遇的问题，也是民国以后现代中国教育所淡忘的问题。

事实上，洋务运动以来创办的新式学堂都奉行"中体西用"的理念，一般都以经学课程作为"中学"教学的重点，以贯彻"中体"的教育理念。遗憾的是，正如本节指出的，"中体"与"西用"的教学目标在实践中都未能达到。就"西用"一面讲，最遭人诟病的是课程内容浮浅，而且课程设置不够专门化，这成为晚清学堂教育改革的一个普遍诉求。就"中体"一面讲，新式学堂在实际教学中往往只重视"西学"课程，"急功利而忘道义"，造成"中学"课程有名无实、形同虚设。对此，张之洞、梁启超等晚清洋务派、维新派都十分关切，他们担心这在实质上将导致对儒家伦理和政治传统的疏离。

尽管如此，洋务派、维新派人士对于经学的学科定位并无共识[①]。

---

① 不但以康有为、梁启超为代表的维新派与张之洞、张百熙等洋务派的经学观念存在差异，而且，正如上文梳理的，张之洞主持的《奏定学堂章程》与张百熙主持的《钦定学堂章程》对于经学的认识与定位也颇不相同。

充其量，我们只能说他们都认同经学对于维护儒家"政教"的重要性。但是，落实到具体的教育实践中，他们的经学观念则颇有出入。有人强调经学的核心是儒家伦理，如孙家鼐主张"先课以经史义理，使晓然于尊亲之义，名教之防"，即是偏重于伦理；有人认为经学的本质不仅在伦理道德，也是一种政治思想，如张之洞所谓"若学堂不读经书，则是尧、舜、禹、汤、文、武、周公、孔子之道，所谓三纲五常者尽行废绝，中国必不能立国矣。学失其本则无学，政失其本则无政"，则是政教并重；有人虽然在形式上也尊崇经学，但既不将经学视为一门立国的政治学，也不将其视为一门修身的伦理学，如张百熙"考求三代汉唐以来诸贤名理，宋、元、明、国朝学案及外国名人言行"的伦理课程，便反映了此种倾向。总之，经学的本质内涵是什么？甚至经学是否就是"中学"之体？这些根本问题对于这些提倡经学教育的晚清洋务派、维新派而言，始终未能形成明确共识。于是，当晚清民国之际的新派教育家明确提出"尊哲学"的西化教育理念，再加上辛亥革命的冲击，晚清学堂的"中体西用"论便迅速宣告破产了。

第二，晚清学堂经学始终力图维持"经学"科在课程上的独立性。尽管要求取消经学科的激进声音一直存在，但从孙家鼐、张之洞，到康有为、梁启超，甚至直到辛亥革命前夕，力图维护经学科独立性的保守主张始终十分顽强。即便是王国维、蔡元培提出"尊哲学"的教育新理念，要不是因为辛亥革命的成功，经学科的存废之争恐怕不会这么快停息。在这个意义上，我们可以说是政治革命强行中止了一场未决的学术争论。

然而，我们必须指出，晚清洋务派、维新派在维护经学科独立性的同时，并不反对采纳西方的教育体制与学术分科。恰恰相反，他们的教育方针是试图对"四部之学"与"七科之学"进行结合。我们不应遗忘，他们中间很多都曾大力提倡新式学堂教育，例如孙家鼐、李端棻便是创办京师大学堂的重要推手。当然，他们是基于"西用"的考量来兴办学堂教育，为了充分发挥"西学"的功用，他们都意识到必须吸取早期学堂的失败教训，其中重要的一点就是加强课程的

第三章 晚清的"学堂经学"改革

专门化。在这个观念下,他们并不反对以"七科之学"为主干的西方学术分科,他们所顾虑的只是如何在西方学术分科的架构中维持"四部之学"尤其是经学的学科独立性,从而确保"中体西用"的教育理念不被偏离。令人惋惜的是,直到清朝覆灭,他们调和中西教育的目标也并未实现,"四部之学"与"七科之学"的鸿沟未能弭平,经学在现代教育体制中的新定位也并未找到。

进入民国后,这种依托于晚清学堂教育体制的"学堂经学"形态尚未发展充分,便遽然中断。其中,最根本的一个原因是在教育理念上,民国以来的大学教育完全抛弃了晚清学堂"中体西用"的理念。对此,后来出任民国首任教育总长的蔡元培有明确的意识:

> 满清时代有所谓"钦定教育宗旨"者,曰忠君,曰尊孔,曰尚公,曰尚武,曰尚实。忠君与共和政体不合,尊孔与信教自由相违(孔子之学术与后世所谓儒教、孔教当分别论之。嗣后教育界何以处孔子及何以处孔教,当特别讨论之,兹不赘),可以不论。尚武,即军国民主义也。尚实,即实利主义也。尚公,与吾所谓公民道德,其范围或不免有广狭之异,而要为同意。惟世界观及美育,则为彼所不道,而鄙人尤所注意,故特疏通而证明之,以质于当代教育家,幸教育家平心而讨论焉。①

蔡元培针对"钦定教育宗旨"的批评包括两个要点:第一,"钦定教育宗旨"所理解的"中体"即忠君和尊孔,根本就不足以为"体",因为"忠君与共和政体不合,尊孔与信教自由相违"。在同一篇文章中,蔡氏还声称:"何为公民道德?曰法兰西之革命也所标揭者曰自由、平等、亲爱,道德之要旨,尽于是矣。"② 这是明确以近代西方价值作为公民道德的基础,也就是要求以西学为"体"。第

---

① 蔡元培:《新教育意见》,舒新城编《近代中国教育史料》,中国人民大学出版社2012年版,第504页。
② 蔡元培:《新教育意见》,舒新城编《近代中国教育史料》,中国人民大学出版社2012年版,第504页。

唐文治与学堂经学的改革

二,"钦定教育宗旨"所理解的"西用"即尚公、尚武、尚实三点,已经超出洋务运动和维新变法时期学习西艺和西政的范畴,而进入了学习西方文化核心价值的阶段,这实质上恰恰就是蔡氏所理解的"西体"。换言之,"西用"就其深层价值而言本身即是"西体"。既然清代的"中体"不足以为"体",那么,自然的逻辑结论是,中国现代学术应以"西体"为"体"。质言之,蔡元培的教育理念实质上即是主张"西体西用"。

与此同时,上文也反映了蔡元培批评"钦定教育宗旨"的依据。那就是,在政治上,蔡氏主张西方的民主共和政体;在道德上,蔡氏主张西方自启蒙运动以来自由、平等、博爱的价值观。这便是他用来批评"中体"的"西体"。然而,西方文化的这些价值观是如何产生的?为什么这些价值观就比"中学"特别是儒家经学中承载的传统价值观更应该被接受呢?在《新教育意见》中,蔡元培实际上并未给出充分的论证。正如上文指出的,中学与西学之争实际上是一场晚清以来未决的学术争论。孙家鼐、张之洞、康有为、梁启超未能阐明其旧学理于前,王国维、蔡元培同样也没能论证其新理念于后。① 但是,无可否认的是,晚清学堂教育所谓的"中体",即儒家伦理与政治传统在民国肇建尤其是"五四"新文化运动以后显然已被竭力抛弃。正如汤志钧指出的,儒家经学的批判其实质涉及的是一整套文化传统的全方位革命:

> 五四运动,是彻底地反对封建文化的运动,自有中国历史以来,还没有过这样伟大而彻底的文化革命。它对封建的社会制度和意识形态进行了全面的破坏,涤荡了污泥浊水,统治了二千多年思想界的儒家经学也从此一蹶不振,退出了历史舞台。②

---

① 这场未决的争议实际上一直延续到民初中西文化之争,参见郑师渠《论辛亥革命后的中西文化论战》,《北京师范大学学报》1985 年第 5 期。
② 汤志钧:《近代经学与政治》,中华书局 2000 年版,第 348 页。

第三章 晚清的"学堂经学"改革

基于民国现代大学的教育新理念,晚清学堂崇尚的儒家伦理代表着一种"封建文化",相应地,与辛亥革命以来追求的民主制度相比,儒家的政治体制也代表着封建时代的专制政治。顺着这一逻辑,晚清学堂的"中体"理念便成为"封建的社会制度和意识形态",而作为这种理念思想基础的儒家经学自然也必须退出历史舞台。在这个意义上,"五四"新文化运动完成了王国维、蔡元培以来对经学教育的理论批判及其制度层面的瓦解。

在课程设置上,民国现代大学完全采纳了西方的学术体制,抛弃了晚清学堂调和"四部之学"与"七科之学"的努力。仍以蔡元培为例,他主张将经学纳入西方大学教育体制下的专门学科中,因此可以"为大学国文系的学生讲一点《诗经》,为历史系的学生讲一点《书经》与《春秋》,为哲学系的学生讲一点《论语》《孟子》《易传》与《礼记》,是可以赞成的。"[①] 显然,在这种课程设置中,经学已经丧失独立学科的资格。

胡适的主张更加激进。他提出:

> 尊经一点,我终深以为疑。儒家经典之中,除《论孟》及《礼记》之一部分之外,皆系古史料而已,有何精义可作做人模范?我们在今日尽可挑出《论孟》诸书,或整理成新式读本,或译成今日语言,使今人与后人知道儒家典型的来源,这是我很赞成的。其他《诗》则以文学眼光读之;《左传》与《书》与《仪礼》,则以历史材料读之,皆宜与其他文学历史同等齐观,方可容易了解。[②]

胡适对于经学的教育价值与学术地位从根本上表示怀疑,他质疑儒家经典承载的伦理道德"有何精义可作做人模范"?即便要读,也

---

① 龚鹏程主编:《读经有什么用:现代七十二位名家论学生读经之是与非》,上海人民出版社2008年版,第136—137页。
② 欧阳哲生编:《胡适文集》5卷,北京大学出版社1998年版,第419页。

唐文治与学堂经学的改革

必须有选择地将其拆分到各个学科去选读。例如，《诗经》以文学眼光读之，则应归入文学专业；《左传》《尚书》与《仪礼》，以历史材料读之，则应归入史学专业。其他可以类推，总之，经学作为一门学科绝不应有独立之价值与地位。这不啻是正式宣告"经学"作为一个独立学术门类的彻底瓦解。陈壁生特别强调胡适在这个过程中的中心位置：

> 民元之后，经学科废，经学作为一个独立门类，至此消失。随之发生的中国学术的现代转型，事实上是以章太炎为先导，以胡适之为中心。……章氏"国故"之论，本为发扬国史之光辉，转化为胡适之的"国学"，则变成已死之历史。在胡适之等西化论者眼中，"中国"成为"历史"，中国一切典籍，成为死去的史料，于是倡导"整理国故"，以西方学科的眼光来看待中国典籍，建立起中国现代学科。至此，中国学术的现代转型完成，而经学终至全面瓦解。①

根据陈壁生的研究，晚清民国之际的国学研究先后经历了"史学化"②"史料化"两个过程，从而完成了中国学术的现代转型，同时也造成了经学的全面瓦解。他所谓"史料化"，就是取消经学作为独立学科的地位，将其拆散归入西方现代学术各门学科。而从本节选取的经学教育视角看，这一过程实质就是放弃晚清学堂课程改革的路线，放弃调和"四部之学"与"七科之学"的努力，而径直选择全盘西化。不过，陈先生只说出了事实的一半。基于本节的研究来看，这一经学瓦解的过程与经学自我更新的过程是相伴进行的，这个过程从一方面看固然是传统经学的瓦解，而从另一方面看则是传统经学的自我更新。"学堂经学"形态的衍生便是晚清经学自我更新的一个明

---

① 陈壁生：《经学的瓦解》"导言"，华东师范大学出版社2014年版，第9页。
② 路新生指出，经学"史学化"的趋势在19世纪70—80年代便已经非常显著，参见盛邦和主编《现代化进程中的中国人文学科·史学卷》，第二章：《经学在近代中国的蜕变》，上海人民出版社2005年版，第31—46页。

证，而且在民国之后依然在体制外得以延续。①

四 结论

透过本节的研究，我们清楚地看到，晚清学堂经学无论在教育理念还是课程设置方面，都表现出与传统书院教育和现代大学教育中经学教育的显著差异，呈现出一种半新半旧、亦新亦旧的新形态。由于这种新形态衍生并依托于晚清学堂教育体制，是洋务运动以来学堂教育改革的时代产物，具有鲜明的学堂特征，正是在这个意义上，本节将其称为"学堂经学"，以凸显这一时期经学的新特征与新形态。晚清学堂尽管只存在短短几十年，但它在中国经学史上留下了不该遗忘的一笔，因为它充分表征了晚清经学自我更新的努力。

这种自我更新的努力十分突出地反映在京师大学堂的课程改革中。从1896年李端棻在《请推广学校折》中提出构想，到民国改元为止，京师大学堂的课程改革争议不断，成为当时教育思想交锋拉锯的前线。大致而言，改革朝着两个方向展开：一派强调在课程中加强"中学"课程，张之洞是这一派的代表；另一派则在形式上对"中学"课程予以保存，但着眼点则是加强"西学"课程，极力模仿西方或日本的大学学制，张百熙是这一派的代表。梁启超等人则依违于两派之间，既不明确要求加强"中学"课程，也不明确袭用西方或日本学制。因而，庄吉发所谓"京师大学堂历次确立学科，订定课程，皆以'中体西用'为思想基础"②的说法失之笼统，遮蔽了晚清教育思想的复杂分歧，也抹杀了各方交锋拉锯的过程。

其中，分歧与拉锯的焦点则在经学课程的尊卑与存废。经学课程之所以成为晚清京师大学堂课程改革中各方交锋拉锯的焦点，是因为洋务运动以来的晚清士大夫普遍看到"中国政教"正是与"西学"

---

① 例如民国时期在江南地区颇有影响力的教育家、经学家唐文治，便还在继续探索经学在现代教育中的学科定位，参见毛朝晖《经学在现代学术中的艰难定位——唐文治与无锡国专的课程改革》，载杨朝明主编《孔子学刊》第十辑，青岛出版社2019年版，第200—223页。

② 庄吉发：《京师大学堂》，台北：台湾大学文学院1970年版，第43页。

唐文治与学堂经学的改革

相区分的根本所在，而这些儒家伦理与政治传统主要承载于经学之中。孙家鼐、张之洞捍卫"中体西用"理念，坚持以经学作为大学课程的基础。张百熙虽然完全袭用日本"七科分学"的课程设计，但毕竟还只将经学降格为"文学科"的二级学科，尚在形式上承认其独立性。到王国维、蔡元培，则更进一步，不但完全袭用西方学制，更完全接受了西方有关"高等学术"的理念。王国维已率先强调以"哲学"作为大学文科各学门共同的基础与归宿，理由是哲学是"知识之最高之满足"；蔡元培继承了王国维"尊哲学"的看法，认为文、理二科是西方学术的基础，而哲学又是文科的基础。至此，在教育理念方面，作为"中体"的经学被作为"西体"的哲学消融，洋务运动以来的"中体西用"论最终遭到摒弃；在课程设置方面，晚清学堂调和"四部之学"与"七科之学"的努力最终也完全朝向"七科之学"倾斜，而与西方学制趋同。

诚如左玉河指出的，从"四部之学"向"七科之学"的转变是中国传统学术向现代学术转变的一个重要标志。[①] 然而，这个过程并非一蹴而就，而是经过一个不断斗争与调和的阶段。就经学教育而言，"学堂经学"新形态便是这种彼此斗争与调和的产物。

"学堂经学"已经走入历史，却为我们留下愈久弥新的启迪。

首先，学堂经学的改革其实并未完成，只是由于辛亥革命的政治鼎革，才为这场改革画上了一个强制的休止符。从学理上讲，学堂经学"中体西用"论的表述也许可以商榷，但他们寻求中学之"体"的努力事实上具有广泛的思想基础，他们试图调和"四部之学"与"七科之学"的努力尽管并未实现，但在中国大学不断反思现代大学教育体制，纷纷重建国学与经学教育的今天，晚清学堂在调和"四部之学"与"七科之学"的努力实足资借鉴。

其次，即便在晚清国势极衰、西方冲击极剧之际，中国学术界与教育界也一直未曾放弃"中体"的学术追问、经学的自我更新和中

---

① 左玉河：《从四部之学到七科之学——学术分科与近代中国知识系统之创建》导论，上海书店2004年版，第2页。

西学术教育体制会通的努力。有人声称经学已经终结或瓦解，其实这只是就传统经学、学堂经学作为一种教育形态而言。实际上，就如本节提出的，尽管由于政治原因，学堂经学的改革无疾而终，现代大学教育采取了全盘西化的学术体制，但西化派事实上在学理上始终未能证明"四部之学"不具有学科的独立性，也未能证明西方伦理道德与政治体制必然优于或高于儒家伦理道德与政治体制。① 换言之，经学在现代教育中的学科定位及其现代价值在学理上依然是未决的。

最后，必须交代本节研究的局限性。在第一部分尽管也粗略论及洋务运动以来创办的几间新式学堂，但限于篇幅与材料，全文的重心则是围绕京师大学堂这一主要个案。尽管京师大学堂极具代表性，而且无疑是晚清学堂课程改革最好的见证，但毕竟不足以完全代表晚清"学堂经学"形态的全貌。另外，本节选取晚清学堂课程改革作为切入点来剖析晚清学堂的经学改革，而课程改革的文献主要是依靠奏疏、章程，缺乏课程实施的相关史料，因而无法充分反映课程改革的实况。因此，本节对于晚清经学自我更新的表彰，对于"学堂经学"形态的勾画，主要涉及课程设置的表层，至于深层的课程实践则未能挖掘。尽管如此，本节的研究或许能够提供一个新视角，初步窥豹晚清学堂改革的一条线索，弥补中国经学史研究长期忽略的一个盲点，并为晚清"学堂经学"的深入研究导夫先路。

第二节 清末政治与经学教科书的诞生
——以王舟瑶《京师大学堂经学科讲义》为中心

经学教科书作为一种新鲜事物，它的出现与清末学堂的经学课程改革密切相关。这是因为，编纂教科书的前提是必须先有相应的课程及其教学大纲。中日甲午战争后，新式学堂急剧增加，戊戌变法前后

---

① 近年来，儒家伦理与儒家政治哲学再次引起中西方学界的广泛讨论。例如，安乐哲（Roger T. Ames）的"角色伦理学"、贝淡宁（Daniel A. Bell）的"贤能政治"等，都被认为是对西方伦理学和政治哲学的一种有力批判，同时也表明"中体"即儒家伦理及其政治智慧的学理之争迄今仍未解决。

唐文治与学堂经学的改革

更以京师大学堂为中心展开了多次课程改革。① 由于新学制与新课程的需要，新编教科书便应运而生。王舟瑶（1858—1925）的《京师大学堂经学科讲义》便是根据京师大学堂经学科的课程要求而编纂、讲授的，因此命名为"经学科讲义"。书名中标明某"科"，就是指清末学堂由"四部之学"转型为"七科之学"② 改革过程中新设置的学术分科。

本节的主旨是考察经学教科书的起源与成因。本节首先考察清末学堂经学教科书的出现，重点分析梁启超（1973—1929）在湖南时务学堂所撰《读春秋界说》《读孟子界说》，并将此界定为经学教科书的滥觞。王舟瑶的《京师大学堂经学科讲义》是现今可考的一本配合经学课程编纂的早期经学教科书，该讲义的出版尚在皮锡瑞

---

① 1896年，刑部左侍郎李端棻奏上《请推广学校折》，提出创办京师大学堂，课程拟分为中学、西学两部。"中学"包括"经史子及国朝掌故诸书"，"西学"包括天文、地舆、算学、格致、制造、农、商、兵、矿、时事、交涉等科。参见李端棻《请推广学校折》，陈景盘、陈学恂主编《清代后期教育论著选》，人民教育出版社1997年版，第340页。同年8月，工部尚书、管理书局大臣孙家鼐奏上《议覆开办京师大学堂折子》并构拟了一份京师大学堂课程，拟设天学、地学、道学、政学、文学、武学、农学、工学、商学、医学十科。参见孙家鼐《议覆开办京师大学堂折子》，《时务报》第三册，京华书局1967年版，第1327页。1898年，军机大臣、总理衙门联署呈奏《遵筹开办京师大学堂疏》并附《章程清单》；1902年，张百熙受命为京师大学堂管学大臣并拟定《钦定学堂章程》；1903年，张之洞奉命会同张百熙及荣庆重定京师大学堂章程，所拟《奏定学堂章程》于1904年2月正式颁布。

② 所谓"七科之学"，是指民国成立后教育部确立文、理、法、商、医、农、工七科的大学学制。其来源主要是日本文、法、医、格致、农、工"六科分立"的大学学制，张百熙1902年奏定的《钦定学堂章程》分为政治、文学、格致、农业、工艺、商务、医术七科，其中政治科包含政治学和法律学，相当于日本大学的法科，他实际上只是在日本"六科分立"学制的基础上增加商务科。张之洞等1904年制定的《奏定学堂章程》采用"八科分学"学制，是在张百熙"七科设学"的基础上增设经学科。民国成立后，教育部规定大学取消经学科，于是又回到张百熙"七科设学"的学制，只是将格致科改名为理科而已。可见，民国改元后确立的"七科之学"主要是承自张百熙的"七科设学"。至于民国"七科设学"与日本大学学制的关系，参见左玉河《从四部之学到七科之学——学术分科与近代中国知识系统之创建》，上海书店出版社2004年版，第185页。中国在甲午战前曾一度瞩意英美学制，而甲午战后则更重视日本学制，民国"七科设学"以日本"六科分立"的大学学制为蓝本，即源于此一背景。参见 Chan – Fai Cheung & Guangxin Fan, "The Chinese Idea of University, 1866 – 1895", in Ricardo K. S. Mak ed., *Transmitting the Ideal of Enlightenment：Chinese Universities since the Late Nineteenth Century*, University Press of America, 2009, pp. 23 – 34。

第三章　晚清的"学堂经学"改革

(1850—1908)《经学历史》、刘师培(1884—1919)《经学教科书》之前，但长期以来未受重视。① 直到最近，此书经由陈居渊先生的专文介绍，才开始引起学界注意。至于长期被忽略的原因，陈先生以为是"作者本人以及当年京师大学堂经学科众多学生有意无意的遗忘"②，鉴于王舟瑶在京师大学堂任教不足两年，而京师大学堂在清末也屡经改革，十余年间即改为北京大学，陈教授此说不无道理。但是，这并不是全部的理由，更不是主要的理由，本节试图指出，此讲义的政治色彩是其长期湮没无闻的一个主要原因。

实际上，张晶萍、朱贞已经尝试经学教科书的研究，但他们的考察是基于清末教育改革的视野。张晶萍认为："在清末教育改革中，为了适应新式学堂的教学需要、消除荒经蔑古之患，人们曾编写了一批经学教科书。"③ 朱贞也认为："经学教育从原本的按书讲学到编写教科书，正是近代教育转型过程中试图用西式教育办法改造传统学问的表现。"④ 整体上，张、朱两位先生都没有特别关注经学教科书的编纂与清末政治的关联。本节试图突破这一视野，透过经学教科书与清末政治关联的分析，指出清末经学教科书原本是政治诉求的产物。

一　梁启超与经学教科书的滥觞

现有研究表明，"教科书"一词的引入与传教士有极大关系。中

---

① 早在 2008 年，张晶萍已经开始关注晚清的经学教科书，但关注的范围还只涉及刘师培的《经学教科书》、皮锡瑞的《经学历史》和叶德辉的《经学通诰》。其后，朱贞首次对晚清经学教科书进行了系统考察，关注到一批最早的经学教科书，如甘肃高等学堂刘尔炘的《尚书经日记》《周易经日记》《诗经经日记》《春秋经日记》，江南高等学堂潘任的《孝经讲义》，京师大学堂胡玉缙的《周礼学》，夏震武的《孟子讲义》《大学衍义讲授》等，其中也提到王舟瑶的《京师大学堂经学科讲义》。参见张晶萍《清末新式教育中的经学教科书》，《光明日报》2008 年 10 月 19 日第 7 版；朱贞《晚清经学教科书的编写与审定》，《学术研究》2014 年第 3 期。

② 陈居渊：《王舟瑶与〈京师大学堂经学科讲义〉》，《经学研究集刊》第 9 期（2010 年 10 月）；《晚清学者王舟瑶的经学史研究——以〈京师大学堂经学科讲义〉为中心》，《徽学》2018 年第 2 期。

③ 张晶萍：《清末新式教育中的经学教科书》，《光明日报》2008 年 10 月 19 日第 7 版。

④ 朱贞：《晚清经学教科书的编写与审定》，《学术研究》2014 年第 3 期。

唐文治与学堂经学的改革

国最早出现的新式教科书是西方传教士在中国传教时适应兴办学生分年级、课程分科的学堂之需而编印出版的。① 1877 年，基督教会举行传教士大会，并专门组织成立"学堂教科书委员会"，负责新式教科书的编译工作。② 这是"教科书"一词在中国出现之始。"学堂教科书委员会"编写的教科书有算学、历史、地理、伦理和宗教等科目，但并没有经学科。③ 教会学校的课程可分三类：第一类是宗教课，第二类是近代的科学文化课，第三类便是传统的中国经学课。开办的一般情形是"请一些信教的旧儒生讲课，从《三字经》读起，一般都要读完《四书》，女校则读《女儿经》。"④ 可见，与中国传统书院相似，教会学校的经学教学也是以研读原典为主。

经学教科书的出现更晚。据陈向阳统计，1862 年创办的京师同文馆在开设的前 8 年共开课 17 门，还有未列入课表的经学和医学课程。⑤ 1866 年奏设的福建船政学堂规定的中文课程为《四书》《五经》《孝经》和《圣谕广训》⑥，除原典外，并没有任何时人编纂的教材。1897 年创办的湖南时务学堂依然如此，《湖南时务学堂开办大概章程》规定"西文由浅而深，按格而习；中文则照总教习所定课程，读专精之书及涉猎之书。"⑦ 从该学堂中文总教习梁启超所拟《第一年读书分月课程表》来看，课程分为溥通学、专门学二类，溥通学包括经学、诸子学、公理学、中外史志及格算诸学之粗浅者。其中，经学课程则列有《春秋公羊传》《孟子》《论语》《二戴记》《周礼》《左氏春秋》等书。据该校毕业生唐才质回忆，湖南时务学堂的教材

---

① 石鸥、吴小鸥：《中国近现代教科书史》上册，湖南教育出版社 2012 年版，第 3—29 页。
② 《第一次中国教育年鉴》戊编："教育杂录第三：教科书之发刊概况"，开明书店 1934 年版，第 115—122 页。
③ 石鸥、吴小鸥：《中国近现代教科书史》上册，湖南教育出版社 2012 年版，第 11—16 页。
④ 俞启定：《中国教育简史》，中央广播电视大学出版社 1999 年版，第 199 页。
⑤ 陈向阳：《晚清京师同文馆组织研究》，广东高等教育出版社 2004 年版，第 194 页。
⑥ 沈岩：《船政学堂》，台北：书林出版有限公司 2012 年版，第 74 页。
⑦ 周正云辑校：《晚清湖南新政奏折章程选编》，岳麓书社 2010 年版，第 285 页。

"以《孟子》《公羊传》为主"①，可知，湖南时务学堂与传统书院一样，经学课程仍以研读经学原典为主，课程设置中也还没有涉及新编的经学教科书。

值得注意的是，梁启超在所拟《时务学堂功课详细章程》附录的书目夹注中开列了一些自编教材。例如，《春秋公羊传》"先读学校报中《读春秋界说》"，《孟子》"先读学校报中《读孟子界说》"，《论语》"先阅学校报中《读论语界说》"，《周礼》"先读学校报中《读周礼界说》"，《左氏春秋》"先阅学校报中《读左氏界说》"。②1897年11月14日，梁启超来到湖南时务学堂。在来湘之前，梁启超与李维格两位中西学总教习在上海时就曾草拟《详细章程》，并预先制定《第一年读书分月课程表》③。这说明梁启超在来长沙之前就已经酝酿了自编经学教材的构想。

然而，在时任湖南巡抚陈宝箴拟订的《时务学堂招考示》中，陈氏规定：

中学：《四子书》《朱子小学》《左传》《国策》《通鉴》《五礼通考》《圣武记》《湘军志》，各种报及时务诸书，由中文教习逐日讲传。

西学：各国语言文字为主，兼算学、格致、操演、步武、西史、天文、舆地之粗浅者，由华人教习之精通西文者逐日口授。④

除原典外，时务学堂并未规定任何其他经学教材，对于教习也未有编纂经学教科书的要求。不过，如上所述，梁启超与李维格在草拟

---

① 唐才质：《唐才常与时务学堂》，《湖南文史资料》第3辑，湖南人民出版社1958年版，第104页。
② 梁启超：《时务学堂功课详细章程》，《湘报》第102号，中华书局2006年版，第940—948页。
③ 梁启超：《时务学堂功课详细章程》，《湘报》第102号，中华书局2006年版，第940—948页。
④ （清）陈宝箴：《招考时务学堂示附招考章程》，汪叔子、张求会编《陈宝箴集》（中），中华书局2005年版，第1240页。

唐文治与学堂经学的改革

的《时务学堂功课详细章程》中就有自编教材的构想，包括编写《读春秋界说》《读孟子界说》等。之所以会有这样的构想，是因为梁启超作为"中学"总教习，明确提出"今日设学之意，以宗法孔子为主义"，"堂中所课一切，皆以昌明圣教为主义"①。如何"宗法孔子"？如何"昌明圣教"？梁启超的设想是："今宜取六经义理、制度微言大义，一一证以近事新理以发明之，然后孔子垂法万世、范围六合之真乃见。"② 这便是梁氏计划自编经学教科书的动机，至于如何取舍"微言大义"，以及如何"证以近事新理以发明之"，梁氏未曾言明。时过23年，梁氏在1920年所撰的《清代学术概论》中回顾时务学堂讲学：

> 其后启超等之运动，益带政治的色彩。……已而嗣同与黄遵宪、熊希龄等，设时务学堂于长沙，聘启超主讲席，唐才常等为助教。启超至，以《公羊》《孟子》教，课以札记，学生仅四十人，而李炳寰、林圭、蔡锷称高才生焉。启超每日在讲堂四小时，夜则批答诸生札记，每条或至千言，往往彻夜不寐。所言皆当时一派之民权论，又多言清代故实，胪举失政，盛倡革命。其论学术，则自荀卿以下汉、唐、宋、明、清学者，掊击无完肤。③

这说明梁启超此时所讲的经学旨在为政治改革服务，"所言皆当时一派之民权论"。梁启超受学于康有为，实则康有为早年的经学著作也是为了政治改革而作。康氏曾向光绪皇帝透露自己撰写《孔子改制考》的动机说："即如《孔子改制考》一书，臣别有苦心，诸臣多有未能达此意者。……臣故博征往籍，发明孔子变法大义，使守旧者

---

① 梁启超：《湖南时务学堂学约》，《梁启超全集》第一册，北京图书馆出版社1999年版，第109页。
② 梁启超：《湖南时务学堂学约》，《梁启超全集》第一册，北京图书馆出版社1999年版，第109页。
③ 梁启超著，朱维铮导读：《清代学术概论》，上海古籍出版社1998年版，第84—85页。

第三章 晚清的"学堂经学"改革

无所借口,庶于变法自强,能正其本。区区之意,窃在于是。"① 康氏自己坦承他研究经学的代表作之一《孔子改制考》,用意即在借孔子为维新变法"正其本","使守旧者无所借口"。梁启超在时务学堂的讲学明显也是如此,我们试看梁氏《读春秋界说》就能明白。《读春秋界说》论述五点,第一点便提出"《春秋》为孔子改定制度以教万世之书"。梁氏说:

> 孔子改制之说,本无可疑,其见于周秦诸子两汉传记者极多,不必遍举,即如《论语》"麻冕礼也"一章,"颜渊问为邦"一章,改制之精义犹可考见,使孔子而仅"从周"云尔,则何不云行周之时,乘周之辂,乐则武舞,而必兼三代耶?可见当日孔子苟获为邦,其制度必有所因革损益明矣。即已不见用,则垂空文以待来者,亦本其平日所怀者而著之,又何足异乎?②

《论语》"麻冕礼也"一章讨论的是礼制损益,"颜渊问为邦"一章讨论的是治国之法,确实都有"因革损益"之义。③ 若以"因革损益"为"改制",据以谓孔子有"改制"思想,本亦可通。问题是梁氏所谓"孔子改制"却别有所指,非泛言"改制"而已。其说本自康有为《孔子改制考》,梁启超曾参与编纂此书,深知"有为所谓'改制'者,则一种政治革命、社会改造的意味也"④,最突出的是康氏主张引进西方的君主立宪政体。据《论语》"因革损益"之义以印证康有为所谓"孔子改制",则显然是缘饰经义,为维新变法进行舆论准备。

梁氏之讲《孟子》亦复如是:

---

① 康有为:《恭谢天恩并陈编纂群书以助变法请速筹全局折》,《杰士上书汇录》,故宫藏本。转引自孔祥吉编著《康有为变法奏章辑考》,北京图书馆出版社2008年版,第350页。
② 梁启超:《读春秋界说》,《梁启超全集》第一册,北京图书馆出版社1999年版,第154页。
③ (清)阮元校刻:《十三经注疏》下册,中华书局1980年版,第2517页。
④ 梁启超著,朱维铮导读:《清代学术概论》,上海古籍出版社1998年版,第79页。

唐文治与学堂经学的改革

> 孟子于《春秋》之中，其所传为大同之义。孔子立小康之意，以治二千年以来之天下，在《春秋》亦谓之升平，亦谓之临一国之言，荀子所述者皆此类也。立大同之言，以治今日以后之天下，在《春秋》亦谓之太平，亦谓之临天下之言，孟子所述皆此类也。大同之义，有为今日西人所已行者，有为今日西人所未行而可决其他日之必行者。读《孟子》者，皆当于此求之。①

梁氏所说"大同"之义也本于康有为。康有为曾发挥《春秋》"三世"之义，《礼运》"大同"之说，作《春秋笔削微言大义考》《孟子微》《礼运注》，言小康为国家主义，大同为世界主义，据乱世非经历小康则不能进于大同，带有鲜明的"进化论"色彩。②梁氏此文宣扬其师之说，谓孟子传《春秋》"大同"之义，然文中未能提供任何文本证据。又谓荀子传《春秋》"小康"之义，同样缺乏文本支持。今不必深究其论证的疏漏，这里所要指出的是梁氏谓《公羊》"大同"之义"有为今日西人所已行者，有为今日西人所未行而可决其他日之必行者"，其用《礼运》的"大同"经义宣扬西方政治体制的意图昭然若揭。

由于青年梁启超有强烈的政治动机，因此，当维新变法前夕到湖南时务学堂开讲经学的时候，他没有依从原典和古代经师注疏，而是指定学生阅读他自己计划发表在报刊上的论著。上面分析的《读春秋界说》《读孟子界说》作为梁氏自编的两种指定教材，便明显带有强烈的政治目的。1922年，梁启超受邀重回湖南讲学，回忆在时务学堂讲学的往事说："那时的青年都有进取思想，高谈时局，研究满清怎样对不起汉人，及中国两千年来的专制恶毒。这班青年都是向这两

---

① 梁启超：《读孟子界说》，《梁启超全集》第一册，北京图书馆出版社1999年版，第159页。
② 梁启超：《南海康先生传》；陆乃翔、陆敦骙：《南海先生传》，载夏晓虹编《追忆康有为》，生活·读书·新知三联书店2009年版，第11、59页。

个目标去,而我们在湘做的事,分作四项。"① 这四项的第一项就是办时务学堂。又说:"时务学堂则专研究怎样贯彻我们的主义。"② 时务学堂毕业生唐才质也有类似回忆:"梁先生讲学时,自言吾辈教学法有两面旗帜,一是陆王派之修养论,一是借《公羊》《孟子》发挥民权之政治论。"③ 梁氏本人与唐才质的回忆都印证了上文的分析——梁启超在时务学堂自编经学教材是受特定的政治动机驱使。

二 京师大学堂与早期经学教科书的编纂

梁启超自编的《读春秋界说》《读孟子界说》虽然曾在时务学堂与《春秋公羊传》和《孟子》配合使用,但并非依据时务学堂的课程要求编写,也并非以此为教科书来照本宣科,而是梁氏为了宣传自己的政治主张而有计划发表的报刊文章。就当时实情而言,《春秋公羊传》《孟子》等原典才是时务学堂的教材,梁氏发表的文章则是补充读物或补充教材。在这个意义上,《读春秋界说》《读孟子界说》不能算是正式的经学教科书,而只能算作经学教科书的滥觞。

伴随京师大学堂的课程改革,编纂经学教科书被提上日程。1898年,梁启超在代拟的《总理衙门奏拟京师大学堂章程》"总纲"第五节中便提出编纂教科书的设想:

> 西国学堂皆有一定功课书,由浅入深,条理秩然,有小学堂读本,有中学堂读本,有大学堂读本,按日程功,收效自易。今中国既无此等书……今宜在上海等处开一编译局,取各种溥通学尽人所当习者,悉编为功课书,分小学、中学、大学三级,量中人之才所能肄习者,每日定为一课。局中集中西通才,专司纂译。其言中学者,荟萃经子史之精要,及与时务相关者编成之,取其精华,弃其糟粕。其言西学者,译西人学堂所用之书,加以

---

① 梁启超:《湖南教育界之回顾与前瞻》,长沙《大公报》1922年9月3日。
② 梁启超:《湖南教育界之回顾与前瞻》,长沙《大公报》1922年9月3日。
③ 唐才质:《湖南时务学堂略志》,《湖南文史资料选辑》(修订合编本)第1集第2辑,湖南人民出版社1981年版,第56页。

唐文治与学堂经学的改革

润色,既勒为定本。除学堂学生每人给一分外,仍请旨颁行各省学堂,悉遵教授,庶可以一趋向而广民智。①

梁启超提出编纂教科书是以西方学堂为参照。他要求教科书在内容上应该体现大、中、小学堂不同层次的差别,同时应该"按日程功"。就此意义而言,他在长沙自编的《读春秋界说》《读孟子界说》也不合要求,因此他说"今中国既无此等书"。他对于"中学"教科书的设想是"荟萃经子史之精要,及与时务相关者编成之"。梁氏之意,是要求放弃直接研读原典全本,而代以选本,选编的原则是"取其精华,弃其糟粕"。问题是何为"精华",何为"糟粕",依据什么标准判定其为精华或糟粕,则实在难有一致之认识。梁氏也只是提出在上海等处设立编译局,专门编译中西教材,至于编选的具体标准则未能说明。

梁氏的动议在此后数年内激起了两种相反的意见。第一种是支持。军机大臣、总理衙门联署呈奏《遵筹开办京师大学堂疏》表示支持②,甚至点名要让梁启超负责编纂事宜:

臣等窃惟,译书一事,与学堂相辅而行……至京师编译局为学堂而设,当以多译西国学堂功课书为主。其中国经史等书,亦当撮其精华,编成中学功课书,颁之行者。所关最为重大,编纂尤贵得人。梁启超学有本原,在湖南时务学堂编有各种课程之

---

① 北京大学校史研究室编:《北京大学史料》第一卷,北京大学出版社1993年版,第81页。

② 《遵筹开办京师大学堂疏》,王延熙、王树敏编:《皇朝道咸同光奏议》卷七,"变法类·学堂",上海久敬斋光绪二十八年(1902)刊本,第7—13页。《北京大学史料》引作《总理衙门奏筹办京师大学堂并拟学堂章程折》,北京大学校史研究室编《北京大学史料》第一卷,北京大学出版社1993年版,第45—47页。《我史》也提及此疏:"总署覆奏学堂事,大臣属之章京,章京张元济来请吾撰,吾为定四款:一曰预筹巨款,二曰即拨官舍,三曰精选教习,四曰选刻学书。选刻学书者,将中国应读之书,自经史子集及西学,选其精要,辑为一书,俾易诵读,用力省而成功易,不至若畴昔废力于无用之学,以至久无成功也。"可知此折的主要建议出自康有为。参见康有为《我史》,江苏人民出版社1999年版,第44页。

书，教授生徒，颇著成效，若使之办理此事，听其自辟分纂，必能胜任愉快。①

军机大臣、总理衙门的支持很可能只是一种政治表态。其实，梁启超在湖南时务学堂只在报刊上发表《读春秋界说》《读孟子界说》，并未"编有各种课程之书"。梁氏在长沙的任教仅短短四个月，若就教科书一事而言，也谈不上"颇著成效"。当时，康有为新用事，为光绪皇帝所信任，因此军机大臣、总理衙门也都对康氏予以礼遇，故此疏对梁氏的举荐亦颇有溢美。如将此疏与梁氏章程对照，就会发现此折关于编纂教科书与"撮其精华"云云，几乎是完全照搬梁氏的原议。

地方官员中也不乏编纂经学教科书的支持者。例如，1902年贵州学政赵熙提出：

请将编订功课书一事归该局专办……至经义及《论》《孟》义创始于宋臣王安石，其大意以发明圣贤经传之义理为本，间出己意加之论断，并引用古今事迹以证据之。其法律疏于八股文，而能上下千古，畅所欲言，足以考见作者之才识。故理不致诡于正格，不妨从其宽。并拟请旨恭仿高宗纯皇帝《钦定四书文》之例，令儒臣搜求名作裒集成书，以为士林矜式。如以古作不多或径请特派能文之翰林院官撰拟若干篇进呈御览，赐之删定，俾主司群士得所遵循。②

赵熙的提议可谓是更进一步。梁启超的原议还只提出编选经文，赵熙更提出编选经义。他建议参考王安石以经义及《论》《孟》义取士的办法，令儒臣搜求经义名作，或令翰林院官自编经义，然后编成教科书。这些经义"大意以发明圣贤经传之义理为本，间出己意加之论断，

---

① 《总理衙门奏筹办京师大学堂并拟学堂章程折》，北京大学校史研究室编《北京大学史料》第一卷，北京大学出版社1993年版，第46—47页。
② 《贵州学政赵熙奏请开设译书局片》，《湖南官报》第37号（1902年5月25日）。

唐文治与学堂经学的改革

并引用古今事迹以证据之"。所谓"间出己意加之论断",梁氏所编《读春秋界说》《读孟子界说》正是这么做的。可见,赵氏构想的经学教科书不止是选编经义而已,还要求在教科书中进一步发挥经义。

第二种是反对。梁启超当时的顶头上司工部尚书、管理书局大臣孙家鼐便明确表示反对:

> 谨按先圣先贤著书垂教,精粗大小无所不包,学者各随其天资之高下以为造诣之深浅,万难强而同之。若以一人之私见,任意删节割裂经文,士论必多不服。盖学问乃天下万世之公理,必不可以一家之学而范围天下。昔宋王安石变法,创为《三经新义》,颁行学官,卒以祸宋。南渡后旋即废斥,至今学者犹诟病其书,可为殷鉴。臣愚以为经书断不可编辑,仍以列圣钦定者为定本,即未经钦定而旧列学官者,亦概不准妄行增减一字,以示尊经之意。此外,史学诸书,前人编辑颇多善本,可以择用,无庸急于编撰。惟有西学各书,应令编译局迅速编译。[①]

孙家鼐反对编纂经学教科书。他认为西学与中学,经与史应区别对待。西学急需编译教科书;史书也可以编辑,但"前人编辑颇多善本",无需新编教科书;经书则不可编辑,更无需新编教科书。他提出两个理由:一、经书义理广大,"精粗大小无所不包",如果据一人之所见任意删节割裂经文,难以服众。二、经学乃公理,不是一家之言,"必不可以一家之学而范围天下"。按照孙氏的观点,经书不可选编,更不可采一家之说而用作教科,以避免垄断经书义理的解释。可见,他对于编纂经学教科书相当敏感。这种敏感是由于他认为编纂经学教科书具有负面的政治影响。他甚至含沙射影,将康梁要求自编经学教科书的做法与王安石编纂《三经新义》相提并论,其所谓"以一家之学而范围天下"云云,亦可视为对康梁试图效法王安

[①] (清)孙家鼐:《奏覆筹办大学堂情形折》,北京大学校史研究室编《北京大学史料》第一卷,北京大学出版社1993年版,第47—48页。

石利用经学推行新政的一种警惕。

另一种反对意见是认为操作困难。1898年，吴汝纶致书李鸿章，对梁启超代拟的《京师大学堂章程》提出批评。他认为："都下近多新政，初疑吾师与谋，及见所拟章程，则皆少年无阅历者所为……又况欲荟萃经、子、史之精要，取菁华去糟粕，勒为一书，请旨颁行，此亦谈何容易！"① 这显然是针对梁启超"取其精华，弃其糟粕"之语。不过，吴氏反对的理由是操作困难，而不像孙家鼐那样，是出于政治的敏感。这种操作上的困难，教育史学者林小青（Xiaoqing Diana Lin）也有所论述。她指出，与西方专门化、程式化的知识教育有别，儒家经典教育具有整全性（integration of knowledge）、濡染性（gradual immersion）的特点②，如果将经学也与其他专门科学一样，编成教科书来进行知识讲授，则与传统儒家经典教育整全性、濡染性两个特点不免扞格。吴氏的批评视角大致与此相类。

还有一种反对意见强调经学必须研读原典。1902年，就在京师大学堂译书局着手编纂经学教科书之际，陈黻宸在《新世界学报》发表长篇文章，郑重批评编经之说：

> 是故编经之说，我所深恶疾而必不敢以为然者也。夫书愈多，则世界愈文明；读书之人愈众，则社会愈进化。仅仅此十三经，而犹惧人之不能尽读，我不解其何心。况即不能尽读，而令读一经焉，或读经之一二卷焉，犹愈于全不读经者。而必欲人之尽读经而为编经之说，不解其何心。吾尝谓中国著书之人太少，而窃古人之书以为书之人太多，编经者乃其窃之尤无道理者也……我不问天下之书与经合者，与经助者，与经相发明者，而即与经大背，悍然于我经之外立一帜，树一敌者，我皆可借以证

---

① （清）吴汝纶撰，施培毅、徐寿凯校点：《吴汝纶全集》（三），黄山书社2002年版，第200—201页。

② Xiaoqing Diana Lin, *Peking University: Chinese Scholarship and Intellectuals 1898 - 1937*, State University of New York Press, 2005, pp. 10 - 11.

唐文治与学堂经学的改革

> 经之同异,辨经之是非,则亦我大同之作用所关也。①

陈氏强调读经必须研读原典。即使不能尽读十三经,则可以只读一经;即使不能通读一经,则可以只读一二卷。但编经则万万不可,因为"编经者乃其窃之尤无道理者也"。在他看来,就算反对经学,"悍然于我经之外立一帜,树一敌者"也比编经要好。因为,编经只是"窃",于经学毫无帮助;而反对经学而能言之成理者,尚可"借以证经之同异,辨经之是非",这样的批评不无裨益。然则,"取其精华,弃其糟粕"的编经主张在陈氏而言只是"窃"的托词而已,而且"尤无道理"。陈氏此文不啻是对梁氏等编经者之说的当头一棒。

张之洞也表达了类似的关切。在1904年颁布的《大学堂章程》中,张氏对"经学科大学"的教材进行了详细规定:"经学以国朝为最精,讲专门经学者,宜以《注疏》及国朝诸家之书为要,而历朝诸儒之说解,亦当参考。其应用各书,学堂中皆当储备。诸经皆同。所注研究各法,为教员者不过举示数条,以为义例,听学生酌量日力自行研究。"② 根据这项规定,教员不需要自编经学教科书,而应该以经书原典、注疏和清代经学著作为主。研读的方法也不是教员讲授,而是以学生自行研究为主。就这两点看,张之洞似乎是想在新式学堂内保存传统书院的某些做法,在"经学科"尤其如此。他不但不赞成梁启超"取其精华,弃其糟粕"的做法,而且反对单讲《春秋公羊传》,他不无愤激地批评:"近来康梁逆党,即是依托后世公羊家谬说,以逞其乱逆之谋,故讲《公羊春秋》者,必须三传兼讲,始免借经术以乱天下之害。"③ 即使依据经学原典,尚且要谨防偏失,更何况是自编经学教科书呢?张氏的反对意见不问可知。

---

① 陈德溥编:《陈黻宸集》上册,中华书局1995年版,第560页。
② (清)张之洞等:《奏定学堂章程·大学堂章程》,《中国近代教育史料汇编·晚清卷》第1册,全国图书馆文献微缩复制中心2006年版,第463页。
③ (清)张之洞等:《奏定学堂章程·大学堂章程》,《中国近代教育史料汇编·晚清卷》第1册,全国图书馆文献微缩复制中心2006年版,第465页。

第三章 晚清的"学堂经学"改革

由于戊戌变法夭折,再经庚子拳乱,京师大学堂之议遂寝,编纂经学教科书的提议也未被继续讨论。庚子国变后,《辛丑条约》签订,改革与新政又被提上议程。1902年1月10日,张百熙受命为管学大臣,着手落实京师大学堂开办事宜。① 2月13日,张百熙在《奏办京师大学堂情形疏》中重提编译教科书之事:

> 泰西各国学校,无论蒙学、普通学、专门学,皆有国家编定之本,按时卒业,皆有定章。今学堂既须考究西政西艺,自应翻译此类课本,以为肄习西学之需。惟其中有与中国风气不同及牵涉教宗之处,亦应增删润色,损益得中,方为尽善。至中国《四书》《五经》为人人必读之书,自应分年计月,垂为定课……故学堂又以编辑课本为第一要事。现各处学堂皆亟待国家编定,方有教法。上海南洋公学,江鄂新设学堂即自编课本以教生徒,亦不得已之举也。臣惟国家所以变法求才,端在一道德而同风俗,诚恐人自为学,家自为教,不特无以收风气开通之效,且转以生学术凌杂之虞。应请由臣慎选学问渊通,心术纯正之才,从事编辑,假以岁月,俾得成书。书成之后,请颁发各省府州县学堂应用,使学者因途径而可登堂奥,于详备而先得条流。②

张百熙有鉴于西方学堂"皆有国家编定之本",教者必有依据,学者必有次第,认为"学堂又以编辑课本为第一要事"。在"中学"方面,张氏认为除经书以外,史书与诸子等都"宜编为简要课本";而"四书""五经"则不必编辑,但"应分年计月,垂为定课"。这

---

① 《着即开办大学堂并派张百熙经理谕旨》,北京大学、中国第一历史档案馆编《京师大学堂档案选编》,北京大学出版社2001年版,第93页。有关京师大学堂为何在戊戌变法后仍得以延续,如何在1902年重开,Renville Clifton Lund 的梳理颇为详尽,参见 Renville Clifton Lund, *The Imperial University of Peking*, University Microfilms, 1969, pp. 129–135, 146–154。

② 陈景磐、陈学恂主编:《清代后期教育论著选》下册,人民教育出版社1997年版,第31—32页。

·117·

种主张看起来与孙家鼐相近，而与梁启超将四部之书"取其精华，弃其糟粕"的编纂主张不同。但是，在编辑教科书的目的上，张氏认为"端在一道德而同风俗"，并为"变法求才"服务，这与梁启超以自编经学教材为维新变法服务的政治倾向颇为接近。而且，他还主张"书成之后，请颁发各省府州县学堂应用"，这与梁启超主张"仍请旨颁行各省学堂，悉遵教授，庶可以一趋向而广民智"的建议也吻合。总之，将编纂教科书上升为国家政治行为，以服务政治为目的同样是张百熙编纂经学教科书的主要动机。

三 王舟瑶《京师大学堂经学科讲义》的编纂旨趣

但是，张百熙最终并未满足于分年计月课读"四书""五经"，而是积极推动编纂新式经学教科书。1902年，在张百熙的努力下，京师大学堂设立译书局和编书处。其中，编书处的目标是取中国学问为学堂所必须肄习者分门编辑，并按照中小学课程门目分类编纂，"一曰经学课本，二曰史学课本，三曰地理课本，四曰修身伦理课本，五曰诸子课本，六曰文章课本，七曰诗学课本"①。同年，张百熙还将编纂教科书的理念写进《钦定大学堂章程》。该章程第一章第一节规定："京师大学堂之设，所以激发忠爱，开通智慧，振兴实业。"②经学教科书当然也不例外，亦须遵循此宗旨，以"激发忠爱"为编纂旨趣。

更值得注意的是，该章程第三章第二十一节还对教科书的编译做了具体规定：

> 刻下各项课本尚待编辑，姑就旧本择要节取教课，俟编、译两局课本编成，即改用局本教授。其外省学堂一律照京师大学堂奏定课本办理，不得自为风气。如将来外省所编课本实有精审适

---

① 《京师大学堂编书处章程》，宋原放主编，汪家熔辑注《中国出版史料（近代部分）》第一卷，湖北教育出版社2004年版，第620页。

② 张百熙：《钦定大学堂章程》，《中国近代教育史料汇编·晚清卷》第1册，全国图书馆文献微缩复制中心2006年版，第43页。

第三章 晚清的"学堂经学"改革

用过于京师编译局颁发原书者，经大学堂审定后，由管学大臣随时奏定改用。①

上述规定有两个要点：第一，在尚无奏定课本的情况下，教员可"姑就旧本择要节取教课"。准此推论，则经学科也已经不是研读原典，而是对原典进行择要节取。第二，京师及外省学堂都必须一律采用统一课本，即京师大学堂奏定课本。外省学堂虽然可以编纂教科书，但必须经大学堂审定，然后由管学大臣随时奏定改用，才允许各学堂采用。这项规定的用意自然也是为了贯彻上文所谓"一道德而同风俗"，这显然也是强调教科书应该为清末的政治秩序服务，避免"学术凌杂之虞"。

大学堂也需要编纂教科书，但编书处并不直接负责，而是将权力转交大学堂自身。于是，京师大学堂的教科书都是由教习自讲自编，因此定名"讲义"，编定后以京师大学堂名义审订出版。据庄吉发考察，京师大学堂现存教科书计有12种见表3－8：

表3－8　　　　　　　　　京师大学堂现存教科书一览

课程	教科书	教习
伦理学（各科必修）	伦理学讲义	张鹤龄
经学	经学科讲义	王舟瑶
历史	史学科讲义	屠寄
	中国史讲义	陈黻宸
	中国通史讲义	王舟瑶
	万国史讲义	服部宇之吉

---

① （清）张百熙：《钦定大学堂章程》，《中国近代教育史料汇编·晚清卷》第1册，全国图书馆文献微缩复制中心2006年版，第91—92页。

唐文治与学堂经学的改革

续表

课程	教科书	教习
中国地理	中国地理讲义	邹代钧
	中国地理志讲义	邹代钧
经济学	经济学通论讲义	於荣三郎
	经济学各论讲义	於荣三郎
心理学	心理学讲义	服部宇之吉
掌故学	掌故学讲义	杨道霖

以上所列教习共十位。其中，副总教习张鹤龄、速成科正教习服部宇之吉、速成科副教习於荣三郎、汉文教习王舟瑶、屠寄、杨道霖都于光绪二十八年（1902）即担任教习，陈黻宸于1903年任教习①。除邹代钧不可考外，其余各位出任京师大学堂教习都在1902年之后、1904年之前。换言之，此时张之洞所拟《奏定大学堂章程》尚未颁布，而张百熙所拟《钦定大学堂章程》已经生效。则"表3-8"所列各教科书在原则上都是依据《钦定大学堂章程》而编纂的。下面，我们以王舟瑶的《京师大学堂经学科讲义》为例，考察其编纂旨趣。

1902年，京师大学堂重新开办，王舟瑶以张百熙荐，聘任师范馆经学科、仕学馆历史科教习。今按《默盦居士自订年谱》，王氏于1902—1903年留京师两年，其间著有《群经家法述》一卷、《群经大义述》二卷、《中国学术史》二卷。② 1903年冬，王舟瑶因两广总督岑椿煊荐，奉调襄办学务，以知县分发广东。据此推知，则两种讲义当成于王氏赴任广东之前，即在1903年入冬前业已成书。除邹代钧不可考外，其余教习都已于1902—1903年开课；又京师大学堂编书

---

① 张百熙原拟以陈黻宸任经学科教习，后陈氏因奔陈虬丧迟到改任史学科教习。参见陈谥等《陈黻宸年谱》，陈德溥编《陈黻宸集》下册，中华书局1995年版，第1190—1191页。
② 王舟瑶编，王敬礼续编：《默盦居士自订年谱》（《北京图书馆藏珍本年谱丛刊》第185册），北京图书出版社1999年版，第453—454页。

处亦于 1904 年停办。据此两点，可推知"表 3-8"各讲义大约都完成于 1902—1903 年间。

《京师大学堂经学科讲义》分为"论读经法""经学家法述""群经大义述"三部分，全书目次见"表 3-9"。今按《群经大义述》亦题作"经学讲义第二编"，列通变、自强、合群、天人、进化、新民、今古、道德、明伦等，共二十五篇，均以大义标目。[1] 盖《京师大学堂经学科讲义》即据 1902 年所撰《群经家法述》增订而成，故于经学家法特详，拟为经学讲义第一编；而 1903 年续撰《群经大义述》，尤详于大义，原定作为京师大学堂经学科讲义的第二编。其后，或因王氏离开之故，第二编未能列入京师大学堂颁布的经学教科书。

在第一部分"论读经法"中，王舟瑶首先指出："通经所以致用。"[2] 怎样才是致用呢？他举孔子与汉儒为例，并引孔子说："诵《诗》三百，授之以政，不达；使于四方，不能专对。虽多，亦奚以为？"[3] 又引《列子》所存孔子说："曩吾修《诗》《书》，正礼乐，以治天下，遗来世，非但修一身治鲁国而已矣。"[4] 根据这些说法，治经必须要能在个人和国家中发挥作用。王氏又说："汉之儒者，以《禹贡》行水，《春秋》折狱，三百五篇当谏书，方可谓之经学。"[5] 基于通经致用的鹄的，他打破汉宋门户，对清代乾嘉以来的考据学提出批评："若拘拘于形声训诂之中，名物考据之末，章句陋儒，何裨实用？乾嘉以来，多坐此弊，吾辈不必复蹈也。"[6] 诚如陈居渊先生所言，尽管王氏师从俞樾，是汉学出身，但王氏"走的却是融合

---

[1] 伦明：《〈经学讲义〉提要》，中国科学院图书馆整理《续修四库全书总目提要·经部》下册，中华书局 1993 年版，第 1418 页。
[2] 王舟瑶：《京师大学堂经学科讲义》，新加坡国立大学藏本，第 1a 页。该书与张鹤龄《京师大学堂伦理学讲义》合刊为一册。
[3] （宋）朱熹撰：《四书章句集注》，中华书局 1983 年版，第 143 页。
[4] 杨伯峻：《列子集释》，中华书局 1979 年版，第 115 页。
[5] 王舟瑶：《京师大学堂经学科讲义》，新加坡国立大学藏本，第 1a 页。
[6] 王舟瑶：《京师大学堂经学科讲义》，新加坡国立大学藏本，第 1a 页。

唐文治与学堂经学的改革

'今古'、不废'汉宋'的新路"[1]。

表 3-9　　　　王舟瑶《京师大学堂经学科讲义》目录

结构	章次	篇目
自序	—	—
一、论读经法	—	—
二、经学家法述	第一章	孔门传授
	第二章	易家
	第三章	尚书家
	第四章	诗家
	第五章	礼家
	第六章	春秋家
	第七章	孝经家
	第八章	论语家
	第九章	孟子家
	第十章	尔雅家
	第十一章	小学家
三、群经大义述	—	通变篇
	—	自强篇

那么，如何才算通经致用？王氏提出两个要点。第一，求其大义。王氏认为"一经之中，必有大义"。王氏举《孟子》为例说："如《孟子》七篇，以性善为体，以仁义为用。其论治以民为体，以学校、井田为用，此其大义。学者读一经，必求其大义所在，取其有

---

[1] 陈居渊：《晚清学者王舟瑶的经学史研究——以〈京师大学堂经学科讲义〉为中心》，《徽学》2018 年第 2 期。

益于心身,有关于国家者而讲明之,余姑从缓也。"① 这种撮取经书大义的做法,与张百熙《钦定学堂章程》规定经学科讲授"自汉以来注家大义"② 的课程要求大旨吻合。第二,贵乎通今。王氏认为"欲求实用,贵乎通今,不可泥古"。王氏举明堂、辟雍、郊祀、禘祫等为例,认为这些虽然是经书中重要的制度,但都已为陈迹,没有实用,为此他提出"必求有益于今,实可施行,心知古人之意,以救今日之失,庶足取通经之益"③。结合上文的论述,我们发现王氏的这一观念也与张百熙"通古今"的教科书编辑旨趣一致。④

然而,群经的大义可谓不胜枚举,"通今"的制度亦是更仆难数,这样通经致用之说落到实处不免令人觉得头绪纷繁,难以着手。于是,王氏又有"先定宗旨"之说:

> 学问有精神、形式之判。精神之学问,必明乎物竞天择之义,优胜劣败之理,思我国何以弱?彼国何以强?推究原因,知所从事。其誌志史书,知何者可行?何者不可行?究人群之进化,知立国之本原,坐言起行,见诸实用,此为己之学也。形式之学问,贪多务博,西抹东涂,泛览群书,为古人之奴隶,涉猎新史,拾西土之唾余,此为人之学也。故学问宜先定宗旨。⑤

---

① 陈居渊:《晚清学者王舟瑶的经学史研究——以〈京师大学堂经学科讲义〉为中心》,《徽学》2018 年第 2 期。
② (清)张百熙:《钦定学堂章程》,《中国近代教育史料汇编·晚清卷》第 1 册,全国图书馆文献微缩复制中心 2006 年版,第 56 页。
③ 王舟瑶:《京师大学堂经学科讲义》,新加坡国立大学藏本,第 1a—1b 页。
④ 张百熙《致瞿鸿禨论办学书》提出四条编书旨趣:一为"定宗旨",二为"芟烦碎",三为"通古今",四为"求贯通"。其中,第三条提出"略言今日之所急,当以究心教养之原与夫通考历朝礼乐兵刑之制,能见诸施行者为要务,若第博考其异同沿革之迹,仍不能谓之有用也,故必以知今为主,而证以既往之陈迹,以定其损益,使人人读书时之精神皆贯注于政治之中。"可知张氏所谓"有用"主要是指"以知今为主""精神皆贯注于政治"。参见陈景磐、陈学恂主编《清代后期教育论著选》下册,人民教育出版社 1997 年版,第 36 页。
⑤ 王舟瑶:《京师大学堂经学科讲义》,新加坡国立大学藏本,第 1a 页。

唐文治与学堂经学的改革

王舟瑶认为，一切学问可判为为人、为己两途。为人之学只在形式上着力，为己之学则在精神上努力。所谓在精神上努力，要求学者"必明乎物竞天择之义，优胜劣败之理，思我国何以弱？彼国何以强？推究原因，知所从事"。显然，王氏强调学术要有精神，此精神的着眼点是国家的胜败强弱。这意味着，经学"大义"必须服务于此一根本宗旨，即服务于国家的富强与进化。因此，王氏接下来又说："愿诸君奋爱国之热诚，明合群之公理，以德育为本，以智育、体育为辅，共矢如伤之志，各成有用之材，以济时艰，以报君国。"① 其欲以学术服务政治的意愿情见乎辞。在这一点上，王氏与梁启超、张百熙可谓同志。

不仅如此，尽管王氏没有像梁启超那样高调宣扬"民权"，但政治倾向则与梁启超相似，王舟瑶也大力提倡"通变"与"自强"。基于这一倾向，王氏于第三部分"群经大义述"特著"通变""自强"二篇以揭橥此旨。《通变篇》言：

> 观一卦，则圣人之变革，用和平主义，不用冲突主义，明矣。夫变之事，有出自上者，如俄大彼得、日本睦仁；有起自下者，如英、美、法诸国。出自上者，其道顺；起自下者，其事烈。圣人用和平主义，不用冲突主义，故望上之自革，不欲下之干涉。然上不自革，则下将起而革之矣，如埃及、高丽诸国；或并其国而代之革矣，如印度、越南诸国；或分其地而代之革矣，如波兰。夫至外人代而改革，则惨亡之祸亟矣，何如己之速为改革为愈乎？是所望于居九五、六二之位者。②

王舟瑶特著此篇之意，显然欲以提倡变法改革。他寄望于居九五、六二之位者推动和平改革，并反复申明"用和平主义，不用冲突主义"之义。实际上，《易经·革卦》象传的重点是针对"革"卦六

---

① 王舟瑶：《京师大学堂经学科讲义》，新加坡国立大学藏本，第1a页。
② 王舟瑶：《京师大学堂经学科讲义》，新加坡国立大学藏本，第23b页。

第三章 晚清的"学堂经学"改革

爻的时位,而阐述君子应取之行为及其吉凶。六二、九四、九五三爻皆吉,并非专寄望于在九五、六二之位者。在王氏编纂此讲义的前一年,即1901年,两宫西狩,慈禧在西安下诏变法;次年,《辛丑条约》签订后,慈禧又重申变法自强:"尔中外臣工,须知国势至此,断非苟且补苴所能挽回厄运,惟有变法自强,为国家安危之命脉,亦即中国民生之转机。"① 王氏盖寄望于慈禧真正推行变法,故在讲义中屡屡示意进行自上而下的改革,又特别强调用和平主义,反映的都是王氏自身的政治立场。

《自强篇》借题发挥的情况更加明显。该篇言:

> 《仲虺之诰》曰:"兼弱攻昧,取乱侮亡,推亡固存。"《中庸》曰:"天之生物,必因其材而笃之,故栽者培之,倾者覆之。"窃谓仲虺之所言,物竞之义也。《中庸》之所言,天择之义也。物竞者,物争自存也;天择者,天择其宜存者也。盖民物并生于世,相接相搆,民民物物,争思自存。其始也种与种争,其继也群与群争,卒之弱者愚者败,而强者智者胜,其尤强尤智者尤胜……此其义发于十八世纪英儒达尔文之《物种探原》,而吾中国数千年前之圣贤,已明其理。弱者必为强者所兼,昧者必为智者所攻,乱者必为治者所取,亡者必为存者所侮,此即生存竞争,优胜劣败,天演之公例也。②

该篇所据之义理是达尔文的进化论。所谓"物竞""天择""生存竞争,优胜劣败",这正是严复介绍的《天演论》的基本观点。③ 王舟瑶将《尚书·仲虺之诰》《中庸》与达尔文物竞、天择之说相比附。今案《仲虺之诰》为"伪古文《尚书》",该节经文伪孔安国注曰:"弱则兼之,暗则攻之,乱则取之,有亡形则侮之,言正义。"④

---

① 戴逸、李文海主编:《清通鉴》,山西人民出版社2005年版,第8665页。
② 王舟瑶:《京师大学堂经学科讲义》,新加坡国立大学藏本,第23b—24a页。
③ [英]赫胥黎著,严复译:《天演论》,商务印书馆1981年版,第2—3页。
④ (清)阮元校刻:《十三经注疏》上册,中华书局1980年版,第161c页。

唐文治与学堂经学的改革

蔡沈《书集传》在这个基础上发挥"正义"之说:"诸侯之乱者兼之,昧者攻之,乱者取之,亡者侮之,所以恶恶也。"① 可知,《仲虺之诰》这节经文有道德含义,意为禁暴除恶,与达尔文从生物学角度所言毫无道德意味的物种竞争之说迥然有别。同样,《中庸》这节引文也必须配合上一句"故大德,必得其位,必得其禄,必得其名,必得其寿"来看,其意旨在申言有德者必得位、禄、名、寿。下一句"天之生物"云云,孔颖达《正义》云:"言天之所生,随物质性而厚之。善者因厚其福,舜、禹是也;恶者因厚其毒,桀、纣是也。故四凶黜而舜受禅也。"② 显然也具有道德含义,而与达尔文"天择"之自然淘汰义宗趣不侔,不宜混同。可见,在没有确定经学自身的义理系统与根本立场之前,急于从现实目的出发以西学比附经学"大义",常常不免附会失真。这里所举《尚书·仲虺之诰》《中庸》两个诠释的例子便充分说明了这一点。

陈居渊先生也注意到王氏"糅合西学"的治学特色。③ 然而,这里需要进一步指出的是,王氏不只是借用西方概念,而是完全接受了由严复介绍的达尔文学说。他认为物竞天择、优胜劣败是"天演之公例",并以进化论作为其提倡变法、自强的义理根据。就此而言,王氏是奉西学而不是经学作为理据,是援引进化论作为解经的根本立场,而不是基于经学"大义"自身的立场。他对《易经》《尚书》《中庸》上述各节经文的诠释之所以牵附西方概念,没能贴紧经学原典,正是因为他在根本立场上接受了进化论,并基于此立场反向诠释所谓经学"大义"。令人惊讶的是,王氏作为清末汉学重镇俞樾的弟子,在清末时局的冲激下,几乎完全走到了清代汉学家强调经书客观考证的反面。王氏的经学讲义便是一个著例,尤其是最后两篇"大义",诚如伦明所说,"至《通变》《自强》二篇,附会新学说,乖经

---

① (宋)蔡沈:《书经集传》,中国书店1994年版,第68页。
② (清)阮元校刻:《十三经注疏》下册,中华书局1980年版,第1628b页。
③ 陈居渊:《晚清学者王舟瑶的经学史研究——以〈京师大学堂经学科讲义〉为中心》,《徽学》2018年第2期。

旨矣。"① 王氏之所以要"附会新学说",正是由于他急于借经学教科书以宣传其政治主张,从而做出上述"乖经旨"的诠释。

四 结论

综上可知,教科书是伴随清末新式学堂的兴起而出现的。中国的新式教科书是西方传教士按照西式学堂分年级、分科目的课程设置而编印的,最早出现在1870年代。"经学"正式列为一门高等学堂课程,始于梁启超1898年代拟的《京师大学堂章程》。1902年,又被张百熙《钦定学堂章程》列为"文学科"的一门。同年,京师大学堂正式开办,新式教科书的需求也提上日程,经学教科书也由此应运而生。现存京师大学堂教科书12种,大致都是在1902—1903年间编纂,其中就包括本节考察的这本早期经学教科书——《京师大学堂经学科讲义》。

从表面上看,经学教科书完全是清末学制与课程改革的产物。人们可以不假思索地推断:正是由于"经学"课程的要求,而催生了经学教科书的编纂。然而,这只是形式的或表面的解释。从其里层来看,学制改革只是清末政治改革的一部分,编纂经学教科书实际上也是出于政治的需要。Cyrus H. Peake 指出清末以来的中国政治家与教育家尝试借助教育系统灌输国家意识(nationalist philosophy and sentiments),试图用现代民族国家观念取代儒家思想作为凝聚国家的力量。② 这清楚揭示了清末以来教育改革的政治意图。本节对梁启超

---

① 伦明:《〈经学讲义〉提要》,中国科学院图书馆整理《续修四库全书总目提要·经部》下册,中华书局1993年版,第1418页。

② Cyrus H. Peake, *Nationalism and Education in Modern China*, H. Fertig, 1970, p. 71. Paul J. Bailey 研究晚清至民初的教育辩论,也注意到在这些辩论中有一个重要的诉求,那就是要求培养统一的、爱国的公民(united and patriotic citizenry),这一诉求在1912年民国教育部召开的临时教育会议上发挥了重要影响。参见 Paul Bailey, *Reform the People: Changing Attitudes towards Popular Education in Early Twentieth-century China*, Edinburgh University Press, 1990, p. 149. William Juntung Chen 指出教育与政治关系的争议在中国是一个新事物,在1919年五四运动后才凸显。此说不确,Paul Bailey 与本书的研究都说明这种争议在甲午战争之后就已经爆发。Chen 说见 William Juntung Chen, *Some Controversies on Chinese Culture and Education*, University Microfilms, 1969, p. 236。

唐文治与学堂经学的改革

《读春秋界说》《读孟子界说》的分析表明，清末的政治改革并非一味借鉴"西学"，也曾借助经学教材来诠释、宣扬和推广各自的政治主张。梁氏戊戌变法前夕在湖南时务学堂所撰《读春秋界说》《读孟子界说》便是如此，尽管它们并非课程设置所要求，也并非讲授的课本，与正式的教科书有别，却无疑是刻意自编经学教材，具有明显的政治意图。在上述意义上，梁氏这两篇讲义可以视为经学教科书的滥觞。

这种政治意图并非只是个人行为，而是随即上升为国家教育政策。在此过程中，围绕是否应该编纂经学教科书曾一度发生争议。一派主张研读经学原典，反对编纂经学教科书。这一派的代表人物是提倡"中体西用"论的孙家鼐、张之洞。另一派主张编纂经学教科书，他们声称"取其精华、弃其糟粕"，这一派的代表人物是梁启超、张百熙。从表面看，"取其精华、弃其糟粕"似乎非常合理，但梁启超取舍的标准是"民权之政治论"，张百熙取舍的旨趣是"精神皆贯注于政治"[1]，则其或"取"或"弃"的标准都是各自的政治主张。

基于上述思想史的考察，我们对王舟瑶《京师大学堂经学科讲义》的编纂便可以获得深层的理解。《京师大学堂经学科讲义》全书分为"论读经法""经学家法述""群经大义述"三部分，从结构上看，既介绍了"师承派别"，也阐述了"群经大义"，与《京师大学堂编书处章程》针对中小学堂经学教科书"其大义微言，师承派别，亦区分门目，略加诠次"[2]的规定大致符合。从编纂旨趣看，该书遵循张百熙《钦定大学堂章程》的要求，做到了"精神皆贯注于政治"。王氏又将此宗旨贯彻为对"通变"与"自强"的政治鼓吹。王氏发挥《易经》《尚书》《中庸》中所谓"大义"，但并非紧贴经书原典进行客观的诠释，而是借以比附各种西学名词，如"和平主义"

---

[1] （清）张百熙：《致瞿鸿禨论办学书》，陈景磐、陈学恂主编《清代后期教育论著选》下册，人民教育出版社1997年版，第36页。

[2] 《京师大学堂编书处章程》，宋原放主编，汪家熔辑注《中国出版史料（近代部分）》第一卷，湖北教育出版社2004年版，第620页。

"物竞""天择",目的是配合当时慈禧"厉行新政"的诏书,鼓吹自上而下的政治改革。

不难看到,清末教育当局内部争议的重点在于经学是应该谨守经书原典来阐发经学义理还是新编经学科书以服务政治需要。这个区分非常紧要,因为前者依然相信经学是中国政治的学术基础,换言之,依然要牢牢依据经书中的义理或"道"来指导"政";后者则逐渐放松了经书的权威性,甚至主张"取其精华,弃其糟粕",这样,经学的意义就下降为服务于政治的工具而不是高于政治的"道"。这实为清末知识分子由坚守传统逐渐转向反传统的一条关键的心理防线。这其中涉及政治哲学的深入讨论,已经溢出本节主题之外。本节所要指出的是,戊戌变法以后,中国教育界经过一段时间的思想交锋拉锯,最终越来越偏向于后者。

孙家鼐、张之洞等人的警惕不无道理。编纂经学教科书实际上牵连到经书原典的割裂甚至废弃,从而造成经学的异化。就本节的考察而言,梁启超借经学接引西方的民权论,王舟瑶借经学接引达尔文的进化论,以宣扬各自的政治主张,经学被转换为接引西方学说的跳板和包装政治主张的工具。这并不限于梁启超与王舟瑶,而是在清末政治激荡下诞生的一种普遍的经学新现象。① 这种经学新做法导致两个结果:第一,经学丧失了自身的主体性,因为一旦西学可以自由输入,跳板的价值就会自行消失;第二,经学不再是具有超越性的本体,而成为无"体"之"用"。质言之,如果经学家不能牢牢确立经学到底是什么?那么,它的"用"随着政治化、工具化的选编与解读将越来越丧失其自身立场,最终必然导致"废经"。民国肇建后,西学正大光明地入据国立大学讲坛,经学作为西学跳板和包装政治改革主张的工具价值随之丧失。登岸舍筏,于是甫入民国,小学就废除了读经课程,大学也废除经学科,其中的因果实为势所必至。

---

① 据葛兆光考察,晚清今古文经学都有接引西方知识的现象,参见葛兆光《中国思想史》第二卷,复旦大学出版社 2001 年版,第 477—493 页。叶纯芳也指出晚清经学的一个主要特点是"以西学比附经学",参见叶纯芳《中国经学史大纲》,北京大学出版社 2016 年版,第 475、483—497 页。

唐文治与学堂经学的改革

总之，经学教科书在清末的诞生，不只是由于外部教育制度的改革而促成，更是起于借助经学接引西方政治学说和推动政治改革的现实需要。其动议始于戊戌变法前后。1905 年，科举考试废除，政府加强对学堂的管控，试图借学堂来发挥科举时代科举考试的政治功能。[①] 1906 年，清末学部规定了教育宗旨，确定以忠君、尊孔、尚公、尚武、尚实为教育宗旨。[②] 这意味着，一切课程与教科书的编纂都必须遵循此宗旨。至此，发挥经书中的"大义"来指导现实政治的传统经学已经形神尽失，经学与政治，"道"与"政"的地位已然逆转。取而代之的，是根据国家教育宗旨来编纂经学教科书。这些宗旨并非尽合经义，甚至明显取自西学，于是，传统经学不必等到清朝覆灭，早已由于自我异化而注定式微。

[①] Renville Clifton Lund, *The Imperial University of Peking*, University Microfilms, 1969, pp. 6 – 7. 有关科举考试兼具态度型塑（attitude – forming role）和内容表达（content – expressing）的功能，所谓"态度型塑"即具有政治功能。参见 Benjamin A. Elman, "Changes in Confucian Civil Service Examinations from the Ming to the Ch'ing Dynasty", in Benjamin A. Elman and Alexander Woodside eds., *Education and Society in Late Imperial China, 1600 – 1900*, University of California Press, 1994, pp. 111 – 149.

[②] 《奏请宣示教育宗旨折附上谕》，舒新城编《近代中国教育史料》，中国人民大学出版社 2012 年版，第 244—247 页。

第四章　唐文治的经学思想

第一节　唐文治经学思想的发展
——以"正人心，救民命"宗旨的演变为主线

唐文治（1865—1954）是晚清民国时期在江南地区影响巨大的教育家和经学家。在民国读经问题的大辩论中，他是倡导读经的一位代表人物。[①] 1920 年，唐文治参与创办无锡国学专修馆并出任馆长，宣布讲学宗旨："此时为学，必当以'正人心，救民命'为惟一主旨。"[②] 此后，唐文治一再强调以"正人心，救民命"六字作为讲学宗旨或教育宗旨。[③] 唐氏弟子陈祥耀也曾指出唐文治一切政治、学术、

[①] 蔡元培等著：《读经问题》，上海商务印书馆 1935 年版，第 3 页；尤小立：《"读经"讨论的思想史研究——以 1935 年〈教育杂志〉关于"读经"问题的讨论为例》，《安徽史学》2003 年第 5 期；［日］鐙屋一：《中国文化のレシピ1935 年の読経問題》，《目白大学総合科学研究》3 号（2007 年 3 月）。

[②] 唐文治著，唐庆诒补：《茹经先生自订年谱正续篇》（沈云龙主编《近代中国史料丛刊》三编 9 辑第 90 种），台北：文海出版社 1986 年版，第 79—80 页。

[③] 例如，1936 年，唐文治为《国学专修馆十五周年纪念刊》撰序说"欲拯民命，先救人心；欲救人心，先明正学"。1945 年，撰《茹经堂文集五编序》言"余行年五十后，专心讲学，惟以'正人心，救民命'为宗旨。"1946 年，撰《钱塘施公省之墓志铭》言"余尝作六字箴为教育宗旨，曰'正人心，救民命'。"1947 年，唐文治以 83 岁高龄在上海交通大学演讲，仍一再强调"今日欲救国家，先救人心；而欲救人心，先崇廉耻。"晚年此类表述尚多，如"要知经典所载，不外兴养、兴教两大端。兴养者何？救民命是也。兴教者何？正人心是也。鄙人常兢兢以此六字为教育宗旨。""天下尽客也……及兄平日立志所谓'正人心，救民命'，当可反客为主矣。"参见王桐荪、胡邦彦、冯俊森等选注《唐文治文选》，上海交通大学出版社 2005 年版，第 406、482、495、500、511、513 页。

教育的思想和实践都是从"正人心，救民命"的根本宗旨出发。① 可见，此一宗旨实为了解唐文治学术的关键，也是理解唐文治经学思想的钥匙。

然而，迄今为止尚无专文探讨唐氏这一讲学宗旨，只有张晶华、邓国光和严寿澂的研究对此略有述及。张晶华指出唐文治这一宗旨的形成是"受理学经世思想的影响"。② 邓、严两位先生都认为这一宗旨是因应时局而起，严寿澂更是明确指出："以'正人心，救民命'为讲学宗旨，正是出于'视民如伤'的不忍人之心而'按时以立论'"③。张说侧重的是唐文治经学的学术渊源，而邓、严之说强调的是唐文治经学的时代意识。在唐文治上述经学宗旨的形成过程中，学术渊源与时代背景两方面的因素固然是兼而有之，但其中仍有未被厘清的问题。若依张晶华说，唐文治的上述讲学宗旨只是清代陆世仪、曾国藩理学经世思想的回响，那么唐文治"正人心，救民命"的主张有何特殊性呢？若依严寿澂说，唐文治的讲学宗旨是"按时以立论"，那么为什么这一宗旨会迟至创办无锡国专时才"按时"提出呢？本节旨在深入剖析上述唐氏经学宗旨的确立过程。这不仅对于理解唐文治的经学思想颇有裨益，而且能够提供经学现代转型的一种方案。

一 "正人心"的三个表述

唐文治"正人心"的观念源于他的家学与师承。唐文治的父亲唐受祺"居恒惟以暗然自修、不求人知为宗旨"④，"尤以敦品立行为第

---

① 陈祥耀：《略谈唐文治先生的行谊和学术》，《学林漫录》十三集，中华书局1991年版，第17页。
② 张晶华：《唐文治学术思想研究》，硕士论文，山东师范大学2006年，第6页。
③ 邓国光：《唐文治经学研究——20世纪前期朱子学视野下的经义诠释与重构》，《中国经学》第九辑，第10—11页；严寿澂：《经术与救国淑世——唐文治与马一浮》，《中国经学》第九辑，第52页。
④ 唐文治：《先考府君事略》，《茹经堂文集一编》（沈云龙主编《近代中国史料丛刊续编》第4辑第31种）卷五，台北：文海出版社1974年版，第367页。

第四章 唐文治的经学思想

一义"①。唐文治17岁时，受业于同邑理学家王祖畬。王氏"平日为学以立品为先"②。文治受业之初，王祖畬即教他"'君子喻于义，小人喻于利。'此为心术生死之界。子他日若贪利，非吾徒也"③。可见，唐受祺、王祖畬都强调为学以立品为先，王祖畬更警切地指出立品的关键在于"心术"，人的用心不外义利两途，因此，能否明辨义利在此意义上就成为心术的"生死之界"。显然，唐文治的家学与师承很早就为他播下了"正人心"观念的种子。

"正人心"一词最早由孟子提出。《孟子·滕文公下》提出："世衰道微，邪说暴行有作……我亦欲正人心，息邪说，距诐行，放淫辞，以承三圣者。"1915年，唐文治编撰《孟子大义》④，在该书自序的自注中唐文治说："孟子自述其宗旨，不过曰'正人心，息邪说，距诐行，放淫辞。'世有能传孟子之学说者，吾国其庶几乎！"⑤显然，至迟在1915年，唐文治已经明确提出"正人心"是救国的根本。十八年后，唐文治在苏州国学会演讲"孟子大义"，依然强调说："昔朱子谓读《四书》，先《大学》，次《论语》，再次《孟子》，而终以《中庸》。但余谓读书须视时代为转移，今者急于正人心、救民命，则非读《孟子》不可。"⑥

为什么说"正人心"是救国的根本呢？

从义理上讲，唐文治指出："恻隐之心，人心生生不已之机也。

---

① 唐文治：《先考府君事略》，《茹经堂文集一编》（沈云龙主编《近代中国史料丛刊续编》第4辑第31种）卷五，台北：文海出版社1974年版，第372页。
② 唐文治：《王文贞先生学案》，《茹经堂文集三编》（沈云龙主编《近代中国史料丛刊续编》第4辑第33种）卷一，台北：文海出版社1974年版，第1207页。
③ 唐文治：《王文贞先生学案》，《茹经堂文集三编》（沈云龙主编《近代中国史料丛刊续编》第4辑第33种）卷一，台北：文海出版社1974年版，第1207页。
④ 唐文治非常重视《孟子》，除了《孟子大义》，还撰有《孟子新读本》《孟子分类简明读本》《孟子救世编》。关于唐文治研究《孟子》的历程，参见虞万里《唐文治〈孟子〉研究管窥》，《史林》2016年第2期。
⑤ 唐文治：《孟子大义自序》，王桐荪、胡邦彦、冯俊森等选注《唐文治文选》，上海交通大学出版社2005年版，第146页。
⑥ 唐文治：《苏州国学会演讲录》，《茹经堂文集三编》（沈云龙主编《近代中国史料丛刊续编》第4辑第33种）卷三，台北：文海出版社1974年版，第1312页。

唐文治与学堂经学的改革

羞恶之良,世界所最重,凡无以对人者,即无以对己者也。辞让,礼也。人而无礼,何以为人?至于是非之界,尤为生死之关。国家之亡,先亡于无是非;人心之亡,先亡于无是非。《春秋》大义,不过明是非而已。有是四端,而后谓之人,而后谓之尽人道。是故正人心,乃所以维持人道也。"①唐氏在这里发挥孟子的"四端"之说,孟子以"四端"指示人心中善端的萌芽,唐氏则推而广之,认为人心的"四端"不只是实践个人修养的始基,也是维系社会人道的根本。正是在这个意义上,唐文治认为"正人心"是救国的根本。就现实经验来讲,唐文治在入仕以后,曾亲历大政,并游历日本、欧美各国,目睹洋务运动、维新变法的失败,意识到必须"正心以变法"②。否则,如果缺乏心理建设作为基础,变法就不能取得成功;即便暂时成功,最终也会因为人心不正而功亏一篑。他认为中国近代所处的世界局势与孟子所在的战国时代相似,"今日一大战国也,杀机洋溢,惟孟子之学正人心、救民命两大端,可以挽回世运。"③ 他认为这两个时代的人心都同样"杀机洋溢"。基于这种判断,他认为孟子的学说与当时中国的现实最为相应,孟子"正人心、救民命"的学说同样可以作为那个时代的救世良方。

由此可知,唐文治主要是基于孟子的学说以及自身的切身经历提出以"正人心"作为救国的根本。但是,这绝不是说救国只要"正人心"就够了,实际上,唐文治也非常重视经世之学。其师王祖畲曾教导他"通经必期致用,作文贵乎明道"④。其父唐受祺生平非常推崇太仓乡贤清初理学家陆世仪,亦倡导理学经世。唐文治继父之志,于1895年刊成《陆桴亭先生遗书》,并曾向沈曾植推

---

① 唐文治:《无锡国学专修馆学规》,《茹经堂文集一编》(沈云龙主编《近代中国史料丛刊续编》第4辑第31种)卷二,台北:文海出版社1974年版,第205页。
② 唐文治:《上沈子培先生书》,《茹经堂文集二编》(沈云龙主编《近代中国史料丛刊续编》第4辑第32种)卷四,台北:文海出版社1974年版,第700页。
③ 唐文治:《师孟子法》,唐文治著;虞万里导读;张靖伟整理《唐文治国学演讲录》,上海交通大学出版社2017年版,第230页。
④ 唐文治:《王文贞先生学案》,《茹经堂文集三编》(沈云龙主编《近代中国史料丛刊续编》第4辑第33种)卷一,台北:文海出版社1974年版,第1206页。

第四章 唐文治的经学思想

崇陆世仪的学行：

> 桴亭先生之学，自天文、地理、礼乐、农桑，以及河渠、贡赋、战阵、刑法，无不源流毕贯，而一以理学为主。言乎其体则躬行实践，履中蹈和，足以存天理于几希，拯人心于将死；言乎其用则兼综博览，盖与亭林先生相颉颃。①

这段话一方面强调桴亭之学"一以理学为主"，另一方面则强调桴亭的经世之学。所谓"躬行实践，履中蹈和，足以存天理于几希，拯人心于将死"，这是强调桴亭的理学修养；所谓"天文、地理、礼乐、农桑，以及河渠、贡赋、战阵、刑法，无不源流毕贯"，这是强调桴亭的经世之学。唐文治分别用"言乎其体""言乎其用"来赅括二者，可知在唐文治的观念中，理学与经世之学是"体用"关系。

事实上，唐文治很早就明确提出二者是"体用"关系。1895 年，唐文治写信勖勉他的弟子李颂韩说："吾弟有志之士也，务望慎守吾言，以理学为体，以经济为用。勿读无益之书，勿作无益之事。异日担荷斯道，维持人心，力为剥阳时之硕果，风雨时之鸡鸣，有以存圣学于一线，而不至于中绝，此则鄙人之所厚望也。"② 1896 年，他在《〈续思辨录〉题词》中再次提出"以理学为体，以经济为用"③。同年，在《上沈子培先生书》中，他也明确提出："盖理学、经济相须而成，理学为体，经济为用。故理学兴则人心纯固，而国家于以隆盛。理学废，则人心机械恣睢，而国家因以微弱，此不易之理也。"④ 可知最迟在 1895 年，唐文治已经明确基于"体用"观念提出"以理

---

① 唐文治：《上沈子培先生书》，《茹经堂文集二编》（沈云龙主编《近代中国史料丛刊续编》第 4 辑第 32 种）卷四，台北：文海出版社 1974 年版，第 702 页。
② 唐文治：《与李生颂韩书》，《茹经堂文集二编》（沈云龙主编《近代中国史料丛刊续编》第 4 辑第 32 种）卷四，台北：文海出版社 1974 年版，第 723 页。
③ 唐文治：《续思辨录题词》，王桐荪、胡邦彦、冯俊森等选注《唐文治文选》，上海交通大学出版社 2005 年版，第 194 页。
④ 唐文治：《上沈子培先生书》，《茹经堂文集二编》（沈云龙主编《近代中国史料丛刊续编》第 4 辑第 32 种）卷四，台北：文海出版社 1974 年版，第 702 页。

唐文治与学堂经学的改革

学为体,以经济为用"的主张。

唐文治接触洋务较晚。从《茹经先生自订年谱》看,唐文治在1892年入仕以前并无接触洋务的记载,他的家学与师承也仅限于中国传统学术的范围,并无洋务之学。1894年,中日甲午战争爆发,唐文治上《请挽大局以维国运折》提出八条变法主张,其中第一条"宜正人心,别流品",实际上仍是强调以理学为根本。第五条"宜拔真才,变科目"建议维持以经学作为取士的根本,目的在明义理、正人心,其余则改为考试中西舆地、兵学、制造机器之法、测量勾股等学。① 值得注意的是,这时的唐文治在强调"正人心"的同时,已然开始重视西方舆地、兵学、制造机器之法、测量勾股等洋务之学,而不再限于陆世仪所讲求的天文、地理、礼乐、农桑、河渠、贡赋、战阵、刑法等传统意义上的经世之学。

非但如此,唐文治于1894年还提出"以理学为体,以洋务为用"。一方面,唐文治认为儒者必须讲求洋务。他指出:"即如今之洋务亦然,儒者不习,而顾使鬼琐小人习之,一旦有事,朝廷不得不用此辈,此辈乃大饱其欲壑,而天下事遂至于糜烂溃败不可收拾。"② 另一方面,唐文治认为洋务必须以理学为基础。他说:"余创此论(洋务不可不习)久矣,继而思之,不能无弊,盖今天下之大患,犹不在乎不谭洋务,而在乎人人嗜利,故吾辈欲挽回风气,振起人心,必当以理学为体,以洋务为用。人必先勉为君子而后可谈洋务,否则聚无品势利之徒,相率而习洋务,国家之受害,更无所底止矣。"③ 前者说明理学家基于仁民爱物之心,自有经国济世之志,因而不可不讲求洋务;后者说明洋务如果缺乏理学作为心理基础,则将人人嗜利,求利适所以受害。综此二端,则理学与洋务实有相须为用、相辅相成的内在关联,也就是唐氏所谓的"体用"关系。

---

① 唐文治:《茹经堂奏疏》卷一,台北:文海出版社1967年版,第34页。
② 唐文治:《思辨录札记》,王桐苏、胡邦彦、冯俊森等选注《唐文治文选》,上海交通大学出版社2005年版,第191页。
③ 唐文治:《思辨录札记》,王桐苏、胡邦彦、冯俊森等选注《唐文治文选》,上海交通大学出版社2005年版,第191页。

第四章 唐文治的经学思想

必须补充的一点是，"以洋务为用"并非否定"以经济为用"，而是"以经济为用"的一个重新表述，二者并不冲突，甚至在广义上依然可以被"以经济为用"所包含。这从以下两点可以看出：第一，唐文治受家学与师承影响，很早就接受"理学经世"思想。1935年，唐文治仍著《性理救世书》[①]，足见"理学经世"思想实贯穿他的一生。这就可以理解为什么尽管他于1894年提出"以理学为体，以洋务为用"，却在1899年依旧说"以理学为体，以经济为用"。第二，唐文治认为"经济"与"洋务"都属于经世之学的范畴。1922年，他在《表论》一文中提出"以经学为根柢，旁及历史、地理、经济、时务等类"，可见，在他看来，"时务""经济"只是不同类别的经世致用之学而已。或者说，"以洋务为用"只是"以经济为用"在洋务运动后的一种特有的新表述。

庚子拳乱后，唐文治对于西学有了更进一步的认识。1901年，唐文治随户部侍郎那桐赴日本，为日本驻华使馆官员杉山彬在义和团事件中被杀事道歉。1902年，又随庆亲王载振赴英国，为英国国王爱德华七世加冕致贺，并顺道游历法、比、美、日四国。唐文治第二次出访归国后代载振作《英轺日记》，概述了考察英、法、美、日、比各国的政治、教育、商贸等方面的情况，而于教育尤再三致意，该书"大抵英详于商务及学校诸事；比详于制造工艺；法详于议院各衙门制度，而于教务必持之龈龈；美详于各部章程及其地方自治之法；日本与我地处同洲，其则不远，故于宪法等事并加研究，而于教育之法尤三致意焉。"[②] 又上《由英回京条陈》，提出必须尽快进行三项改革：一、办商务，二、办路矿，三、开学堂。其中，唐文治认为开学

[①] 此书收入林庆彰主编《民国时期哲学思想丛书》第1编第99册，台中：文听阁图书有限公司2010年版。

[②] （清）载振撰：《英轺日记》（沈云龙主编《近代中国史料丛刊续编》第74辑第734种）"凡例"，台北：文海出版社1972年版，第7页。据黄汉文所说，该书实为唐文治所撰。参见黄汉文《记唐文治先生》，《江苏文史资料选辑》第十九辑，江苏古籍出版社1987年版，第93页。

唐文治与学堂经学的改革

堂一项尤有长远战略意义,"国运隆污必与学校盛衰相消息"。①

以上三项,也属于"经世"范畴。内容包括宪法、议院、商务、制造工艺、学堂、教务、路矿等,较前述西方舆地、兵学、制造机器之法、测量勾股等洋务之学又进一步,对于西方政治制度和科学教育提出了更深层的要求。其中,唐文治认为引进科学教育最为基础,原因在于"今者科举停,宪政举,天下之人才,将尽出于学校,天下之言政治,言学术,言外交、法律,为农工商诸实业者,将尽出于学生。天下之所仰赖者,非学生而谁赖?"②唐文治意识到在新的时代条件下,经世必须以兴办新式教育,引进西方科学为纲领,因为在新的时代条件下,一切新的经世学术都必须仰赖新学堂的分科教育。1906年底,唐文治南归守制,著《蓄艾编》,内有《论整理学部》一篇,建议"学部更宜厘定章程,综计天下学生数目,除国文武备应令必习外,应酌定学国际外交、法律政治者若干成,农工商各业者若干成,声光化电各科者若干成"③,可见,唐文治已完全采纳科学教育,只是坚持保留"国文武备"而已。次年秋,唐氏接任邮传部高等实业学堂监督,在其拟订的《咨陈重订章程和宗旨》中提出办学"大要在造就专门人才,尤以学成致用、振兴全国实业为主,并极注重中文,以保国粹"④。这显然延续了上述重视科学教育的理念。

尽管唐文治接受西方科学作为新时代的经世之学,但他对于科学有所保留。早在1909年,他就指出:"道德,基础也;科学,屋宇垣墉也。彼淹贯科学,当世宁无其人?然或忘身徇利,一旦名誉扫地,譬诸基础未筑,则屋宇垣墉势必为风雨所飘摇而不能久固。如此者,

---

① 唐文治:《职思随笔》卷十五。笔者未见此书刊本,转引自郭齐家《论唐文治教育思想的历史价值与现实意义》,《教育研究》1996年第10期。
② 唐文治:《学校培养人才论》,《茹经堂文集二编》(沈云龙主编《近代中国史料丛刊续编》第4辑第32种)卷三,台北:文海出版社1974年版,第475—476页。
③ 唐文治:《蓄艾编》,王桐荪、胡邦彦、冯俊森等选注《唐文治文选》,上海交通大学出版社2005年版,第96页。
④ 唐文治:《咨呈重订章程和宗旨》,刘露茜、王桐荪编《唐文治教育文选》,西安交通大学出版社1995年版,第19页。

第四章　唐文治的经学思想

由道德之不明也。"① 民国初年，国人提倡"新文化"，标榜"科学"，酿成反传统思潮，唐文治深以为忧，他满怀忧虑地说："科学之进步尚不可知，而先淘汰本国之文化，深可痛也。"② 1913 年，唐文治致信交通部讨论教育宗旨："各项科学知识经验必须完备方为国民之资，起居饮食言语动作一切品行皆有法律程序方为国民之格。"③ 这说明他认为教育应该以"品行"与"科学"并重，而且，"居今世而言教育，唯有先以注重道德为要点"④。如果将二者相较，唐氏毋宁认为"品行"教育比"科学"教育尤为紧要。唐文治虽然没有参与 1920 年代的"科玄论战"，但他的立场不难推知。在唐文治看来，科学本身既可以用来行义，也可以用来徇利，因此，科学本身不具有确定的道德内涵，因而不能赖以作为人生观的基础。基于此种见解，唐文治明确认为科学应以道德作为基础，这比"科玄论战"中玄学派的立场实际上还更强一些。⑤

作为一种基于中国传统学术立场对现代科学的系统响应，唐文治晚年正式提出"以孟学为体""以科学为用"的主张，这是继"以理学为体，以经济为用""以理学为体，以洋务为用"之后，唐氏对理学经世思想的第三个重要表述。1938 年，唐文治在《孟子分类简明读本》中提出"道艺兼资，科学自宜特重。惟当以孟学为体，纯而益求其纯；以科学为用，精而益致其精。夫如是，乃可以救心，乃可

---

① 唐文治：《学校培养人才论》，《茹经堂文集二编》（沈云龙主编《近代中国史料丛刊续编》第 4 辑第 32 种）卷三，台北：文海出版社 1974 年版，第 99—100 页。
② 唐文治：《函交通部送高等国文讲义》，王桐荪、胡邦彦、冯俊森等选注《唐文治文选》，上海交通大学出版社 2005 年版，第 136 页。
③ 唐文治：《致交通部公函商讨教育宗旨》，刘露茜、王桐荪编《唐文治教育文选》，西安交通大学出版社 1995 年版，第 109 页。
④ 唐文治：《致交通部公函商讨教育宗旨》，刘露茜、王桐荪编《唐文治教育文选》，西安交通大学出版社 1995 年版，第 109 页。
⑤ 在"科玄论战"中，玄学派的代表人物张君劢主张科学与人生观各有领域，"科学绝不能支配人生，乃不能不舍科学而别求一种解释于哲学或玄学中（或曰形上学）"。参见张君劢《再论人生观与科学并答丁在君》，张君劢、丁文江等著《科学与人生观》，山东人民出版社 1997 年版，第 102 页。唐文治不只认为科学与人生观（道德）各有领域，更进而主张二者是体用关系，即应以道德修养为体，以科学为用。

以兴国。"① 1947年，唐文治以82岁耄耋之年，仍断断致辩此旨。他强调："教育根本在性情，措诸躬行则为道德，再辅以近代科学，斯为体用兼全。"② 无论是"以孟学为体"，还是以性情、道德为体，其实始终未曾偏离"正人心"的宗旨，都反映了他基于传统理学立场，对现代科学所做的反思与警示。如果说与之前"理学为体"的提法有什么分别的话，那就是唐文治晚年更加强调以经学作为理学的义理基础，换言之，他更加强调的是以经学为体而不是以理学为体。至于提出"以科学为用"，则是凸显了新时代的"经世"之学以及科学与经学（尤其是孟学）的"体用"关系，较之此前"以经济为用"或"以洋务为用"的表述，无疑为"经世"赋予了更为现代的内涵。

二 从"维国运"到"救民命"——唐文治的两条经世路线

儒家的经世之学，原本就有从事政治改革和从事社会改革的两条实践路线。就像《尚书·泰誓》所说，"天佑下民，作之君，作之师"，但作为政治领袖的"君"与作为学术领袖的"师"常常不能兼于一身，于是就出现荀子所谓"儒者在本朝则美政，在下位则美俗"③的两种结果。儒者在本朝，得君行道，则通过上层的制度改革，自上而下实现其修己治人之志；退而在下，则以作育人才，转移风气，兴办社会事业为当务之急，自下而上实现其救民水火之中。以1907年退出政坛为界，唐文治的一生可分为从政和讲学两大阶段，其经世之志虽然始终不渝，但他的经世路线则随其进退出处的转移而发生了从"维国运"到"救民命"的转变。

从政阶段的唐文治也曾颇有一腔得君行道的热忱。1894年，中日甲午战争爆发，唐文治上《请挽大局以维国运折》提出八条改革主张，其前提是"陛下诚能信臣之言，毅然独断，破除常格，改易新

---

① 唐文治：《孟子教育学题辞》，《茹经堂文集四编》（沈云龙主编《近代中国史料丛刊续编》第4辑第33种）卷四，台北：文海出版社1974年版，第1650页。
② 唐文治：《上海永康中学增建思齐斋记》，《茹经堂文集六编》（沈云龙主编《近代中国史料丛刊续编》第4辑第34种）卷五，台北：文海出版社1974年版，第2183页。
③ 《荀子·儒效》。

政，则所谓转危为安、转否为泰之机未尝不在于是"①。可见，唐文治当时循持的依然是儒家传统的"得君行道"的路线。1898年戊戌变法之前，唐文治上《谨殚血诚以维国脉折》，这里所谓"维国脉"与"维国运"一样，出发点同样是希望通过挽救朝廷以救国救民。同时，唐文治作为理学家，特别强调以正君心作为"维国运"的基础，他曾感叹"古之大臣务在格其君心之非，曩者立朝时，簿书鞅掌，未遑赞襄君德"②。无论是甲午时期的"维国运"还是戊戌时期的"维国脉"，唐文治秉持的都是自上而下的经世路线。

然而，这一路线在清末的政治现实中根本无法落实。甲午战争期间，唐文治上《请挽大局以维国运折》，哀哀泣血，洋洋万言，可是朝廷毫无反应，唐氏自记云："此稿翁叔平、沈子培两师深加叹赏，称为万言疏稿，惜两行痛泪，无补时艰。"③ 1905年夏，唐文治上《请改定官制折》，提出"仿各国专任之例，将中央官制改弦而更张之"④，试图解决各部办事推诿、牵掣的问题，这涉及到厘定各部满汉大臣的事权与问责，结果"留中"不报；同年8月，唐文治上《请立宪折》，提出仿欧西各国改行立宪政体以求"治本"，从而立"富强"之根源⑤，这更直接触及满清皇室的权利，结果是泥牛入海，杳无音信，唐文治对此非常感慨，他说："上此折时，以为切实施行，可挽危局，不意因循敷衍，数年之后，竟至沦胥。呜呼！其可痛矣。"⑥ 同年10月，鉴于日、俄觊觎东北，唐文治代左都御史陆宝箴拟上《请饬东三省速举要政奏稿》，提出发展东北实业，借工商以实

---

① 唐文治：《请挽大局以维国运折》，《茹经堂奏疏》卷三，台北：文海出版社1967年版，第21页。

② 唐文治：《茹经堂奏疏》"自序"，台北：文海出版社1967年版，第13页。

③ 唐文治：《谨殚血诚以维国脉折》，《茹经堂奏疏》卷一，台北：文海出版社1967年版，第57页。

④ 唐文治：《请改定官制折》，《茹经堂奏疏》卷三，台北：文海出版社1967年版，第222页。

⑤ 唐文治：《请立宪折》，《茹经堂奏疏》卷三，台北：文海出版社1967年版，第228—229页。

⑥ 唐文治：《请立宪折》，《茹经堂奏疏》卷三，台北：文海出版社1967年版，第243页。

唐文治与学堂经学的改革

边防，共十条紧急措施，然而"格于部议，其事遂寝"①。满腔赤诚，却换来冷漠回应；公忠体国，却换来到处碰壁。这对唐文治得君行道的理想无疑是沉重的打击。

推究上述建议不能实施的主要原因，不外触及皇室的权力和朝中权臣的利益。1904年，唐文治时任商部左丞，上《请设立商会折》并简章二十六条，目的是通过商会的建立促进华商的团结，通商情，保商利，避免互相倾轧，利权旁落，而慈禧太后"意极游移"，担心设立商会将动用朝廷资金，唐文治晓以利害，告诉她"商人均有资本，决无流弊"，慈禧才释然俯允。只此一端，便可看出晚清皇室的政治改革思维，首先是从皇室利益出发。权臣的利益也是造成掣肘的一个根源。1906年，唐文治任商部左侍郎，奏设各省路务议员，"乃北洋大臣袁世凯以为不便于己，极力反对，奏请饬商部将章程删改"，唐文治再上《议覆北洋大臣政务处奏路务议员不无窒碍折》，由于路务、矿务是当时重要的利源，同僚以为不宜以此开罪于袁，唐文治回答道："事上治下，当明大体，非与袁争权也。"结果是"折上，留中"②。这类改革建议之所以最后都不了了之，关键就在于碰触了权臣的利益。

令唐文治更为心寒的是清末朝廷对于朝中经世人才的排挤与戕害。戊戌变法失败，六君子被杀，朝中大臣礼部尚书李端棻、户部左侍郎张荫桓被发遣新疆，大理寺正卿文廷式流亡日本。唐文治会试的座师军机大臣兼总理各国事务衙门大臣翁同龢被"开缺回籍"。朝中的维新志士与清流君子由于帝党与后党的政治斗争，一时几乎尽被牺牲。唐文治后来指出"政变祸作，为吾国一大关键"③。1900年，徐桐、崇绮迎合慈禧之意，欲假手义和团暴动以对付西方势力，并行废

---

① 唐文治著，唐庆诒补：《茹经先生自订年谱正续篇》（沈云龙主编《近代中国史料丛刊》三编9辑第90种），台北：文海出版社1986年版，第54页。
② 唐文治著，唐庆诒补：《茹经先生自订年谱正续篇》（沈云龙主编《近代中国史料丛刊》三编9辑第90种），台北：文海出版社1986年版，第56页。
③ 唐文治著，唐庆诒补：《茹经先生自订年谱正续篇》（沈云龙主编《近代中国史料丛刊》三编9辑第90种），台北：文海出版社1986年版，第27页。

立之事，借机将主和之工部左侍郎许景澄、太常寺卿袁昶等无辜处死，唐文治作《五忠诗》吊之，并感叹道："呜呼！自我圣祖、世宗以来，未尝有杀戮忠良之事。此时许、袁两大臣被祸，盖国家元气因此大伤，而人心亦自此渐去矣！"① 唐文治自1905年升任商部左侍郎以来提出多项建议，积极推动改革，一时百废俱兴，办事颇有生气，而这些政绩却引来前述袁世凯等权贵人物的阻挠和其他因循守旧部门的忌恨，六月中忽然将唐文治的好友兼得力助手王清穆"奉旨简放直隶按察司"，九月将工部与商部合并为农工商部，次年五月，唐文治的提拔者、老上司农工商部尚书载振遭人参劾，致使农工商部一蹶不振。② 这时，皇室继续迁延，各部继续牵掣，立宪未见实行，反而任用后党权臣袁世凯入赞军机，唐文治在日记中痛心地叹息"国力尽矣"。③ 经世人才或死或去，上层改革已不可为，国运遂至不可挽救，这迫使唐文治在"维国运"与"救民命"的经世路线之间做一最后抉择，他最终决定放弃"维国运"的努力。1911年，伍廷芳等通电要求宣统皇帝逊位，唐文治叹曰："人才不用，国运尽矣。"④ 遂附名。

促使唐文治放弃"维国运"努力的另一个深层原因是唐文治对西方立宪政体的接受。1901年，唐文治出使日本，代那桐作《奉使日本国记》，认为日本明治维新成功主要得力于立宪政体和教育改革，"揆厥所源，讵有异术，不过以上下之志通，而士大夫无日不求新学之所致也。"⑤ 1902年，唐文治出使英、比、法、美、日五

---

① 唐文治著，唐庆诒补：《茹经先生自订年谱正续篇》（沈云龙主编《近代中国史料丛刊》三编9辑第90种），台北：文海出版社1986年版，第32—33页。
② 唐文治著，唐庆诒补：《茹经先生自订年谱正续篇》（沈云龙主编《近代中国史料丛刊》三编9辑第90种），台北：文海出版社1986年版，第58页。
③ 唐文治著，唐庆诒补：《茹经先生自订年谱正续篇》（沈云龙主编《近代中国史料丛刊》三编9辑第90种），台北：文海出版社1986年版，第59页。
④ 唐文治著，唐庆诒补：《茹经先生自订年谱正续篇》（沈云龙主编《近代中国史料丛刊》三编9辑第90种），台北：文海出版社1986年版，第66页。
⑤ 唐文治：《奉使日本记》，《茹经堂文集一编》（沈云龙主编《近代中国史料丛刊续编》第4辑第31种）卷六，台北：文海出版社1974年版，第486页。

唐文治与学堂经学的改革

国，特别留意考察立宪，他指出："考英议院之制，其权极重，盖英虽称君民共主之国，然实民权为重，君权为轻……然或办理国事有所舛误，则国人皆归罪于执政，不闻咎及君主，此则明定宪法之效"①，"日本立国，首重宪法"②。唐文治的至交、同僚王清穆说他"尝谓治乱兴亡之故，在内外上下之通与隔而已"，这与他在《奉使日本国记》中强调"上下之志通"的政治主张如出一辙。从唐文治考察日、欧、美各国回来后的政论来看，他显然已经倾向于西方的立宪政体。所谓"上下之通"或"上下之志通"，也都是对西方立宪政体的赞许。1905 年，他连续奏上《请改定官制折》《请立宪折》，积极主张实行官制变革和君主立宪制。然而，满清朝廷和权臣对于立宪一直阳奉阴违、敷衍塞责。1907 年丁忧期间，唐文治撰写《蓄艾编》二卷，呈交给载振之父、清末首席军机大臣庆亲王奕劻。此书分《总纲》《论立宪》《论整理外务部》《论整理度支部》《论整理民政部》《论整理学部》《论整理陆军部》《论整理法部大理院》《论整理农工商部》《论整理邮传部》《论整理东三省》《论整理各省》《总结》，凡十三篇③。其中首揭满汉门户和立宪问题为挽救国运的两大关键，结果"闻者皆莫之省"④。1911 年辛亥革命前夕，汪大燮与唐文治、张元济密议，由汪大燮面请醇亲王载沣奉皇帝溥仪赴英美留学，庆亲王奕劻监国，进用贤才，庶几尚可"维国运"于万一。然而，汪大燮的建议却被载沣冷淡无礼地斥回，唐文治"乃知国事万不可为矣"⑤。从此，唐氏明确认识到自上而下的

---

① （清）载振、唐文治撰：《英轺日记》（沈云龙主编《近代中国史料丛刊续编》第 74 辑第 734 种），台北：文海出版社 1972 年版，第 155—156 页。
② （清）载振、唐文治撰：《英轺日记》（沈云龙主编《近代中国史料丛刊续编》第 74 辑第 734 种），台北：文海出版社 1972 年版，第 364 页。
③ 唐文治：《蓄艾编》，王桐荪、胡邦彦、冯俊森等选注《唐文治文选》，上海交通大学出版社 2005 年版，第 92—96 页。
④ 唐文治著，唐庆诒补：《茹经先生自订年谱正续篇》（沈云龙主编《近代中国史料丛刊》三编 9 辑第 90 种），台北：文海出版社 1986 年版，第 59 页。
⑤ 唐文治著，唐庆诒补：《茹经先生自订年谱正续篇》（沈云龙主编《近代中国史料丛刊》三编 9 辑第 90 种），台北：文海出版社 1986 年版，第 65 页。

第四章　唐文治的经学思想

经世策略已经不可能实现,这促使他彻底放弃"维国运"的努力。

唐文治在晚清的从政经历让他清楚认识到鼎革之际的经世之学已经不能再走"维国运"的老路,而必须另谋出路。其实,早在1896年戊戌变法前,唐文治就提出:"论者且谓变法乃可以洗心,不知今日之法,万不足以变今日之人心。且正心以变法,士皆明于尊君亲上之义,实事以求是,则法自可随心而变……故十余年来,何尝不言变法,而法卒愈变而愈坏,此其故盖可知也。"① 这就是说,变法必须先正人心,也就是要从兴教讲学着眼。唐文治对于康有为领导的维新变法并不反对,但他认为康有为刚愎树敌,操之过急,心术既已不正②;而慈禧太后的阻挠,袁世凯的告密,也是各怀私心。庚子拳乱,徐桐、崇绮迎合慈禧,陷害经世大臣,直接引发八国联军之祸,同样是私心作祟。唐文治主持农工商部期间,各项建议屡受掣肘,朝廷一再敷衍立宪,权臣一再阻挠新政,也都与心术息息相关。这无一不说明,政治改革失败的表象是制度问题,其深层则是心术问题。有鉴于此,唐文治在1907年撰写的《蓄艾编》中提出"人才者,国家之命根也;学堂者,又人才之命根也"③。既然朝廷不可救药,国运无可挽回,则循着学堂是国家命根的思路,唐文治必然要走上兴教讲学之路。这也就是唐氏所谓"救民命"的自下而上的经世路线。

---

① 唐文治:《上沈子培先生书》,《茹经堂文集二编》(沈云龙主编《近代中国史料丛刊续编》第4辑第32种)卷四,台北:文海出版社1974年版,第700—701页。

② 唐文治认为戊戌变法失败是由于"用非其人",这显然是指康有为等人。参见唐文治《与友人书》,《茹经堂文集二编》(沈云龙主编《近代中国史料丛刊续编》第4辑第32种)卷四,台北:文海出版社1974年版,第715页。唐文治晚年弟子黄汉文提供的一则数据有助于我们了解唐文治对康有为的态度。黄汉文回忆说:"有一次,他(唐文治)对我们讲柳宗元的文章,说王叔文、柳宗元等的主张,多有可采者,韩愈修的《顺宗实录》痛诋之,未必得为信史。他说戊戌春日沈子培先生曾劝康有为细看《顺宗实录》,其用意在暗示康氏光绪无权,操之过急,树敌太多,难能实现,希望康氏注意及此。康氏没有听从。"将两则材料对读,可推知唐文治亦应认同沈曾植之说。参见黄汉文《记唐文治先生》,《江苏文史资料选辑》第十九辑,江苏古籍出版社1987年版,第91页。

③ 唐文治:《蓄艾编》,王桐荪、胡邦彦、冯俊森等选注《唐文治文选》,上海交通大学出版社2005年版,第96页。

唐文治与学堂经学的改革

"救民命"的说法源于孟子"救民于水火之中"[①]一语，唐文治为什么要在1920年无锡国专创办之始特标此义呢？我们不妨考察一下此前数年中国社会与政治的几件大事。1911年，辛亥革命成功，但"共和"并未实现，反而事与愿违，从此陷入长期分裂与内战。1913年，国民党代理事长宋教仁被刺杀，孙中山发动"二次革命"，革命失败后，袁世凯通过操纵国会选举，当选为民国第一任正式大总统。1915年，南方将领唐继尧、蔡锷、李烈钧等在云南发动"护国战争"，反对袁世凯称帝。1916年五月，澄锡战事起，唐文治预先赶回无锡，迎唐受祺赴沪。只此简单的列举，已足以反映当时战事日酷、民命日蹙的时局。1916年冬，唐文治始编《孟子大义》，"并自作序，颇中时弊。有能读此书者，或可救世道于万一也"[②]。次年，皖系军阀段祺瑞控制北洋政府，拒绝恢复中华民国国会和《中华民国临时约法》，孙中山发动"护法战争"，直到1929年国民政府统一全国，中国陷入长达十多年的军阀混战之中。1917年，唐文治作《孟子善战者服上刑论》，批评军阀战争，提出"凡生于天地之间者皆曰命，天命为性，故合而言之则曰'性命'……人昧没其不忍之心，于是上干天怒而刑之；天不能刑人，乃假手于人以刑之也；刑不逮其身，乃于其子孙也。愈巧而愈烈也，愈久而愈酷也。"[③] 显而易见，唐文治对《孟子》的特别表彰与对"救民命"的特别提倡，正是砭时之论。

当然，"救民命"之道非止一途，如舆论、救灾、地方自治等唐文治均积极参与。1909年，"苏抚某公因省库支绌，倡征银解银之议。余因民间无现银，折合火耗，吏胥上下其手，剥蚀小民，为害滋大。电达政府，力争之，得罢。"[④] 这是他积极参与舆论之一例。

[①] 《孟子·滕文公下》。

[②] 唐文治著，唐庆诒补：《茹经先生自订年谱正续篇》（沈云龙主编《近代中国史料丛刊》三编9辑第90种），台北：文海出版社1986年版，第71页。

[③] 唐文治：《孟子善战者服上刑论》，《茹经堂文集一编》（沈云龙主编《近代中国史料丛刊续编》第4辑第31种）卷一，台北：文海出版社1974年版，第133—138页。

[④] 唐文治著，唐庆诒补：《茹经先生自订年谱正续篇》（沈云龙主编《近代中国史料丛刊》三编9辑第90种），台北：文海出版社1986年版，第62页。

第四章 唐文治的经学思想

1910年,"江苏士绅举余为地方自治总理……余以地方自治无领袖,颇为危险,爰往就职。"① 这是他参与地方自治之一例。1931年,"天灾人祸,相逼而来。余急电旅沪同乡,发起救济会,并撰《急救水灾议》,遍告同乡。"② 这是他积极参与救灾之一例。此类例子尚多,这里不能赘举。与"维国运"不同,所有这些举措都是自下而上的社会事业与经世实践。

不过,"救民命"的关键还是在于"正人心"。"救民命"的"命"不止是"生命",也包括"性命","救民命"不止是要从横政与战祸中拯救人民的生理生命,更要启发其"不忍之心",拯救其善良心性,从而从根本上改变杀机洋溢的局面。1931年,日本发动"九·一八"事变,侵占东三省;1932年,又发动"一·二八"事变,入侵上海。唐文治断然指出:"今兹世界一大战国也。火器日精,千辟万灌,一遇战事,杀人盈野,人命若草芥……欲拯民命,先救人心;欲救人心,先明正学。"③ 这明确提出了"救民命"的关键在于"救人心"。

唐文治所谓的"正学"是什么呢?他认为最首要的就是要复兴经学,提倡治经读经。1918年,正当新文化运动期间,唐文治提出:"我国之伦常纲纪、政教法度,具备于十三经。"④ 1920年,唐氏进而提出:"救国而要以读经何也?经者,万事是非之标准,即人心是非之标准也……经者,常道也。知常则明,明常道则明是非,政治、伦理之是非于经中求之。"⑤ 在唐氏看来,经学之所以特

---

① 唐文治著,唐庆诒补:《茹经先生自订年谱正续篇》(沈云龙主编《近代中国史料丛刊》三编9辑第90种),台北:文海出版社1986年版,第64页。
② 唐文治著,唐庆诒补:《茹经先生自订年谱正续篇》(沈云龙主编《近代中国史料丛刊》三编9辑第90种),台北:文海出版社1986年版,第104页。
③ 唐文治:《〈国学专修馆十五周年纪念刊〉序》,《茹经堂文集五编》(沈云龙主编《近代中国史料丛刊续编》第4辑第34种)卷五,台北:文海出版社1974年版,第1955—1956页。
④ 唐文治:《〈中学国文新读本〉序》,《茹经堂文集二编》(沈云龙主编《近代中国史料丛刊续编》第4辑第32种)卷五,台北:文海出版社1974年版,第799页。
⑤ 唐文治:《〈读经救国论〉序》,《茹经堂文集二编》(沈云龙主编《近代中国史料丛刊续编》第4辑第32种)卷五,台北:文海出版社1974年版,第790页。

唐文治与学堂经学的改革

别重要,乃是因为十三经为中国伦常纲纪、政教法度的"常道",是万事、人心"是非之标准",即使是现代政治、伦理等科学也应当从经典中寻求是非之标准(科学本身不具确定的道德内涵,说已见前)。1935年,日本全面侵华前夕,唐文治指出:"鄙人默察近来世变,人心日尚欺诈,杀机循环不穷,倘不本孔、孟正道以挽回之,窃恐世界劫运,靡所底止。深望海内贤豪相与讲道论德,以期经明行修,正人心以拯民命,救中国以救世界。"① 在这里,唐文治明确主张"救民命"的根本在于"正人心",而"正人心"的学术基础则是复兴经学。②

必须指出的是,唐文治所谓的经学绝非只是汉学考据,而是更强调宋学义理与理学的心性修养。前文说过,"为学以立品为先"原是他从家学与师承所领受的一个要义。1931年,当日寇入侵东北之时,唐文治提出:"救世之宏纲有三:一曰正人心,二曰立人品,三曰拯人命。舍是三者而求治平,非所敢知也。"③ 借助上文的分析,三者的逻辑关系在唐文治而言已经非常显明:"正人心"应以经学作为学术基础,以作为义理根据;又须体现为"立人品",以切己修养;还需落实为"拯民命",以经世致用。不难看出,这仍是清代理学经世思想的延续与转型。但与一般清代理学家不同的是,唐文治明确要求回归经学,让经学为理学奠基;同时,理学经世的策略也必须进行现代转换,以切实实现"救民命"的宗旨。

晚年的唐文治特重气节,不过,他强调气节应植根在经学义理的学术基础上。1938年,即日本全面侵华之次年,唐文治率国专师生避难内迁,备极艰辛,特撰《孟子气节学题辞》曰:"人生有骨,乃能立身天地之间。气节者,气骨也,无骨何以有节,然苟遇社会不良风俗,譬诸洪炉陶铸,不独易其心,并且销其骨……吾悲夫近

---

① 蔡元培等著:《读经问题》,上海:商务印书馆1935年版,第6页。
② 有关唐文治"读经救国"论的逻辑推理,参见毛朝晖《救国何以必须读经?——唐文治"读经救国"论的理据》,《鹅湖月刊》2018年第9期。
③ 唐文治:《高忠宪公〈朱子节要〉后序》,《茹经堂文集三编》(沈云龙主编《近代中国史料丛刊续编》第4辑第33种)卷五,台北:文海出版社1974年版,第1341—1342页。

世人士之骨，非化即折，亟思有以救之。"① 1947 年，抗战胜利后，唐文治对学生演讲仍然强调："鄙人以为方今最要者'气节'二字。近撰联语云'人生惟有廉节重，世界须凭气骨撑。'若气骨不立，如烘炉之镕化，非我徒也。然气节要有本源，在拔本溯源，非读经不足以救国。要知经典所载，不外兴养、兴教两大端。兴养者何？救民命是也。兴教者何？正人心是也。"② 唐文治强调，气节必须要以学术的涵养作为本源，其关键就在于读经。这也意味着，人品的树立有赖经学义理的滋养。因为，经学的根本内涵是兴养、兴教两大端，也就是"救民命""正人心"的学问。可以说，"正人心，救民命"的宗旨乃是唐文治晚年对于经学根本内涵的精切概括，人品气节即植根于此。

三 结论

综上可知，"正人心，救民命"的宗旨几乎贯穿唐文治的一生，其内涵则颇为复杂。具体而言，唐文治基于"正人心"的宗旨曾先后提出过"以理学为体，以经济为用""以理学为体，以洋务为用""以孟学为体，以科学为用"三个表述。无论是"以理学为体"还是"以孟学为体"，唐文治都不曾改变"正人心"的宗旨，改变的只是经世的策略。经世策略的调整，正是经世之学与时俱进的内在要求。"经济""洋务""科学"三个表述，代表了晚清以来理学经世、洋务运动和清末民初经世之学的三个阶段，也反映了唐文治根据时代的变动不断调整其理学经世的学术方案。严寿澂先生曾经指出"按时以立论"是唐文治讲学的一个基本原则③，这无疑精当地把握了唐氏学术的一个基本性格。但必须说明的是，唐氏的"按时以立论"只是"按时"调整他的经世策略，而从未改变其"正人心"的理学立场。

---

① 唐文治：《孟子气节学题辞》，《茹经堂文集四编》（沈云龙主编《近代中国史料丛刊续编》第 4 辑第 33 种）卷四，台北：文海出版社 1974 年版，第 1651 页。
② 唐文治：《南洋大学演说稿》，《茹经堂文集六编》（沈云龙主编《近代中国史料丛刊续编》第 4 辑第 34 种）卷一，台北：文海出版社 1974 年版，第 2085—2086 页。
③ 严寿澂：《经术与救国淑世——唐文治与马一浮》，《中国经学》第 9 辑。

唐文治与学堂经学的改革

"正人心"的三个表述，不只反映了唐文治经学与理学思想的发展，同时也可视为清代理学经世思潮在民国时期的延续与转型，以及在晚清民国政治、文化剧变的大时代中传统理学的自我更新与创新发展。

那么，唐文治为什么会"按时"在1920年创办无锡国专之初特标"救民命"之说呢？本节研究表明，以1907年退出政坛为界，唐文治的经世路线经历了从"维国运"到"救民命"的转折。尽管二者都以"经世"为目标，但在策略上，"维国运"强调的是先挽救朝廷，即通过改革政治自上而下地拯救社会；"救民命"则强调先改造社会，即通过兴教讲学自下而上地影响政治。这原是儒家经世之学密不可分的两个面向。唐文治之所以做出上述经世路线的调整，这一方面是由晚清政治腐败的局势有以促成，另一方面则是起于他自身学术思想的自觉。1916年澄锡战争之后，唐文治即着手序定《孟子大义》，倡"救世"之说。"救民命"固然非止一途，但唐文治认为最迫切、最根本的莫过于"救心"。正是基于此一觉悟，唐文治才在新文化运动（1920年）爆发后转而致力国学教育，并揭橥"正人心，救民命"的讲学宗旨。从"维国运"到"救民命"的转折，这也是理解唐文治经学宗旨得以确立的另一个不容忽视的向度。

尽管"正人心""救民命"两个观念的提出都经过了曲折的过程，但唐文治始终都将"正人心，救民命"的宗旨奠定在复兴经学的学术主张上。因此，"正人心，救民命"宗旨的确立实质上也即是他的经学宗旨的确立，二者是融为一体的。事实上，"正人心""救民命"两个概念本身就源自《孟子》。不宁唯是，唐文治还明确主张"今者急于正人心、救民命，则非读《孟子》不可"。尽管唐文治也屡言"以理学为体"，但他认为"经师之所贵兼为人师，礼学之所推是为理学"[1]，可知，他所讲的理学乃是由经师而兼为人师，由经学而推为理学——这是植基于经学义理的理学。作为一位历经晚清、民

---

[1] 唐文治：《无锡国学专修馆学规》，《茹经堂文集一编》（沈云龙主编《近代中国史料丛刊续编》第4辑第31种）卷二，台北：文海出版社1974年版，第196页。

国和共和国的经学家兼理学家，唐文治毕生都在谋求传统经学的现代转型与自我更新，同时也毕生都在谋求传统理学的复兴。垂暮之年，唐文治用极其精练的语言将经学的内涵概括为兴养、兴教两大端，也就是"救民命""正人心"的学问。对于唐文治而言，"正人心，救民命"既高度概括了理学经世思想的根本宗旨，也高度浓缩了他延续清代理学经世思潮和谋求经学现代转型与复兴的一生。

第二节 唐文治的治经方法论

在唐文治而言，"读经救国"不只停留在思想层面，也包括读经的方法与实践。他提出："欲复兴中国，必先复孔子之精神。欲复孔子之精神，在教师能讲经，学生能读经。"[①] 问题是如何讲经、读经，这便涉及到方法论问题。他又说："或曰经之过高过晦，阶之厉也。不知非经之咎也，自来说经者之咎也。非经之晦也，说经者凿之使晦也；非经之高也，说经者歧之而高也。"[②] 在他看来，经学不振并不一定就是经典本身"过高过晦"，而是由于治经或说经方法不当。因此，经学的复兴必然要求方法论的重建。

从晚清经学史的脉络看，治经的方法论困难主要体现在两个方面：第一个困难是如何处理经学内部的汉宋方法论之争。在晚清经学史的脉络下，主要存在汉宋方法论的分歧，唐文治提倡"读经救国"，那么，如何读经治经？就不能不回应汉宋方法论之争。第二个困难是如何回应西方科学方法的挑战。就方法论而言，西学强调"科学"研究，那么，唐文治提倡"读经救国"是否也采用"科学"研究？

对于以上两个问题，目前的研究不多。关于第一个问题，唐文治的弟子冯振提出"其治经实镕汉宋于一炉而治之"[③]，但如何"镕汉宋

---

① 唐文治：《孟子尊孔学题辞》，《茹经堂文集四编》（沈云龙主编《近代中国史料丛刊续编》第4辑第33种）卷四，台北：文海出版社1974年版，第1642页。
② 唐文治：《十三经读本》，第一册，"自序"，上海人民出版社2015年版，第6b页。
③ 冯振：《茹经堂文集三编序》，《茹经堂文集三编》（沈云龙主编《近代中国史料丛刊续编》第4辑第33种），台北：文海出版社1974年版，第1189页。

唐文治与学堂经学的改革

于一炉"却语焉不详。彭林认为唐文治后来对考据家失望，转而希望以理学挽救世道人心。换言之，彭先生认为唐文治后来放弃了承自南菁书院的汉宋会通的治经方法。① 邓国光则主张唐文治的治经方法仍是汉宋会通，"家法"与"义理"并重，但主要则是借由朱子的"经学家法"进而把握"经学义理"。② 关于第二个问题，邓先生认为唐文治会通汉宋旨在"企图汇聚出强大的原生学术力量，面对强大的外来对手"③。准此，则唐文治治经是旨在对抗西学，而张晶华则认为"其治学既出入汉宋，又兼采西学"④。那么，唐文治治经究竟是对抗还是兼采西学？西学是否影响到他的治经方法？这至今还是一个疑问。此外，唐文治的另一位弟子陈祥耀指出他"兼重义理与文辞研究"⑤，那么，唐文治的词章研究是否也与他的经学研究相关？上述问题涉及汉宋经学的方法论、词章、西学对唐文治治经的影响，这些都是本节试图解答的问题。

一 唐文治对汉宋治经方法的理解与会通

正如周予同指出的，"汉学"名称的采用是在清代"汉学派"复兴的时候。"汉学"的名词乃由于与"宋学"对峙而成立。⑥ 关于"汉学"的定义学界迄今尚无定论。⑦ 其中，《四库全书总目》的说法较可代表清代汉学家权威的看法："盖考证之学，宋儒不及汉儒；义

---

① 彭林：《唐文治先生学术中的汉、宋之辨》，《史林》2017 年第 5 期。
② 邓国光：《唐文治经学研究——20 世纪前期朱子学视野下的经义诠释与重构》，《中国经学》第九辑。
③ 邓国光：《唐文治经学研究——20 世纪前期朱子学视野下的经义诠释与重构》，《中国经学》第九辑。
④ 张晶华：《唐文治学术思想研究》，硕士论文，山东师范大学 2006 年，第 3 页。
⑤ 陈祥耀：《略谈唐文治先生的行宜和学术》，《学林漫录》十三集，中华书局 1991 年版，第 18 页。
⑥ 周予同：《"汉学"与"宋学"》，朱维铮编《周予同经学史论著选编（增订版）》人民出版社 1996 年版，第 323 页。
⑦ 罗检秋：《嘉庆以来汉学传统的衍变与传承》，中国人民大学出版社 2006 年版，第 7—15 页；漆永祥：《江藩与汉学师承记研究》，上海古籍出版社 2006 年版，第 250—258 页；漆永祥：《汉学师承记笺释》，上海古籍出版社 2006 年版，第 35—36 页，注 6；张循：《论十九世纪清代的汉宋之争》，博士论文，复旦大学 2007 年，第 11 页，注 4。

第四章　唐文治的经学思想

理之学，汉儒亦不及宋儒。"① 然而，"考证"和"义理"的用法并不清楚。大致而言，主要存在两种用法：第一种用法是以"考证"作为方法，以"义理"作为目的，二者是递进关系。上引《四库总目》"四书章句集注"条的说法没有明确界定"考证"与"义理"的含义。同书"四书参注"条："先有汉儒之训诂，乃能有宋儒之义理，相因而入，故愈密欲深。"② 便说明"考证"的主要方法是"训诂"，而训诂的目的则是"义理"。在这个意义上，汉宋经学构成一种递进关系。第二种用法是"考证""义理"作为并列的治学倾向或偏好。例如，姚鼐说："余尝论学问之事有三端焉，曰：义理也，考证也，文章也……夫天之生才，虽美不能无偏，故以能兼长者为贵。"③ 姚鼐认为由于天赋的秉性差异，有的人天生倾向于义理，有的人天生倾向于考据，有的人天生倾向于文章，并不是因为他们刻意要追求某种学术内容，或采取某种治学方法。可知，当"考证"被视为方法时，"考证"与"义理"是递进关系；当"考证"与"义理"并列时，又并非视为方法。

唐文治认为汉学的根本方法是重视研究经师"家法"。根据唐文治丁酉（1897）年为旧作《南菁书院日记》所写的跋语："余自十七岁辛巳受业于王祖畬夫子之门，即从事于周、程、张、朱诸家集及《小学》《近思录》各书，沉潜反复，颇有心得。至乙酉岁肄业南菁，受业于定海黄元同先生之门，始从事汉学，粗识各经家法，而于义理之学，则稍稍隔膜矣。"④ 可见，他从事汉学的门径在于"粗识各经家法"。既云"各经"家法，则每一经都有自己的家法。此外，治经入门必须专治一经。黄以周告诉他："昔之儒者尚专经，故能由一经

---

① （清）永瑢等撰：《四库全书总目》，卷35，中华书局1981年版，第294a页。这个说法影响甚广，后来的经学史著作对于汉、宋之学的界定，虽然详略不同，互有出入，但在强调"义理"与"考据"的根本分别上基本上不出《四库全书总目》的范围。
② （清）永瑢等撰：《四库全书总目》，卷35，中华书局1981年版，第318b页。
③ （清）姚鼐：《述庵文钞序》，《惜抱轩全集》，中华书局1935年版，第30b页。
④ 唐文治：《南菁书院日记》，王桐荪、胡邦彦、冯俊森等选注《唐文治文选》，上海交通大学出版社2005年版，第7页。

唐文治与学堂经学的改革

尽通诸经。今之学者欲无经不通，乃至一经不通。"① 例如，黄以周指导他治《易经》，先读汉学家惠栋、张惠言、焦循诸书，然后读朱震、项安世、吴澄等宋学著作。汉、宋经说各别，各有家数，不容混滥，研究这些《易》学著作正是为了掌握《易经》"家法"。

在研究"家法"之前，还需要一些准备工作，那就是"考据"或考证学的基础训练。以唐文治为例，考证学的训练包括小学、名物考订与经学文献。今就《南菁书院日记》观之，小学方面，他曾勤检《说文》《尔雅》，治《说文》用徐锴、段玉裁、桂馥注本校勘许慎本文，又研读《六书音均表》《李氏音鉴》《音韵阐微》《说文双声叠均》《切音便览》《经典释文》《经传释词》等书。名物考订方面，研读《困学纪闻》《十驾斋养新录》《龙城札记》《群经识小》等考证学名著。经学文献方面，曾选读《九经古义》《皇清经解》，并协助王先谦校勘《续皇清经解》，对于清代汉学家整理的汉唐经说用功颇深。

不过，唐文治认为研究汉宋"家法"并非治经的终极目的。相反，他反对执着"家法"。他批评清代汉学大师焦循尊奉戴震一家之《孟子》学："夫汉学家崇尚家法，墨守一先生之言，不敢有所出入。焦氏《孟子正义》主张戴东原学，而扬波逐靡，必欲侪孟子于荀卿之流，蒙不知其所为家法者安在？"② 尽管焦循掌握了戴震的《孟子》学"家法"，但是，戴震的《孟子》学并非《孟子》义理本身。在唐文治看来，戴震的《孟子》学"必欲侪孟子于荀卿之流"，这是他很不认同的。由此可知，唐文治研究"家法"的目的恰恰是要超越"家法"，直探本经大义。因此，当有人问唐文治"子治《诗》以何家为宗？"他的答复是："吾治经知孔门家法而已。近代诸家，仅供

---

① 唐文治：《黄元同先生学案》，《茹经堂文集一编》（沈云龙主编《近代中国史料丛刊续编》第4辑第31种）卷二，台北：文海出版社1974年版，第166—167页。

② 唐文治：《读焦理堂〈孟子正义〉》，《茹经堂文集二编》（沈云龙主编《近代中国史料丛刊续编》第4辑第32种）卷一，台北：文海出版社1974年版，第630—631页。

参考，非所宗也。"①

那么，何谓"孔门家法"呢？1920年，唐文治揭橥治经宗旨："要知吾馆所讲经学，不尚考据琐碎之末，惟在揽其宏纲，抉其大义，以为修己治人之务。"② 可知，唐文治所讲经学"大义"，是指经书义理的宏纲，修己治人的要务。所谓"孔门家法"，并不是说孔子也像汉宋经师一样为经书撰写了注疏，而应该是指孔子或孔门说经的"大义"，这即是孔门经学的"家法"。邓国光指出唐文治"讲究家法，终归'会通'。'会通'指义理，此义理指向世道人心，是唐文治经学的关节。"③ 这就是说，唐文治治经是由"家法"会通"义理"，而寻求"义理"的宗旨则指向世道人心，也就是"读经救国"。

"大义"是治经的目的，不是方法，但从明"大义"的目的出发，唐文治却进一步发展了他的治经方法论。明"大义"的第一种方法是分类。1927年，唐文治撰《读左研究法》，提出此书"至为宏博，必分类读之，方尽其妙"④。基于这一观念，唐文治将《左传》分为纪事、兵事、讽谏、词令、政治、论道、国际、小品八类。唐氏之意，盖欲本考据而求大义，分类以求。他说："以上八类，略举大概。后之兴国者，于政治、兵事二端尤宜三致意焉。"⑤ 同样，他将《诗经》分为伦理学、性情学、政治学、社会学、农事学、军事学、词藻学、义理学八类。唐文治为什么敢于割裂经文，自行类编？他说："整理之云，则吾岂敢。虽然，吾所遵守者，孔子之家法也。孔子之教学《诗》，曰兴、观、群、怨、事父、事君、多识而已。窃为

---

① 唐文治：《诗经大义》"自序"，台南：综合出版社1969年版，第1页。影印《茹庐丛书》本。
② 唐文治：《无锡国学专修馆学规》，《茹经堂文集一编》（沈云龙主编《近代中国史料丛刊续编》第4辑第31种）卷二，台北：文海出版社1974年版，第195页。
③ 邓国光：《唐文治经学研究——20世纪前期朱子学视野下的经义诠释与重构》，《中国经学》第9辑。
④ 唐文治：《读左研究法》，《茹经堂文集三编》（沈云龙主编《近代中国史料丛刊续编》第4辑第33种）卷三，台北：文海出版社1974年版，第1318页。
⑤ 唐文治：《〈左传〉分类大纲》，虞万里导读，张靖伟整理《唐文治国学演讲录》，上海交通大学出版社2017年版，第31页。

唐文治与学堂经学的改革

之比其类焉。"① 在他看来，孔子教学生读《诗》本有义类。分类读经，有合于孔门"知类"之教。不过，他又补充说："然若因吾之类而泥焉，或废全经而不读，则贻误后学之人矣。"② 他认为，类编只是帮助学者探求"大义"的辅助，但分类本身却不可执着于经文的本来面目，更不可以为如此便已竭尽经文的义理。

明"大义"的另一种方法是强调治经次第。在乾嘉汉学看来，群经各有"家法"，而各经"家法"则是平行关系。例如，《诗经》与《尚书》是平行关系，治《毛诗》与治今文《三家诗》也是平行关系。宋学家则不然，他们从修养功夫着眼，认为群经在义理上有顺序可循，因而强调"为学次第"。例如，程颐说："古之学者，优柔厌饫，有先后次第。"③ 朱子也强调读书要"循序渐进"④，又说："于今可见古人为学次第者，独赖此篇（《大学》）之存，而《论》《孟》次之。学者必由是而学焉，则庶乎其不差矣。"⑤ 1932 年，唐文治委托钱基博向全国高等教育问题讨论会提交《请振兴国学以维文化案》，建议"经学当以《四书章句集注》为根柢，次《诗经》《尔雅》《左传》，次《书》《礼》《易》各经。"⑥ 唐文治强调以《四书章句集注》作为经学根柢，再由"四书"而通"五经"，显而易见，这一治经次第带有很深的朱子学烙印。

明"大义"的第三种方法是重视心性体验。唐文治的老师王祖畲提出："汉儒考订制度名物，师承授受，其功非后人所能及，其美亦非后人所能掩，顾其体验于身心性命之间，精微透彻，自当推宋五子

---

① 唐文治：《诗经大义》"自序"，台南：综合出版社 1969 年版，第 2 页。
② 唐文治：《诗经大义》"自序"，台南：综合出版社 1969 年版，第 2 页。
③ （明）黄宗羲辑，全祖望订补，冯云濠、王梓材校正：《增补宋元学案》，中华书局 1935 年版，第 222 页。
④ （宋）张洪、齐熙：《朱子读书法》卷一，《四库全书》本。共六条，依次为"循序渐进"为第一条，其余五条依次为"熟读精思""虚心涵泳""切己体察""着紧用力""居敬持志"。
⑤ （宋）朱熹：《四书章句集注》，中华书局 1983 年版，第 3 页。
⑥ 《全国高等教育问题讨论会报告》，（张研、孙燕京主编《民国史料丛刊》第 1044 册），大象出版社 2009 年版，第 378—379 页。

为特尊,未可与汉儒同日而语也。"① 可见,王祖畬所取于汉唐注疏的是制度名物的考订,所取于宋学的是身心性命精微透彻的体验。唐文治从王祖畬那里学习到两种治经的重要方法:考订与体验。唐文治后来治经也特别强调体验。他说:"十三经权舆,只有文本熟读而精思焉,循序而渐进焉,虚心而涵泳,切己而体察焉,则圣道之奥,不烦多言而解矣。"② 所谓"切己而体察焉",即强调体验的方法。1938年下半年,唐文治在上海交大演讲"《孝经》宏纲大用",区分"讲贯法"与"实践法"。"讲贯法"即讲贯经文的训诂与义理;而"实践法"则讲明实践《孝经》的方法,也就是体验功夫。在讲"实践法"时,他开门见山指出:"凡读经,必须躬行实践,不可徒托空言。"③ 所谓"躬行实践",也是强调体验的方法。凡此,都可见唐文治治经绝不限于文献考订,也不只是哲学概念的辨析,同时还强调身体力行的义理体验。

二 经学与文章学的会通

王祖畬曾提点唐文治"通经必期致用,作文贵乎明道"④。受业之初,王先生一方面命他读汪份《孟子大全》、陆陇其《三鱼堂集》;另一方面让他读《唐宋文醇》《熊钟陵制义》,作为理学与文章的入门。唐文治自言"余日淬厉于性理、文学,初知门径矣"⑤。1901年,以吴汝纶弟子绍越千介绍,投文于吴先生请教。吴先生教以"欲求进境,非明文章阴阳刚柔之道不可"⑥,又告以"文章之道,感动性情,

---

① 唐文治:《王文贞先生学案》,《茹经堂文集三编》(沈云龙主编《近代中国史料丛刊续编》第4辑第33种)卷一,台北:文海出版社1974年版,第1206页。
② 唐文治:《十三经读本》"自序",上海人民出版社2015年版,第7a页。
③ 唐文治:《〈孝经〉宏纲大用》,虞万里导读,张靖伟整理《唐文治国学演讲录》,上海交通大学出版社2017年版,第8页。
④ 唐文治:《王文贞先生学案》,《茹经堂文集三编》(沈云龙主编《近代中国史料丛刊续编》第4辑第33种)卷一,台北:文海出版社1974年版,第1206页。
⑤ 唐文治著,唐庆诒补:《茹经先生自订年谱正续篇》(沈云龙主编《近代中国史料丛刊》三编9辑第90种),台北:文海出版社1986年版,第6页。
⑥ 唐文治:《桐城吴挚甫先生文评手迹跋》,《茹经堂文集三编》(沈云龙主编《近代中国史料丛刊续编》第4辑第33种)卷五,台北:文海出版社1974年版,第1383页。

唐文治与学堂经学的改革

义通乎乐,故当从声音入,先讲求读法。"① 1902 年,唐文治再遇吴先生于日本,吴先生告诉他:"贵在独立,不当偏滞一隅。君文理学气太重。夫以理为学,固美矣善矣,若以理学为文,动杂以阴阳理气之说,则易入于肤庸而无变化,其弊与考据家之支离,词章家之浮靡,异体而同讥,宜洗涤之。"② 其后又读吴氏遗集及其评点诸经子书,自此由吴汝纶深入曾国藩古文理论,上追桐城方、刘、姚诸家义法。

根据文学史的一般理解,理学家将文章视为传道的工具。例如,理学的开创者周敦颐便说过:"文,所以载道也。"③ 通常认为,周敦颐的"文以载道"说"更强调'道'的第一性,而'文'仅仅被视为一种负载工具。"④

唐文治早年受学于王祖畬,大致也持这种看法。王氏所谓"作文贵乎明道"正是周敦颐"文所以载道"说的法嗣。文章如何载道呢?王氏的理解是:

> 文章一道,人品、学问皆在其中。故凡文之博大昌明者,必其人之光明磊落者也;文之精深坚卓者,必其人之忠厚笃实者也。至尖新险巧,则人必刻薄;圆熟软美,则人必鄙陋。汝学作文,先从立品始,不患不为天下第一等人,亦不患不为天下第一等文。⑤

所谓"道",自学问中得来,在人品中体现,文章是学问与人品的外在表现。吴汝纶的看法则不如是。他认为文章之道极为广大,不

---

① 唐文治:《桐城吴挚甫先生文评手迹跋》,《茹经堂文集三编》(沈云龙主编《近代中国史料丛刊续编》第 4 辑第 33 种),卷五,台北:文海出版社 1974 年版,第 1383 页。
② 唐文治:《桐城吴挚甫先生文评手迹跋》,《茹经堂文集三编》(沈云龙主编《近代中国史料丛刊续编》第 4 辑第 33 种)卷五,台北:文海出版社 1974 年版,第 1383 页。
③ (宋)周敦颐著,谭松林、尹红整理:《周敦颐集》,岳麓书社 2002 年版,第 46 页。
④ 袁行霈主编:《中国文学史》第三册,高等教育出版社 2004 年版,第 5 页。
⑤ 唐文治著,唐庆诒补:《茹经先生自订年谱正续篇》(沈云龙主编《近代中国史料丛刊》三编 9 辑第 90 种),台北:文海出版社 1986 年版,第 6 页。

应局限于义理一途,同样也不能仅仅以考据、词章为文。在他看来,唐文治的学问偏重理学,结果文章自然也是"理学气太重"。吴氏认为文章应该从声音入手,最后才能不为义理、考据、词章所囿,而达到"感动性情、义通乎乐"的艺术境界。

从"载道"到"感动性情",这是吴汝纶对唐文治的一大启发,也是唐文治文章学的一大转折。从此以后,唐文治不再局限于用文章来传达学问、义理,而更注意到文章更精微的情、气与神。文章的神韵,要通过文气的刚柔缓急高低来传达,其中的奥妙全在声音,曾国藩的弟子张裕钊说:"文章之奥在声音,由声以求气,由气以求意;文章有遗蕴乎?"① 声音是文章奥妙的关键,由此可以理解湘乡派为什么如此重视读文和吟诵。声音从哪里来?不是造作而来,而是从性情来。唐文治发展了吴汝纶的文章理论,提出"文章之妙在神、气、情三字。余尝有十六字诀曰:气生于情,情宣于气,气合于神,神传于情"②。职是之故,文章不止能给人以学问、义理的启示,"更有进者,读文一事,虽属小道,实可涵养性情,激励气节"③。他还进一步指出,"世界中之善气,即天地中之正气,亦即文字中之正气也。人皆吸天地间之空气,而不知吸世界中之善气。人欲吸世界中之善气,必先吸文字中之正气"④。可见,文学对于人的教益绝不止载道说理而已,更能动人之情,移人之气。于是,文学不止具有载道的被动意义,更具有动情移气的主动能力,其说较理学家之文论愈觉精微矣。

不但如此,唐文治认为读文的方法也可以用来读经。文章之学不

---

① 朱任生:《古文法纂要》,商务印书馆1984年版,第130页。
② 唐文治:《读文法纲要》,虞万里导读,张靖伟整理《唐文治国学演讲录》,上海交通大学出版社2017年版,第59页。该文先已刊于1937年《国专学刊》第5卷第5期、1938年《中华》第1卷第1期。
③ 唐文治:《无锡国专校友会春季大会训辞》,《茹经堂文集六编》(沈云龙主编《近代中国史料丛刊续编》第4辑第34种)卷一,台北:文海出版社1974年版,第2088页。
④ 唐文治:《〈工业专门学校国文成绩续录二编〉序》,《茹经堂文集二编》(沈云龙主编《近代中国史料丛刊续编》第4辑第32种)卷五,台北:文海出版社1974年版,第813页。

唐文治与学堂经学的改革

但可以超越义理、考据、词章的疆界，而且可以进至动情、移气、化神之境，经典也是文章，那么治经为什么不能如此呢？1915年，唐文治在《谷梁传选本跋》中自述："年五十一，撰《孟子大义》忽悟说经之要，皆当以文法行之，其例实始于《春秋三传》，而《谷梁》为之最；不当如后世训故传之属，芜庸而寡要也。爰取《谷梁》文法以说《孟子》，而文章觉稍稍进。"① 1921年，他进一步指出："道与文一，胡精粗之可分？"② 因为"道载于文，文所以明道也。十三经权舆，只有文本熟读而精思焉，循序而渐进焉，虚心而涵泳，切己而体察焉，则圣道之奥，不烦多言而解矣"③。又说："经书本非难读，若从文法入手，便易了解。是刻所用评点本，皆历年搜集而成，颇费心力。"④ 这即是说，"道"与"文"从根本上讲是合一关系，文章不仅可以"载道"，而且可以"明道"。"道"的获得，并非只是理智地由考据以求大义，由词章以载大义，更需要参照读文的方法，像上述读文法那样潜玩经文，才能体会经文的情、气、神。唐文治在《十三经读本》中特别留意搜集文章家的经文评点，用意就在于此。

那么，文章学与经学到底是什么关系呢？唐文治认为："经者文之干，文者经之支与流裔。"⑤ 这就是说，经典在学问与义理上是文章的根干；文章则是经典的繁衍与变化。从这个角度讲，经典是特殊的一类文章，如果我们仿效章学诚的说法提出"六经皆文"，其实一点也不为过。文章之学，离不开义理、考据、词章三项功夫。唐文治指出："曾文正有言：'义理、考据、词章三者不可偏废。必义理为质，而后文有所附，考据有所归。'此千古学道之正规也。"⑥ 换言

---

① 唐文治：《〈谷梁传选本〉跋》，《茹经堂文集二编》（沈云龙主编《近代中国史料丛刊续编》第4辑第32种）卷五，台北：文海出版社1974年版，第834页。
② 唐文治：《十三经读本》"自序"，上海人民出版社2015年版，第7a页。
③ 唐文治：《十三经读本》"自序"，上海人民出版社2015年版，第7a页。
④ 唐文治：《十三经读本》"凡例"，上海人民出版社2015年版，第11b页。
⑤ 唐文治：《〈中学国文新读本〉序》，《茹经堂文集二编》（沈云龙主编《近代中国史料丛刊续编》第4辑第32种）卷五，台北：文海出版社1974年版，第800页。
⑥ 唐文治：《〈读书管见〉序》，《茹经堂文集四编》（沈云龙主编《近代中国史料丛刊续编》第4辑第33种）卷六，台北：文海出版社1974年版，第1714页。

第四章　唐文治的经学思想

之，尽管义理、考据、词章三项功夫不可偏废，但必须以义理作为根干，词章才能够有实质内涵，考据才能有目标导向。抑有进者，文章不能离开义理、考据、词章，又不能拘滞于义理、考据或词章，否则就流为考据、词章习气或理学气。治经亦然，同样离不开义理、考据、词章三项功夫，但必须技进乎道，进而潜玩经文之情、气、神，才不至流入义理、考据、词章之拘滞。

唐文治的"文字正气"说，无疑具有很强的经世情怀。这大概也是深受曾国藩的影响。曾国藩说："盖自两汉至于如今，识字之儒，约有三途：曰义理之学，曰考据之学，曰词章之学，各执一途，互相诋毁，兄之私意，以为义理之学为最大，义理明则躬行为要，经济有本，词章之学亦所以发挥义理者也。考据之学，吾无取焉矣。"① 又说："义理与经济初无两术之可分，特其施功之序，详于体而略于用耳。"② 可见，曾氏认为义理与经济是"体用"关系，词章是义理传达与发挥的辅助，也就是"文以载道"之意。必须说明，"考据之学，吾无取焉矣"是曾氏早年之说，他后来也逐渐认识到客观考据的意义，但他认为考据与词章一样，相对于义理而言仍只是辅助作用，则始终未变。③ 唐文治讲学，主张"以经济为用"④，显然与曾国藩以"经济"为旨归异代同心。

唐文治与曾国藩文章学的不同在于，唐文治自觉地将文章学的方法应用到治经中。他将经典视为特殊的一类文章，在研读这类特殊文章时，读文就是读经，文章学就是经学。因此，词章并非只有发挥义理的工具作用，玩味词章本身即是玩味义理之精微。唐文治主张"道

---

① （清）曾国藩：《致澄弟温弟沅弟季弟》，《曾国藩全集·家书一》，岳麓书社1985年版，第55页。
② （清）曾国藩：《劝学篇示直隶士子》，《曾国藩全集·诗文》，岳麓书社1986年版，第443页。
③ 余英时：《曾国藩与"士大夫之学"》，《现代儒学的回顾与展望》，生活·读书·新知三联书店2004年版，第310—313页。
④ 唐文治：《与李生颂韩书》，《茹经堂文集二编》（沈云龙主编《近代中国史料丛刊续编》第4辑第32种）卷四，台北：文海出版社1974年版，第723页。

唐文治与学堂经学的改革

德、学问、功业、文章务在一以贯之"①。唐氏弟子陈祥耀认为，唐文治与姚鼐都讲义理、考据、词章之学，"而这三者的统一，又要归趋于道德实践和政治事功，则超出姚氏的理想。"② 强调义理、考据、词章都要归结到"经济"，这其实是曾国藩的主张，并不是唐文治的创见。陈氏所谓"超出姚氏的理想"，在曾国藩那里就已经实现了。唐文治提出"道与文一""经书本非难读，若从文法入手，便易了解。""道德、学问、功业、文章务在一以贯之。"这三个观点可以简明地概括唐文治以文章学治经的方法论。这才是唐文治文章学的真正创见。

三 经学与科学的会通

首先需要交代唐文治对于科学的基本认识。第一，他认为科学重视专门研究。1906 年，唐文治建议学部引进西方科学教育："学部更宜厘定章程，综计天下学生数目，除国文武备应令必习外，应酌定学国际外交、法律政治者若干成，农工商各业者若干成，声光化电各科者若干成。"③ 这说明，唐文治心目中的科学就是国际外交、法律、政治、农、工、商、声、光、化、电等专门研究。1907 年，担任邮传部上海高等实业学堂监督后，他又建议"所有学科程度谨按照奏定章程并参酌东西洋实业教育制度……其大要在造就专门人才，尤以学成致用振兴全国实业为主"④。可见，唐文治所谓"专门"，是根据"东西洋实业教育制度"，即西方学术分科。

第二，唐文治认为科学偏重器物层面的研究。他认为"科学尚实"⑤，而且认为："近人谓泰西之格物即吾儒之格物，混道与器为

---

① 唐文治：《紫阳学术发微》"自序"，华东师范大学出版社 2014 年版，第 5 页。
② 陈祥耀：《略谈唐文治先生的行谊和学术》，《学林漫录》十三集。
③ 唐文治：《蓄艾编》，王桐荪、胡邦彦、冯俊森等选注《唐文治文选》，上海交通大学出版社 2005 年版，第 96 页。
④ 唐文治：《咨呈重订章程和宗旨》，刘露茜、王桐荪编《唐文治教育文选》，西安交通大学出版社 1996 年版，第 18—19 页。
⑤ 唐文治：《咨邮传部转咨学部文》，刘露茜、王桐荪编《唐文治教育文选》，西安交通大学出版社 1996 年版，第 39—40 页。

第四章 唐文治的经学思想

一，欲以一材一艺之长，侈谈平治，而民生实受其病。裘君之言曰：'科学方法治天下，未免错误。吾儒所格者事理，西人所格者物质。'斯言也，可谓一矢破的。"① 在唐文治看来，科学属于"器"或"艺"的范畴，并非"道"的范畴。我们注意到，他上述国际外交、法律、政治、农、工、商、声、光、化、电等"专门"研究（未提及哲学、宗教等研究），也的确是以物质与制度之学为主。

由于唐文治认为科学专重器物层面的研究，因此他认为科学只相当于传统"经世"学的范畴，而不能成为心性基础或"义理"之学。为此，他提出："学经济者，诚能以桴亭先生之学为先导，则向所谓驵商市侩、矜情饰貌之徒，自无由托足其际。而本吾圣贤之道、忠君爱国之心以治西学，又安有好利夸诞、营私误国之弊耶。"② 这就是说，传统的"经济"或现代的"西学"都必须以"圣贤之道、忠君爱国之心"为本。否则，就会充斥"驵商市侩、矜情饰貌之徒"，滋生"好利夸诞、营私误国之弊"。类似地，他又说："道德，基础也；科学，屋宇垣墉也。彼淹贯科学，当世宁无其人？然或忘身徇利，一旦名誉扫地，譬诸基础未筑，则屋宇垣墉势必为风雨所飘摇而不能久固。如此者，由道德之不明也。"③ 这同样是强调科学必须有一个其自身以外的学术基础，用唐文治的词汇，那就是"道德"。

在唐文治看来，道德与科学的关系是"体用"关系。他认为："教育根本在性情，措诸躬行则为道德，再辅以近代科学，斯为体用兼全。"④ 科学能否经世致用，关键在于研究科学的人的性情与道德。与此类似，他提出："吾愿诸生勤究物之质，更培养性之灵，庶几乎

---

① 唐文治：《〈广思辨录〉序》，《茹经堂文集四编》（沈云龙主编《近代中国史料丛刊续编》第4辑第33种）卷六，台北：文海出版社1974年版，第1702页。
② 唐文治：《上沈子培先生书》，《茹经堂文集二编》（沈云龙主编《近代中国史料丛刊续编》第4辑第32种）卷四，台北：文海出版社1974年版，第702—703页。
③ 唐文治：《学校培养人才论》，《茹经堂文集二编》（沈云龙主编《近代中国史料丛刊续编》第4辑第32种）卷三，台北：文海出版社1974年版，第99—100页。
④ 唐文治：《上海永康中学增建思齐斋记》，《茹经堂文集六编》（沈云龙主编《近代中国史料丛刊续编》第4辑第34种）卷五，台北：文海出版社1974年版，第2183页。

唐文治与学堂经学的改革

体用兼有,以捍外侮而致太平矣。"① 唐文治并不轻视科学,他也强调"勤究物之质";同时,他强调研究科学的人必须加强性情与道德修养,即"培养性之灵",只有这样,才能体用兼有,明体达用。否则,重用忽体,最终将"为风雨所飘摇而不能久固",则不能达其用。

然而,性情与道德必须基于学术的熏陶,否则即为空言。唐文治认为,中国传统道德的学术基础是经学。唐文治指出:"经者,万事是非之标准,即人心是非之标准也……经者,常道也。知常则明,明常道则明是非,政治、伦理之是非于经中求之。"② 所谓"明是非",就是指道德判断。唐文治认为中国政治、伦理的是非标准应"于经中求之"。相反,道德之所以堕落,就是因为废经所致。唐文治认为:"人心之害孰为之?废经为之也!废经而仁义塞,废经而礼法乖,废经而孝悌廉耻亡,人且无异于禽兽。"③ 因此,必须复兴经学,才能作兴道德;只有作兴道德,科学才能有正确的价值导向。

基于对经学、道德、科学关系的辨析,唐文治进而认识到经学与科学也是"体用"关系。他明确提出:"道、艺兼资。科学自宜特重,惟当以孟学为体,纯而益求其纯;以科学为用,精而益致其精。夫如是,乃可以救心,乃可以兴国。"④ 这里所谓"孟学",即《孟子》学。当然,唐文治绝非认为只有《孟子》才与道德修养相关,只是因为《孟子》在群经中尤为"适合于现代学校教育的人生读物和政治课本"⑤,这才特别表彰《孟子》。这个观点是唐文治的晚年定论,具有重要的意义,因为它实际上构成了唐文治接纳科学的理论框架。

---

① 唐文治:《上海交通大学工程馆记》,《茹经堂文集三编》(沈云龙主编《近代中国史料丛刊续编》第 4 辑第 33 种)卷六,台北:文海出版社 1974 年版,第 1401 页。
② 唐文治:《〈读经救国论〉序》,《茹经堂文集二编》(沈云龙主编《近代中国史料丛刊续编》第 4 辑第 32 种)卷五,台北:文海出版社 1974 年版,第 790 页。
③ 唐文治:《十三经读本》"自序",上海人民出版社 2015 年版,第 6a—6b 页。
④ 唐文治:《孟子教育学题辞》,《茹经堂文集四编》(沈云龙主编《近代中国史料丛刊续编》第 4 辑第 33 种)卷四,台北:文海出版社 1974 年版,第 1650 页。
⑤ 虞万里:《唐文治〈孟子〉研究管窥》,《史林》2016 年第 2 期。

第四章　唐文治的经学思想

接下来，我们需要探讨的问题是：在"孟学为体""科学为用"的观念框架下，科学具体如何参与解经实践？

唐文治早年治经，在方法上主要是继承黄以周会通汉宋的方法，不杂西学。例如，1913年成书的《论语大义》即以朱注为主，"复取汪武曹《四书大全》、陆清献《松阳讲义》、李文贞《论语札记》、黄薇香先生《论语后案》、刘楚桢先生《论语正义》诸书精以采之，简以达之。"其中，汪、陆、李偏重义理，黄、刘二书偏重考据。① 唐文治自道编撰旨趣："夫注释《论语》者，其大旨约有数端：明义理一也，通训诂二也，阐圣门之家法、别授受之源流三也，穷天德圣功之奥、修己治人之原四也。"② 可知此书虽然重视训诂、家法、源流的考订，但并不限于训诂与考订，而兼重义理、经世的阐发。③

唐文治接纳西学治经始于他对西方政治学的关注。1920年，唐文治主讲无锡国专，他在《学规》中特别提出"政治学"一目。他说："尝叹欧美各国俱有政治学，吾国独无编辑专书。设有外人负笈来学政治，茫然无以应，可耻孰甚。诸生须知吾国之政教号令，风俗掌故，具详于经史之中，宜仿苏东坡读书之法，分类学之，则大纲既举，自得时措之宜矣。"④ 这里值得注意的是，"政治"虽然是中国固有名词⑤，但"政治学"则是西方社会科学的一个门类，唐文治提出根据经史来阐发中国的"政治学"。这透露此时唐文治治经已有取法西方科学的意向。

---

① 刘宝楠《论语正义》为清代汉学家《论语》学集大成的著作，以考据见长，亦兼采宋学经说，但毕竟偏重汉学，而非能真正重视宋儒义理，该书所采朱注大体"仅仅在训诂范围内正视朱熹"。参见劳悦强《攻乎异端——刘宝楠父子对朱熹的爱恨情结》，《文内问外——中国思想史中的经典诠释》，台北：台大出版中心2010年版，第249—282页。

② 唐文治：《〈论语大义定本〉跋》，《四书大义》，上海交通大学出版社2016年版，第630—631页。

③ 例如，唐氏在此书《颜渊篇》"子张问政"等章阐发为政者自身之心理道德与政治治乱密切相关，在《子路篇》"和而不同"章批评党争等，与当时的政治都有密切的针对性。参见虞万里《唐文治〈论语大义〉探微》，《经学文献研究集刊》第16辑（2016年）。

④ 唐文治：《无锡国学专修馆学规》，《茹经堂文集一编》（沈云龙主编《近代中国史料丛刊续编》第4辑第31种）卷二，台北：文海出版社1974年版，第201—202页。

⑤ 最早见于《尚书·毕命》。

唐文治与学堂经学的改革

不止于此，唐文治还将此意向付诸解经实践。早在 1918 年，他就提出："余尝欲编《中国政治学》一书，期以三年毕业，自《尚书》起，迄温公《通鉴》，历代名臣奏议、文集，旁逮唐杜佑《通典》，宋马端临《文献通考》，下至国朝名人著述，如《方舆纪要》《天下郡国利病书》之属，而以贺长龄所辑《经世文编》并近代最新之公牍为入门。"① 这是一个宏大的计划，后来并未实施。1922—1923 年间，他撰写了一系列政治学大义，包括《礼治法治论》二篇、《政本审六气论》一篇、《不忍人之政论》三篇、《地方自治论》、《学校论》、《文化论》、《选举论》、《财政论》、《兵政论》、《表论》。唐氏将这些论文列为计划中《政治学大义》一书的本论部分，俟后出版。这本书最后也未能完成。1928 年出版的《尚书大义》延续了这一设想，此书内篇言考据，外篇言义理，共收经义文章二十篇，专以《尚书》阐发"政治学"，大体上落实了唐文治根据经典建立"中国政治学"的初衷。特别值得注意的是，唐文治这一系列建构"中国政治学"的努力，是有鉴于"欧美各国俱有政治学，吾国独无编辑专书"而来，而且"政治学"的概念也是直接取自欧美各国。

当时尝试结合经学与科学的人并不止唐文治一人。例如，王晋蕃撰《读经志疑》一书，此书现已不可考，唐文治为此书作序称此书的宗旨是"以科学心得发明古经奥谊，多先儒所未道"。② 该序只提到"人化物而物又化人"一说，似乎是指生物学中无机物与有机物相互转化的知识。唐氏据此引申，批评民国以来彻底否定天命与鬼神之说的谬误。根据这个例子，唐文治似乎是认为西方生物学的知识可以与经书中天命、鬼神之说相发明。在唐文治看来，科学发现不只是增添某种专门知识，更可与经义相发明，对于世道人心的迷谬也有澄清之功。由此，他得出结论："吾于是知徒治科学之无益也，吾于是

---

① 唐文治：《示郁儿书》，《茹经堂文集二编》（沈云龙主编《近代中国史料丛刊续编》第 4 辑第 32 种）卷四，台北：文海出版社 1974 年版，第 729 页。
② 类似的其他例子参见左玉河《中国旧学纳入近代新知识体系之尝试》，郑大华、邹小站主编《思想家与近代中国思想》，社会科学文献出版社 2005 年版，第 214—252 页。

第四章 唐文治的经学思想

知科学之当通于古经学也,吾于是知科学当通于古圣贤之教也。"①在这里,唐文治明确表达了科学与经学应当结合的治经新理念。

在具体的解经实践中,唐文治进行了两方面的尝试:第一,借鉴西方科学的专门研究,提倡对经学也进行专门研究。唐文治自言"鄙人于《诗》《礼》《左传》皆有分类读本。"②但从现存文献看,唐文治并无《左传》专著,而只有《诗经大义》《礼记大义》两种。以《诗经大义》为例,唐氏将《诗经》的经文分为伦理学、性情学、政治学、社会学、农事学、军事学、修辞学、义理学八类。其中,除了"性情学""义理学"二类,其他六类都是西方科学的门类。这说明,唐文治除了略作调整外,大体上采纳了西方学科分类。所谓"专门"研究,大体就是以西方"七科之学"作为研究框架。同样的分类研究方法,唐文治其后还曾继续推广到《论语》《孟子》的研究。

第二,重视发掘经书中的客观知识及其原理。仍以《诗经大义》为例。唐文治在《诗经伦理学序》中说:"西国之伦理学,实吾国所谓道德学。而吾国之伦理学,则五伦之秩序,道德所由防也。"③但是,他没有能够说明西国伦理学的具体内容,也没有论证为什么西国的伦理学就是中国的道德学。在这个意义上,西国之伦理学与中国的道德学并未进行实质性的对话。又如,《诗经社会学序》说:"西儒言社会学者,在增进人类之知识,保障人权之发舒,研究各种社会情伪,彰往察来,穷之至乎其极,而求所以改良进化之方。"④这段话不知何本,我们也不必据以评断此说之正确与否。我想要指出的是,唐文治尝试用研究经学大义的方法,反过来抉发西方社会学的大义,并试图立足于《诗经》的大义来回应西方社会学的知识和理论。其意图应该说非常明显,但实质性的比较与回应可谓绝无仅有。

---

① 唐文治:《〈读经志疑〉序》,《茹经堂文集三编》(沈云龙主编《近代中国史料丛刊续编》第4辑第33种)卷五,台北:文海出版社1974年版,第1349—1350页。
② 唐文治:《读经史子集大纲及分类法》,虞万里导读,张靖伟整理《唐文治国学演讲录》,上海交通大学出版社2017年版,第5页。
③ 唐文治:《诗经大义》卷一,台南:综合出版社1969年版,第1页。
④ 唐文治:《诗经大义》卷四,台南:综合出版社1969年版,第1页。

四 结论

诚如邓国光先生所说，唐文治治经主要是借由朱子的"经学家法"进而把握"经学义理"，亦即经书的"大义"。不过，这一说法比较粗糙，尚未能清晰揭示唐文治治经的方法论。本节的研究表明，唐文治的经学方法论主要是旨在回应经学内部汉宋方法论的分歧，以及西方科学方法的冲击。

传统上将"考证"和"义理"视为汉宋经学的分际，但"考证"和"义理"的用法其实并不清楚，有时甚至并非在同一层次使用。出于会通汉宋的动机，唐文治在这方面有丰富的思考。他认为汉学家治经的特殊的方法是重视"家法"，宋学家特出的方法是注重"体验"，最终的目的都是发明"义理"。"家法"的掌握，需要"考证"的训练，主要包括小学、名物考订与经学文献方面的训练。唐文治治经，不废"考证"，但并不限于"考证"，更不止于"考证"。唐文治的经学方法论，简言之，是由"考证"而掌握"家法"，由"家法"而会通"大义"。所谓"家法"，并不止于清代汉学家所推崇的"一家之学"，而是进至"孔门家法"的广大法门。所谓"孔门家法"，并不限于汉学家所讲的汉学"家法"，而是兼重宋学家所讲的读经次第、体验等方法。总之，一切符合孔门言教，有助于发明经书"大义"的方法都可统摄在内。

显然，唐文治的经学方法论会通了汉宋，同时也超越了传统的汉宋治经方法。在"孔门家法"的旗帜下，他一以经书"大义"为归，方法非常多元，也颇多创意。例如，他甚至将文章学也转换为一种治经方法。经书作为文章，在汉学家而言，只是理性考证的文本证据；在宋学家而言，只是"载道"的工具；在唐文治看来，经书作为文章不只可以"载道"，更可以"明道"，用文章学的方法治经，潜玩经文之情、气、神，将有助于对经书"大义"有入微的感受与体会。

同样具有创造性的是，唐文治尝试吸取科学方法治经。他主张借鉴科学的"专门"研究，对经书也进行专门研究。实际上，他积极倡导的分类研究大体就是以西方"七科之学"作为分类框架。他也试图与西方科学的理论与知识展开实质性对话,尽管实质性的对话并未真正开展,但这一意图相当明确。因此,就方法论而言,笔者大致倾向于张晶华先生的看法,唐文治治经是"兼采西学",而并非如邓国光先生所说的那样,是旨在与西学对抗。张晶华先生曾批评唐文治的分类研究:"这种分类虽然显得新旧杂陈,并且唐文治在叙述具体内容的时候也是很少运用西方的自然科学和社会科学知识,唐文治在叙述具体内容的时候也是很少运用西方的自然科学和社会科学知识。"[①] 然而,根据上文的分析,唐文治的意图则非如此。我毋宁认为,在寻求经学与科学实质性的会通上,他是"虽不能至,心向往之"。

第三节 唐文治论读经次第及其原则
——经学系统性的一个初步分析

唐文治提倡"读经救国",必然要面对这样一个实际问题:读经是必须系统研读十三经,抑或只是其中的一部分?是存在某种内在次第,还是并无特定的顺序可言?换言之,经学是否构成一个有机的系统,抑或可以自由取舍、任意研读?这个问题非常重要。因为,在现代大学中,西学具有"七科之学"的系统架构,共同组成了所谓"科学"的教育体系。面对西方科学的体系,这个问题的答案将决定中国经学是否还能够成为一门独立的"学",还是由于其缺乏独立性因此必须拆分到西方的"七科之学"中,充当各门科学的材料。事实上,在1935年的"读经问题"大辩论中,争论的焦点并非只是赞成或反对读经与否,还包括"怎样读经,和读什么经"[②]。关于经学的系统性问题,尽管唐文治并没有明确提出,但他却发表了不少"读经次第"的论述,梳理这方面的论述,将能够初步掌握他对于经学体系的理解。

---

① 张晶华:《唐文治学术思想研究》,硕士论文,山东师范大学2006年,第9页。
② 蔡元培等著:《读经问题》,上海商务印书馆1935年版,第3页。

唐文治与学堂经学的改革

一 唐文治论读经次第

唐文治非常重视读经次第，相关论述甚多。其中，1920 年撰写的《无锡国学专修馆学规》、1921 年撰写的《施刻〈十三经读本〉序》、1935 年撰写的《读经条议》、1938 年的《香港孔道学院演讲录》和同年在上海交大演讲的《读经史子集大纲及分类法》是这方面较有系统的论述。必须说明，这五篇文章并非都是读经次第的专论，本节选取这五篇，只是因为其中论及读经次第的内容较多，比较有代表性而已。下面，我将先介绍这五篇文献有关读经次第的论述，然后针对读经次第的原则进行分析。

1. 《无锡国学专修馆学规》

《无锡国学专修馆学规》列学规十条，依次是：躬行、孝弟、辨义、经学、理学、文学、政治学、主静、维持人道、挽救世风。其中，"躬行"与"辨义"可视为行、知二门，"孝弟"则是"躬行"的根本。在"孝弟"条中，唐文治特别表彰曾子之学，由曾子上溯虞舜与文王，都是实行孝弟的代表人物。既特表曾子孝道，自然也特重《孝经》。在"辨义"条中，唐文治特别表彰孟子之学。他说："《孟子》七篇，首辨义利。""义利之辨，人心生死存亡之界也。"[①] 因此，从"辨义"的目标出发，就应该特别重视《孟子》。"躬行"重《孝经》，"辨义"重《孟子》，可知无论"躬行"抑或"辨义"，都是以经学作为学术基础。

既以经学作为"躬行""辨义"的学术基础，那为什么还要讲理学？在唐文治看来，"吾国十三经，如日月之丽天，江河之行地，万古不磨，所谓国宝是也。然要知吾馆所讲经学，不尚考据琐碎之末，惟在揽其宏纲，抉其大义，为修己治人之务。"[②] 可见，所谓"经学"，就是抉发十三经的"大义"，以"修己治人之务"为鹄的。唐

---

① 唐文治：《无锡国学专修馆学规》，《茹经堂文集一编》（沈云龙主编《近代中国史料丛刊续编》第 4 辑第 31 种）卷二，台北：文海出版社 1974 年版，第 194 页。
② 唐文治：《无锡国学专修馆学规》，《茹经堂文集一编》（沈云龙主编《近代中国史料丛刊续编》第 4 辑第 31 种）卷二，台北：文海出版社 1974 年版，第 195 页。

文治认为："经师之所贵兼为人师，礼学之所推是为理学。"① 这意味着，"经学"与"理学"的关系是由"经师"上升到"人师"，由经义落实为行义的递进过程。换言之，经学"大义"毕竟还是书本的学问，理学则要求将经书之学落实为修己治人的经世之学。同时，我们也看出，经学与理学在唐文治的心目中应该合一，其实质就是理论与实践的合一；若分别而言，则经学是理学的学术基础，理学是经学的上推与落实。

在十三经中，唐文治认为当务之急是礼学。他主张："今日发明礼学，维系人心之廉耻，实为莫大之急务。"② 1933年，他撰《礼记大义》，详细阐述这一主张：

> 文治秉圣教以学礼，乃所愿厥有两端：曰救民命，曰正人心……何以救之？惟在于礼。人者，天地之心也。喜怒哀乐未发谓之中，中理中气悉寓于心，而此心为血气嗜欲所使，即不免放荡而失其常，惟能治七情、明十义、修七教、慎九容，内外交养，表里无违，夫然后为礼以教人，夫然后远于禽兽，夫然后杀机泯，劫运消，救民命而正人心，一以贯之者也。③

这段话阐明了礼学的重要性。唐文治指出，要"救民命"，关键在于"正人心"，即充养吾人固有的"中理"与"中气"，具体办法是"治七情、明十义、修七教、慎九容"，其中"七情""十义"属于心性或"辨义"层面，也就是唐文治提倡的"理学"；"七教""九容"属于礼仪或"躬行"层面，也就是唐文治提倡的"礼学"。以理学与礼学并举，是为"内外交养，表里无违"，就能够充养吾人固有的"中理"与"中气"，从而实现"正人心，救民命"。

---

① 唐文治：《无锡国学专修馆学规》，《茹经堂文集一编》（沈云龙主编《近代中国史料丛刊续编》第4辑第31种）卷二，台北：文海出版社1974年版，第196页。
② 唐文治：《无锡国学专修馆学规》，《茹经堂文集一编》（沈云龙主编《近代中国史料丛刊续编》第4辑第31种）卷二，台北：文海出版社1974年版，第196页。
③ 唐文治：《礼记大义》"自序"，无锡国学专修学校1933年刊本，第3—4页。

唐文治与学堂经学的改革

除了理学，文学与政治学也应该以经学为基础。在"文学"条中，唐文治提出："经学者，文字之根荄；理学者，文章之奥府。"① 具体而言，他认为《诗经》《左传》等经书是文学的核心经典。在"政治学"条中，他也强调："凡士人通经学、理学而能达于政治者，谓之有用，谓之通人。"② 这是说"政治学"应以经学、理学为基础。更具体地，他指出："吾国政治学权舆于《尚书》"。"《孟子·梁惠王》《离娄》二篇，皆政治学根本。"③ 在他看来，《孟子》《尚书》是政治学的根本经典。

至于"主静""维持人道""挽救世风"三条，则是针对当时中国的社会现实提出的学术指导。《无锡国学专修馆学规》撰写于1920年，时为五四运动之次年。当时，学潮激荡，罢课成风，上海工业专门学校也受冲击，唐文治于1919年向交通部请辞，历时一年，辞呈七上，至1920年12月才获准。年底即转去无锡国专。④ 因此，唐文治在《学规》中特立"主静"一条，并说明理由："盖士落其魄，则国失其魂矣。故今日救国之策，莫若主静。"⑤ "维持人道"一条申明维持人道的关键在于正人心，"挽救世风"一条申明救民的关键在于转移世风。这两条实则都归结到"正人心，救民命"的宗旨，亦即修己治人的鹄的。或者说，这两条学规实际上即是"正人心，救民命"宗旨的一种具体表述。

---

① 唐文治：《无锡国学专修馆学规》，《茹经堂文集一编》（沈云龙主编《近代中国史料丛刊续编》第4辑第31种）卷二，台北：文海出版社1974年版，第198页。
② 唐文治：《无锡国学专修馆学规》，《茹经堂文集一编》（沈云龙主编《近代中国史料丛刊续编》第4辑第31种）卷二，台北：文海出版社1974年版，第200页。
③ 唐文治：《无锡国学专修馆学规》，《茹经堂文集一编》（沈云龙主编《近代中国史料丛刊续编》第4辑第31种）卷二，台北：文海出版社1974年版，第200、201页。按：唐文治在此未展开讲《梁惠王》《离娄》两篇的内容。《梁惠王》篇讲义利之辨，《离娄》讲不忍人之心与不忍人之政，他说两篇是政治学的根本，盖以这两点是实现仁政的心性基础。
④ 关于当时学风与唐文治辞职的经过，余子侠的描写最为详尽。参见余子侠《工科先驱 国学大师——南洋大学校长唐文治》，山东教育出版社2004年版，第184—194页。
⑤ 唐文治：《无锡国学专修馆学规》，《茹经堂文集一编》（沈云龙主编《近代中国史料丛刊续编》第4辑第31种）卷二，台北：文海出版社1974年版，第202页。

2.《施刻〈十三经读本〉序》

《十三经读本》前著《十三经提纲》，后附《十三经读本评点札记》，中间则为唐文治所选十三经之古注与自注，而群经总论则略见于《施刻〈十三经读本〉序》。序云：

> 《十翼》之编，消息盈虚，无非洗心之旨也；《三礼》之学委曲周详，无非主敬之则也。不为钩沉，孰纲维是也？古文之《书》为梅赜所造，而浅者罔识其为赝鼎也；邱明之《传》，为刘歆所窜，而懵者莫知其为媚新也。不为摘伏，孰辨别是也？他如《孝经》则养正之基也，《尔雅》则识字之本也，《论语》则群经之喉舌也，《孟子》则"六艺"之藩篱也。是数经者，人皆于小学时习之，不为阐微，孰会通是？贤者识其大，不贤者识其小；陟遐必自迩，升高必自卑。①

序中"陟遐必自迩，升高必自卑"云云，显为读经次第的强调。唐文治认为读经应该从《孝经》《尔雅》《论语》《孟子》开始。童蒙养正，当以孝弟为基，故首举《孝经》。读经之始，必先识字，通晓故训，当由《尔雅》奠基。此后，则可读《论语》《孟子》，作为群经义理的门户。"五经"之中，他特别揭橥《易经》"洗心"、《三礼》"主敬"的大义，而与《尚书》《左传》二经并举。唐文治判摄群经大义，盖分为"修己""治人"两门。《易经》"洗心"、《三礼》"主敬"大抵偏于"修己"一边，《尚书》《左传》二经的大义则以"治人"为主。

今证诸其他文献，可知唐文治确以《尚书》《左传》为偏重"治人"的经典。早在1919年撰写《十三经提纲》的时候，他就说："诵《尚书》二十八篇，授之以政，不达，亦奚以为？"② 1920年撰

---

① 唐文治：《十三经读本》"自序"，上海人民出版社2015年版，第7a—7b页。此文另以《施刻〈十三经读本〉序》为篇名收入《茹经堂文集一编》卷四。

② 唐文治著，彭丹华点校：《十三经提纲》，华东师范大学出版社2015年版，第41页。

写的《无锡国学专修馆学规》也说："吾国政治学权舆于《尚书》。"① 可知，唐文治认为《尚书》是代表政治学或"治人"之学的一本经典。《左传》亦然。1927年，唐文治撰写《读左研究法》，主张将《左传》分为纪事、兵事、讽谏、词令、政治、论道、国际、小品八类，分类研读。② 1938年下半年，他在交通大学讲学，即以上述分类为本，更明确指出："后之兴国者，于政治、兵事二端尤宜三致意焉。盖左氏亲受绪论于孔子，最深于政治学。"③

3. 《读经条议》

该文即唐文治参与1935年"读经问题"大辩论的发言，次年收入《茹经堂文集四编》，定名《读经条议》。唐文治在该文中对读经次第提出了最详细的表述。该文将读经分为五个学程：（1）初级小学三学年。应读《孝经》，因为《孝经》"教爱敬之原，立养正之本"④。（2）高级小学三学年。应读《大学》及上半部《论语》，因为"《大学》广大精微，脍炙人口久矣！""《论语》一书，言学、言仁、言政、言孝弟忠信、言礼义廉耻，莫非修己治人之要。"⑤（3）初级中学三学年。应读下半部《论语》及《诗经》选本，因为"《诗经》温柔敦厚，足以涵养性情，考见政治风俗，且有韵之文，易于诵读。"⑥（4）高级中学三学年。应读《孟子》及《左传》选本。因为"《孟子》一书尊重民权，民贵君轻，用人取舍，壹顺民之好恶，惟其严公私义利之辨，故其政见精核若此。他如孝弟人伦之本，出处取

---

① 唐文治：《无锡国学专修馆学规》，《茹经堂文集一编》（沈云龙主编《近代中国史料丛刊续编》第4辑第31种）卷二，台北：文海出版社1974年版，第200页。

② 唐文治：《读左研究法》，《茹经堂文集三编》（沈云龙主编《近代中国史料丛刊续编》第4辑第33种）卷三，台北：文海出版社1974年版，第1318—1319页。

③ 唐文治：《〈左传〉分类大纲》，虞万里导读，张靖伟整理《唐文治国学演讲录》，上海交通大学出版社2017年版，第31页。

④ 唐文治：《读经条议》，《茹经堂文集四编》（沈云龙主编《近代中国史料丛刊续编》第4辑第33种）卷四，台北：文海出版社1974年版，第1606页。

⑤ 唐文治：《读经条议》，《茹经堂文集四编》（沈云龙主编《近代中国史料丛刊续编》第4辑第33种）卷四，台北：文海出版社1974年版，第1606页。

⑥ 唐文治：《读经条议》，《茹经堂文集四编》（沈云龙主编《近代中国史料丛刊续编》第4辑第33种）卷四，台北：文海出版社1974年版，第1607页。

第四章 唐文治的经学思想

与之经，察识扩充之义，辟邪崇正之道，与夫不嗜杀诸学说，皆足为今世良药。""《左传》为礼教大宗，旁逮外交等学，无所不备。"①（5）专科以上各大学及研究院。应治专经之学。剔除以上所举，十三经还剩下《尔雅》《礼记》《仪礼》《周礼》《易经》《尚书》《公羊传》《谷梁传》八种。则所谓"专经之学"，当即指这八种经典的专门研究。

《读经条议》旨在辩护经学的现代价值，并说明经学完全可以与现代教育体制相调适。这主要表现在两方面：第一，在学程方面，经学完全可以配合小学、中学、高中、大学的课程，而相应地设计由浅入深、循序渐进的课程。课程的次序主要是依据经书难易和义理深浅。例如，《孝经》只有 1902 字，而且是"立德立品第一步根柢"②，因此安排在初级小学三学年学习；《大学》广大精微，而只有 1749 字，《论语》"莫非修己治人之要"③，上半部只有 6893 字，义理虽深，但篇幅不大，且以格言为主，便于记诵，因此安排在高级小学三学年学习；剩余《论语》下半部共 8986 字，《诗经》虽然较难，但属于有韵之文，易于诵读，且只需选读即可，因此安排在初级中学三学年学习；《孟子》"政见精核"④，共 36589 字，《左传》篇幅甚大，内容无所不包，建议分类节选，因此安排在高级中学三学年学习。大学以上则"宜就性之所近，专治一经，精通之后，再治他经"。⑤

第二，在科目方面，经学完全可以与现代学校教育的文学、政治学、教育学、外交学等专门知识沟通。在唐文治看来，经学提供的是

---

① 唐文治：《读经条议》，《茹经堂文集四编》（沈云龙主编《近代中国史料丛刊续编》第 4 辑第 33 种）卷四，台北：文海出版社 1974 年版，第 1607 页。
② 唐文治：《读经条议》，《茹经堂文集四编》（沈云龙主编《近代中国史料丛刊续编》第 4 辑第 33 种）卷四，台北：文海出版社 1974 年版，第 1606 页。
③ 唐文治：《读经条议》，《茹经堂文集四编》（沈云龙主编《近代中国史料丛刊续编》第 4 辑第 33 种）卷四，台北：文海出版社 1974 年版，第 1606 页。
④ 唐文治：《读经条议》，《茹经堂文集四编》（沈云龙主编《近代中国史料丛刊续编》第 4 辑第 33 种）卷四，台北：文海出版社 1974 年版，第 1607 页。
⑤ 唐文治：《读经条议》，《茹经堂文集四编》（沈云龙主编《近代中国史料丛刊续编》第 4 辑第 33 种）卷四，台北：文海出版社 1974 年版，第 1609 页。

唐文治与学堂经学的改革

包括文学、政治学、教育学、外交学等各种知识的中国视角,其中皆有大义可考。唐文治建议从初级中学阶段开始读《诗经》《左传》等经书的分类选本。分类的目的是试图与现代科学的专门知识进行对应。例如,他建议高级中学三学年读《左传》选本,因为"《左传》为礼教大宗,旁逮外交等学,无所不备"①。在唐文治看来,《左传》以其百科全书式的丰富内容,堪称"无所不备",完全可与现代教育的各科对应。事实上,唐文治自编的《左传》选本就分为礼教、政治、国际、兵事、讽谏、文辞、纪事、小品八类,其中政治、国际、兵事、文辞、纪事,便可以与现代教育分科中的政治、外交、军事、文学、史学等科目对应。经过这一转换,经学绝不是过时的古书,而是蕴含与现代科学类似的专门知识及其大义。

4.《香港孔道学院演讲录》《读经史子集大纲及分类法》

抗战期间,唐文治继续积极提倡读经。《香港孔道学院演讲录》和《读经史子集大纲及分类法》是两篇演讲稿,都发表于1938年。《香港孔道学院演讲录》云:

> 十三经博大精深。约言之,当先读《孝经》《论语》《孟子》《大学》《中庸》。人未有不孝弟而可以为人者,亦未有不孝不弟而可以办事业、治百姓者,故《孝经》为人生必读之书,《论语》要义在学、仁、政三字,有深有浅,当分析研究,修己治人之道毕具于是。《孟子》言政治学最精至痛切,尤要者曰"性善",非谓闭门静修也,尽力于忠信孝弟礼义廉耻,善己之性,乃可以善国性,故告滕文公曰"可以为善国"。《大学》作于曾子,《中庸》传自子思。《大学》注重在格物,当通达人情物理世变,道为体而艺为用,内修归于诚意。《中庸》亦以至诚无息为本,盖诚伪之界即人心生死之别,诚者人心之生理,诈伪欺罔则其心死矣。五经曰《周易》,曰《尚书》,曰《诗经》,曰《礼

---

① 唐文治:《读经条议》,《茹经堂文集四编》(沈云龙主编《近代中国史料丛刊续编》第4辑第33种)卷四,台北:文海出版社1974年版,第1607页。

记》,曰《春秋三传》。以上鄙人于《诗经》《礼记》《左传》皆有分类读本,治《左传》较易,以军事、外交两类为要。①

该文分别读经次第,以《孝经》及"四书"为首,而以"五经"居后。"五经"只举《周易》《尚书》《诗经》《礼记》《春秋三传》,《仪礼》《周礼》则未提及,更没有提到《尔雅》。之所以以《孝经》及"四书"居首,是因为"人未有不孝弟而可以为人者,亦未有不孝不弟而可以办事业、治百姓者",因此必以《孝经》为首。入孝出弟,然后可以进而讲求"修己治人之道"。唐文治建议宜从《论语》入手,因为"修己治人之道毕具于是"。当然,《论语》的"修己"与"治人"之道只是大纲,想要更深入地探求"修己治人之道",当继续研读《孟子》《大学》《中庸》。其中,《孟子》"言政治学最精至痛切",偏于"治人";《大学》"内修归于诚意"、《中庸》"亦以至诚无息为本",偏于"修己"。这种分判,也隐然是以"修己""治人"为进阶读经之两门。至于"五经",则未言次第。若不以专经自限,而欲贯通,则"五经"中亦有次第可分,唐文治认为宜从《左传》入手,因为"治《左传》较易"。盖《左传》争议较少,内容较详实,义理较显,故曰"较易"。

《读经史子集大纲及分类法》的内容与《香港孔道学院演讲录》颇有重合之处。区别只是《读经史子集大纲及分类法》依经、史、子、集四部分别介绍,而《香港孔道学院演讲录》则分经学、性理学、文学、品行四类介绍,其中经学部分的介绍基本一致。此处不再赘述。值得指出的是,唐文治在香港孔道学院和上海交通大学的公开演讲,经学部分的内容基本吻合,这说明他晚年宣讲读经大致已经形成固定的讲法,《读经史子集大纲及分类法》《香港孔道学院演讲录》可代表他晚年的读经见解。此后,唐文治事实上也未再提出更详密、完备的表述。

---

① 唐文治:《香港孔道学院演讲录》,《茹经堂文集五编》(沈云龙主编《近代中国史料丛刊续编》第4辑第34种)卷二,台北:文海出版社1974年版,第1899页。

二 决定读经次第的原则

接下来,我们探讨唐文治用来决定读经次第的原则。这里有两点需要予以分析:第一,所谓"读经次第",具体包括哪些经典?第二,决定这些经典研读次第的原则是什么?

先讨论第一点。《无锡国学专修馆学规》提到:"吾国十三经,如日月之丽天,江河之行地,万古不磨,所谓国宝是也。"[①] 但是,在具体论述中,只着重提出《孝经》《孟子》《三礼》《尚书》,对于读经次第的指导不够具体。《施刻〈十三经读本〉序》涉及面较广,主要论述了《孝经》《尔雅》《论语》《孟子》《易经》《三礼》《尚书》《左传》,共十种经典,只有《诗经》《公羊传》《谷梁传》没有提及。《读经条议》尤为全面,着重论述《孝经》《论语》《诗经》《孟子》《左传》五种经典,其余《尔雅》《礼记》《仪礼》《周礼》《易经》《尚书》《公羊传》《谷梁传》八种,则列入大学及研究院的"专经之学"。《香港孔道学院演讲录》《读经史子集大纲及分类法》都以《孝经》及"四书"为读经之始,而以"五经"居后。"五经"只举《周易》《尚书》《诗经》《礼记》《春秋三传》七种,《仪礼》《周礼》《尔雅》三种则未提及。

不难发现,唐文治虽然多次使用"十三经"的通称,但在具体的读经指导中却往往只强调其中几种。这就是说,"十三经"并非总能构成一个不可分割的学术系统。与此同时,在前述五篇文献的读经次第论述中,如《孝经》《孟子》《三礼》中的《礼记》等,都被着重予以强调。这说明,尽管"十三经"并不构成一个不容分割的学术系统,但其中却有其核心或稳固的部分,也即是所谓"经学"的必读部分。基于特定的读经次第,这些经典可以构成一个义理系统。

现在讨论第二点。在《无锡国学专修馆学规》的十条学规中,"躬行"与"辨义"两条在义理上实居于基础地位,约相当于行、知

[①] 唐文治:《无锡国学专修馆学规》,《茹经堂文集一编》(沈云龙主编《近代中国史料丛刊续编》第4辑第31种)卷二,台北:文海出版社1974年版,第195页。

第四章 唐文治的经学思想

二门。唐文治在该文中对读经次第的指导即以此作为义理依据。"躬行"之本在"孝弟",故首重《孝经》;"辨义"之要在"义利之辨",故并重《孟子》。这就是说,读经当以《孝经》《孟子》为首。由"孝弟"推广到家庭以外,则"躬行"的规约重在《三礼》;由"义利之辨"推广到政治,则"辨义"的资鉴重在《尚书》。故《学规》又特别表彰《三礼》和《尚书》。其背后的逻辑在于:"救民命"的学术基础是"修己治人之务",其根本在"正人心",而"正人心"的根本则在"躬行"与"辨义"功夫。因而,一切学术都应秉持"修己治人"的根本目的,分"躬行""辨义"二门建立起治学次第。同理,读经次第亦是如此。所谓"修己治人",也就是他一再提倡的"正人心,救民命"的经学宗旨。这说明,他决定读经次第的原则建立在其"正人心,救民命"经学宗旨的基础之上。

《施刻〈十三经读本〉序》的情况与此大同小异。在"修己治人"的鹄的、"躬行""辨义"的入手功夫两点上,与《学规》并无不同。区别只在于,唐文治在此序中还强调了"识字"的训练。因此,除了《论语》《孝经》《孟子》,他也特别提出要先研读《尔雅》,这是因为"《尔雅》则识字之本也"[①]。在识字的基础上,进阶的读经教育可分为"修己""治人"二门。根据唐文治的判摄,《易经》《三礼》偏重"修己",《尚书》《左传》偏重"治人"。籀绎其背后的逻辑,与《学规》大旨无异,只是该文专讲读经,较《学规》通论治学,泛讲经学、理学、文学、政治学等,更见详密罢了。而且,该文在义理次第的考虑之外,还兼顾了读经的先备知识。可以说,这是在义理次第之外还兼顾了知识的层面。

《读经条议》在义理次第的原则以外,有更多知识层面的考虑。一方面,《读经条议》依然注重义理次第。首读《孝经》,因为《孝经》"教爱敬之原,立养正之本"。次读《大学》《论语》,因为《论语》"莫非修己治人之要"、《大学》"所说格致修齐治平,自内达外,推及于平天下"。再读《诗经》《孟子》。唐文治认为,《诗经》"温

---

① 唐文治:《十三经读本》"自序",上海人民出版社2015年版,第7a页。

唐文治与学堂经学的改革

柔敦厚,足以涵养性情,考见政治风俗"①,虽涉政治,但毕竟偏重于"修己";《孟子》"尊重民权,民贵君轻,用人取舍,壹顺民之好恶,惟其严公私义利之辨,故其政见精核如此"②,虽重修养,尤断断于"治人"。如此,则仍是"修己""治人"两门并进的治经格局。尤其值得注意的是,唐文治建议从初级中学阶段开始读《诗经》《左传》等经书的分类选本。所谓"分类选本",就包括政治、军事、外交等门类,其旨趣显然是试图将经学与现代学科进行会通与对应。

《香港孔道学院演讲录》《读经史子集大纲及分类法》的读经次第论与《读经条议》大体一致。同样首读《孝经》,因为"人未有不孝弟而可以为人者,亦未有不孝不弟而可以办事业、治百姓者"③。次读《论语》,因为"修己治人之道毕具于是"④。再读《大学》《中庸》与《孟子》,分别代表"修己"与"治人"二门。由此而上,可治"五经"。他建议参考他编撰的《诗经》《礼记》《左传》分类读本。这与《读经条议》强调对《诗经》《左传》进行分门别类,与现代科学专门知识进行沟通的思路一致。联系起来观察,《读经条议》《香港孔道学院演讲录》《读经史子集大纲及分类法》反映了一个总的趋势,即唐文治在注重"修己治人"的大义以外,开始兼顾经学与现代科学知识的会通。从学程的设置角度看,会通的起始时间一般设定在中学阶段,即已经读完《孝经》与"四书"之后。揆其用意,当是认为在掌握经书中"修己""治人"的大义以后,可以再参考现代科学分类,对经书的专门知识进行重新发掘和会通。

---

① 唐文治:《读经条议》,《茹经堂文集四编》(沈云龙主编《近代中国史料丛刊续编》第4辑第33种)卷四,台北:文海出版社1974年版,第1607页。

② 唐文治:《读经条议》,《茹经堂文集四编》(沈云龙主编《近代中国史料丛刊续编》第4辑第33种)卷四,台北:文海出版社1974年版,第1607页。

③ 唐文治:《香港孔道学院演讲录》,《茹经堂文集五编》(沈云龙主编《近代中国史料丛刊续编》第4辑第34种)卷二,台北:文海出版社1974年版,第1899页。

④ 唐文治:《香港孔道学院演讲录》,《茹经堂文集五编》(沈云龙主编《近代中国史料丛刊续编》第4辑第34种)卷二,台北:文海出版社1974年版,第1899页。

三 结论

在唐文治看来，经学是一门独立的"学"，经学具有内在的体系，因此读经具有内在的次第。早在《无锡国学专修馆学规》中，唐文治即已指出经学的旨趣是"抉其大义，以为修己治人之务"，这意味着，"经学"就是修己治人的大义。换言之，经学之所以能构成一个学术系统，不是说十三经构成一个不可割裂的知识体系，而是说十三经中存在一个"修己治人"的义理系统。这个系统，又可判摄为"修己""治人"两门。在唐文治看来，除了《尔雅》重在"识字"，是读经的基础训练外，其余十二经都可判入"修己""治人"或总义三门。例如，《易经》《三礼》偏重"修己"，可判入"修己"门；《尚书》《左传》偏重"治人"，可判入"治人"门；《论语》"修己治人之道毕具于是"，则可判入总义门。本节对唐文治读经次第及其背后原则的分析表明，尽管表述互有出入，但都贯穿着这种三门判摄的共同识见。

问题是如何理解作为修己治人大义的经学，这些"大义"究竟是一套道德教育，还是一套知识教育呢？换言之，经学是一套道德教育的"学"，还是一套知识教育的"学"？对于现代人而言，这个问题非常关键。因为，现代科学通常被认为是专门的"知识"及其相应的方法[1]，如果经学也是如此，则经学完全可拆分到科学门类中去，从而丧失独立的价值；如果经学是不同于科学的一套道德教育或价值

---

[1] David C. Lindberg 指出"科学"的定义主要有两种方式：第一，在知识论上，科学必须能够用经验的方法尤其是实验方法所检验。第二，在内容上，科学是关于物理学、化学、生物学、地质学、人类学、心理学等专门知识的研究。即"define by its methodology or epistemological status"与"define by its content"。参见 David C. Lindberg, *The Beginnings of Western Science: the European Scientific Tradition in Philosophical, Religious, and Institutional Context, Prehistory to A. D. 1450*, University of Chicago Press, 2007, pp. 1 – 2。Arthur N. Strahler 也采用两个方式对"科学"进行定义，一是科学本身是一种知识（"a category of knowledge"），二是科学是获取知识的一种方法（"a method of obtaining knowledge"）。这与 David C. Lindberg 的定义基本一致。参看 Arthur N. Strahler, *Understanding Science: An Introduction to Concepts and Issues*, Prometheus Books, 1992, pp. 7 – 10。

唐文治与学堂经学的改革

教育，那么，它就仍然可以保持其作为一种独立的"学"的资格。这种源于科学的挑战，并不只是针对中国经学，即便西方的哲学与宗教近代以来也面临类似的挑战。但是，事实证明不管科学如何日趋专门与发达，哲学与宗教依然维持着各自的学术领地。

然而，唐文治在这个关键问题的理解上表现出一种模棱。或者说，他并没有能够对经学进行清楚的定性。一方面，唐文治将经学视为一套道德教育。他曾明确指出《孝经》《大学》《论语》《诗经》《孟子》《左传》《礼记》等经典是"性情道德教育，为涵养国民陶淑国性之具"①。这些经典在他的分判中，大都属于"修己"门。也就是说，他实际上是将"修己"一门的经典解释为一套道德教育。另一方面，唐文治又隐约地将经学视为中国古代的知识教育。只不过，这套知识教育不一定与现代科学门类完全吻合，而具有独特的中国视角。例如，他撰有《诗经》《礼记》《左传》分类读本，其中《左传》选本就分为礼教、政治、国际、兵事、讽谏、文辞、纪事，其中政治、国际、兵事、文辞、纪事，多数门类都可与现代学科分类对应，而特立礼教一门，显然表现了独特的中国视角。这些经典不限于"治人"一门，但从分类看，则显著地偏重于"治人"。尽管唐文治没有明确阐述他分类治经的原则，但这种重视发掘经书中专门知识的治经旨趣，明显地体现在《读经条议》中，其后在《香港孔道学院演讲录》《读经史子集大纲及分类法》中又继续提倡。不难看出，唐文治一方面将经学视为一套道德教育，类似于西方的哲学与宗教；另一方面又将经学视为一套知识教育，可与西方的科学会通。经学于是依违在二者之间，不能明确定性，从而使得经学在现代学术定位中长期处于一种身份不明的尴尬境地。

还必须附带地指出，唐文治试图将经学重构为中国古代的科学时，他的转换并不十分成功。首先，他没有接受新式现代教育，虽然曾经出洋考察，但毕竟只是走马观花，未曾深入西方科学的堂奥。其

---

① 唐文治：《论读经分类删节法》，《国专月刊》第五卷第三号。

第四章 唐文治的经学思想

次,"新文化运动"期间,他已近于双目失明①,这也严重影响了他对新知的吸收。尽管他的《诗经》《左传》分类读本尝试与现代政治学、社会学、外交学等进行会通,但由于自身科学知识的瓶颈,事实上很难与西方科学进行实质性的沟通或深层次的回应,结果只能是"显得新旧杂陈""在叙述具体内容的时候也是很少运用西方的自然科学和社会科学知识"②。再次,即便就传统经学而言,由于他长期偏重理学,虽然也兼涉汉学著作,但对于群经的名物制度毕竟没有下过长期的考据功夫,因而对于专门知识的分类挖掘也不能做得充分。例如,唐文治晚年撰写《礼记大义》,认识到"正人心"不只是一个道德心性问题,还需要礼仪制度的配合,因此他在"治七情、明十义"之外也注意到"修七教、慎九容"的重要性,但由于他长期以来对于《周礼》《仪礼》重视不够,此书最终还是偏在义理方面,在具体礼制知识方面缺乏系统研究。③ 又如,在政治学方面,他著《洪范大义》提出君主政体、民主政体都不必然背离或保证"共和"的实现,认为"共和"的要义是"君民合为一体",亦即政府与人民合为一体。众所周知,用法律与制度限制君权或政府职权历来是儒家政治学的一个难题。④ 那么,如何确保"君民合为一体"的伦理政治得以实现而且不容易变质?他却无法基于经书提出具体的制度设计。对于经书中的专门知识梳理不足,对于制度及技术层面探究薄弱,这严重减损了唐文治重构现代经学的成绩。

---

① 陆阳:《唐文治年谱》,上海三联书店2013年版,第244页。
② 张晶华:《唐文治学术思想研究》,硕士学位论文,山东师范大学2006年,第9页。
③ 唐文治治《礼记》的做法是"发明《礼记》四十九篇大义,以谂当世,深愿吾书一出,人命于是固,人心于是正,国体于是尊,国性于是淑。"全书除卷首外,即依四十九篇之次,依次撰写各篇大义。偶附礼制、文法、辨伪方面的考证,例如《檀弓上》篇大义后即如此,但仅限于极少数篇章,礼制方面的考证并不多。引文参见唐文治《礼记大义》"自序",无锡国学专修学校1933年刊本,第6页。
④ Daniel K. Gardner, *Confucianism: A Very Short Introduction*, Oxford University Press, 2014, p. 99.

第五章　唐文治的经学实践

第一节　经学在现代学术中的艰难定位
——唐文治与无锡国专的课程改革

在中国古代学术传统中，经学长期居于"四部之学"的首要地位，但晚清以降遭到西来"七科之学"①的冲击，经学的学术定位受到强烈挑战。对于晚清民国之际的中国学者而言，经学的现代价值与学术定位成为一个重要的学术问题。尽管民国以后，教育部废除大学经学科②，但这一问题并未因为教育行政的干预而一劳永逸地解决。事实上，现代教育是否还需要保留经学课程？经学课程适用于大学、

---

① 所谓"七科之学"，是指民国成立后教育部确立文、理、法、商、医、农、工七科的大学学制。其来源主要是日本节、法、医、格致、农、工"六科分立"的大学学制，张百熙1902年奏定的《钦定学堂章程》分为政治、文学、格致、农业、工艺、商务、医术七科，其中政治科包含政治学和法律学，相当于日本大学的法科，他实际上只是在日本"六科分立"学制的基础上增加商务科。张之洞等1904年制定的《奏定学堂章程》采纳"八科分学"学制，是在张百熙"七科设学"的基础上增设经学科。民国成立后，教育部规定大学取消经学科，于是又回到张百熙"七科设学"的学制，只是将格致科改名为理科而已。可见，民国改元后确立的"七科之学"主要是承自张百熙的"七科设学"。至于民国"七科设学"与日本大学学制的关系，参见左玉河《从四部之学到七科之学——学术分科与近代中国知识系统之创建》，上海书店出版社2004年版，第185页。中国在甲午战前曾一度属意英美学制，而甲午战后则更重视日本学制，民国"七科设学"以日本"六科分立"的大学学制为蓝本，即起源于此。参见 Chan–Fai Cheung & Guangxin Fan, "The Chinese Idea of University, 1866–1895", in Ricardo K. S. Mak ed., *Transmitting the Ideal of Enlightenment: Chinese Universities Since the Late Nineteenth Century*, University Press of America, 2009, pp. 23–34.

② 《教育部公布大学令》，《教育杂志》第4卷第10号（1912年10月）。第二条规定大学分为文、理、法、商、医、农、工七科，在1904年颁布的《奏定学堂章程》基础上取消了经学科。

第五章　唐文治的经学实践

中学抑或小学？经学在现代学校课程中如何定位？这些问题都在民国"读经问题"的讨论中引发广泛争议。① 唐文治在民国"读经问题"的讨论中是力主读经的一位代表人物。自然，经学的现代学术定位也是唐文治必须面对和响应的问题。

然而，经学的现代学术定位不只是一个学理问题，更是一个实践问题。相较于晚清经学的殿军人物康有为、章太炎，尝试恢复传统书院教学的马一浮，或加盟现代大学的王国维、熊十力等，唐文治在经学教育的体制改革方面进行了更多的实践探索。唐文治曾担任邮传部上海高等实业学堂监督，并参与创办无锡国专和无锡中学等。尤其是无锡国专，曾是民国国学教育的一座重镇。② 尽管他的经学实践并不限于教育，而是贯穿在他早年的政治生涯中，但他自觉提出"读经救国"论，倡导经学，却是从教以后的事。他的教育实践始于晚清学堂。1907年，唐文治出任邮传部上海高等实业学堂监督，并在其中推行国学教育，经学课程也包括在内。与其他晚清学堂一样，邮传部上海高等实业学堂秉持的教育理念也是"中体西用"。上任伊始，唐文治在给邮传部商定教育宗旨的公函中申明这一点：

---

① 何炳松主编的《教育杂志》于25期5号（1935年5月10日）刊出"全国专家关于读经问题的意见"专辑，同年出版《读经问题》单行本。何氏根据该刊收到的约70余份全国专家学者的"读经问题"书面意见。在编序中，何氏指出"若是把读经当作一种专家的研究，人人都可赞成"，即普遍赞成在高等教育中保留经学课程；然就中小学应否读经一点，则存在绝对赞成、相对赞成和绝对反对三种意见。参见蔡元培等著《读经问题》，上海商务印书馆1935年版，第2—3页。

② 学者谈及民国的国学教育，往往将无锡国专与清华国学院相提并论。例如，陈柱认为"近来各处多有国学研究院、国学专修馆之设，……最足以注意者，莫若无锡之国学馆及清华大学之研究院。"参见陈柱《设立国学研究院之我见》，中国学术讨论社编著《中国学术讨论第一集》（《民国丛书》第3编第81册），上海书店1991年版，第161页。厦门大学谢泳教授近年致力于民国大学的研究，也将两校相提并论，认为"这两个国学教育机构一为国立、一为私立，而且都没有长期维持下来，它们的中断也预示了国学研究的最后命运。这两个国学教育机构，前后兴起的时间恰好有一段学术上的连续性，正是这种连续性，延续了国学研究的生命。"参见谢泳《从无锡国专到清华国学研究院》，《文汇报》2003年1月27日。

唐文治与学堂经学的改革

> 大要在造就专门人才，尤以学成致用振兴全国实业为主，并极意注重中文以保国粹。自小学以至中院，自中院以至上院专门，所有中西文课本皆定预算，务使循序渐进，先后联络一气，无躐等、无重复，俾成完全教育。各职员规条务以本身作则为宗旨，各学生规条专以敦崇品行为宗旨，务本而勿庸逐末，治表而益以近里，为此实行数年，庶几体用并备之士出乎其中。①

该文一面强调西方的实业教育，一面强调"注重中文以保国粹"，显然是以中西对举。他认为这样才是"完全教育""体用并备"。无疑，他是以"中文"为"体"，而以"实业"为"用"。另外，他强调"以敦崇品行为宗旨"，这是他作为理学家的一贯立场。"敦崇品行"的学术基础无疑是中文国粹的熏陶，而不是实业教育，这与他提出的"以理学为体，以洋务为用"的说法可谓同条共贯。总之，他认为"中文"或"国粹"在教育政策上应居于根本原理（原则）的地位，而实业教育则是在此前提下的具体应用，这显然是"中体西用"论的观点。②

在课程设置上，唐文治也力图结合"四部之学"与"七科之学"。邮传部上海高等实业学堂重视专门工科教育，在唐文治长校之

---

① 唐文治：《咨呈重订章程和宗旨》，刘露茜、王桐荪编《唐文治教育文选》，西安交通大学出版社1996年版，第19页。

② "中体西用"是"中学为体，西学为用"的省略语，常被认为是洋务运动的基本理念。参见陈旭麓《论"中体西用"》，《历史研究》1982年第5期。"中西"对举，则是"鸦片战争"以后中国遭遇西方文化冲击的产物。不少学者都注意到"中体西用"并不是一个哲学概念，而是应对西方冲击的"文化政策"或"接受西用或改革的蓝图"。参见谭丕谟《清代思想史纲》，上海古籍出版社2013年版，第76页；薛化元：《晚清"中体西用"思想论（1861—1900）》，台北：弘文馆出版社1987年版，第231页。在"中体西用"论述中，"体用"既不是形体与作用的关系，也不是本体与功能关系，而是指在文化政策或教育政策上根本原理（原则）与具体应用的关系。参见葛荣晋《中国哲学范畴通论》，《葛荣晋文集》第四卷，社会科学文献出版社2014年版，第312页。

前唯铁路专科略已成型，唐文治上任后增设电机、邮政、航海三科。①课程设置以理、工科的专业课程为主。② 显然，该校采用的是"七科之学"的框架，只是限于工科大学的定位，专重理、工二科罢了。1908 年，为加强国文教学，唐文治增设国文科，而且要求各专科学生必修国文。③ 所谓"国文"，讲授的内容其实包括古文、经学和诸子。④ 唐文治的意图很明显，他是试图在"七科之学"的基础上，补足并加强"四部之学"课程。

无锡国专创办于 1920 年，明揭"国学"徽帜，尤为引人注目。现有的三本有关唐文治教育研究的专著中就有两本专门研究无锡国专，只此一点，已可窥豹一斑。更值得注意的是，目前学界的主流看法如陈平原、吴湉南、唐屹轩的研究都是从"传统书院的现代转型"的视野来看待无锡国专的教育实践。⑤ 笔者认为，这种看法值得商榷。这不仅是因为唐文治国学教育的实践是始于晚清学堂的事实，更是因为无锡国专的教育理念、课程设置等都带有鲜明的晚清学堂的烙印。余子侠就注意到，邮传部上海高等实业学堂与无锡国专在国学教育实践上具有连续性。⑥

这种"连续性"正是本节探讨的重点。余先生的上述关注只是将

---

① 1907 年，将原铁路工程班改为铁路专科；1908 年，增设电机、邮政二科；1909 年，增设航海专科。参见上海交通大学校史编纂委员会编《上海交通大学纪事 1896—2005》上卷，上海交通大学出版社 2006 年版，第 54—61 页。

② 1911 年拟定的《邮传部上海高等实业学堂章程》载有该年度铁路、电机、航海三科详细课程与课时，除了"国文"课程与外文课程，其余都是理、工科课程。参见《交通大学校史》撰写组编《交通大学校史资料选编 1896—1927》第一卷，西安交通大学出版社 1986 年版，第 202—208 页。

③ 唐文治：《正课以外拟设国文补习课》，刘露茜、王桐荪编《唐文治教育文选》，西安交通大学出版社 1996 年版，第 33 页。

④ 唐文治：《〈工业专门学校国文成绩录〉序》，《茹经堂文集二编》（沈云龙主编《近代中国史料丛刊续编》第 4 辑第 32 种）卷五，台北：文海出版社 1974 年版，第 809 页。

⑤ 陈平原：《传统书院的现代转型——以无锡国专为中心》，《现代中国》第 1 辑，湖北教育出版社 2001 年版，第 197—213 页；吴湉南：《无锡国专与现代国学教育》，安徽教育出版社 2008 年版，第 13—17 页；唐屹轩：《无锡国专与传统书院的转型》，台北："国立"政治大学历史学系 2008 年版，第 60—73 页。

⑥ 余子侠：《工科先驱 国学大师——南洋大学校长唐文治》，山东教育出版社 2004 年版，第 195—213 页。

唐文治与学堂经学的改革

其视为唐文治由工科教育转入国学教育的一个背景，说明他的转型并不突兀，而不在剖析晚清学堂对于无锡国专教育理念与实践的影响。然而，就本节旨在探讨的经学定位而言，此影响的深入剖析实具有重要意义，因为这涉及到唐文治在传统经学的现代转型中究竟选择了何种模式，是完全顺应民国以后的"七科之学"模式，牢固坚守传统书院的"四部之学"模式，还是像晚清学堂那样试图调和"四部之学"与"七科之学"的模式？抑有进者，现代学校中经学课程的设置实质上关涉到经学在现代学术中的定位问题。有鉴于此，本节尝试以经学课程为切入点探讨上述问题，着重分析无锡国专的课程改革，特别是经学在现代学校课程中定位的嬗变。

一 无锡国学专修馆时期的国学课程

无锡国专在创办之初定名为"无锡国学专修馆"。就现有资料来看，专修馆最初并无严格的课程设置。据1920年《国学专修馆招考师范生简章》："毕业年限：三年毕业，专课本国经学、文学、理学，至第三年习公牍文字。"① 简章强调专课经学、文学、理学，但没有提供具体的课程设置和课时安排。专修馆最初的教员只有唐文治和同门朱文熊二人，"唐文治亲自为学生授课，每日一节，讲授《论语》《孝经》《孟子》等。请朱文熊为教习，讲授子学、文选及小学，并请陆景周为助教。"② 唐文治讲授的重点是经学，教材是《论语》《孝经》《孟子》等，至于"每日一节"时间是否固定、课时几何，则不得而知。朱文熊讲授的内容主要是理学、文学，据钱仲联回忆："朱叔子先生教理学是讲张履祥、陆陇其的专集，讲古文用《古文辞类纂》，讲诗用《唐宋诗醇》，讲诸子自编《庄子新义》。"③ 由此看来，

---

① 《国学专修馆招考师范生》，《新无锡》1920年12月2日。
② 陆阳：《唐文治年谱》，上海三联书店2013年版，第261页。据唐文治《自定义年谱》，"一节"当为"二节"之误，但《自定义年谱》未记载朱文熊所开课程。参见唐文治著，唐庆诒补《茹经先生自定义年谱正续篇》（沈云龙主编《近代中国史料丛刊三编》9辑第90种），台北：文海出版社1986年版，第81页。
③ 钱仲联：《无锡国专的教学特点》，《江苏文史资料选辑》第19辑，江苏古籍出版社1987年版，第80—84页。

第五章　唐文治的经学实践

唐文治和朱文熊开设的课程主要是经学、理学和文学，这贯彻了《无锡国学专修馆学规》的主张①，只是没有严格的课程规定而已。

唐文治毕业于南菁书院，有人认为专修馆时期的国专课程也是承自南菁书院。国专毕业生陈振岳便指出："课程设置和教学方法，早期大致上是以书院作为模式，这与先生曾肄业于南菁书院有关。"②这个说法是否可信呢？要解答这个疑问，就必须先了解专修馆的课程设置与教学方法以及所谓"书院的模式"，然后才能进行判断。最直接的办法莫过于将国专课程与南菁书院的课程进行对比。

南菁书院也没有严格的课程设置，但规定了课程重点。南菁书院由时任江苏学政的黄体芳创建于光绪八年（1882），次年，黄邀请张文虎就任院长，但只到任四个月，张即因疾归里。1884年，礼聘黄以周继任院长。1888年，新任学政王先谦增聘缪荃孙为院长，由黄以周主持经学，缪荃孙主持古学。由此可知，南菁书院的课程是以经学、古学为主。录取学生亦以此为准绳，"每年正月，由学政分经、古两场甄别录取。经学则性理附焉，古学则天文、算学、舆地、史论附焉。"③据南菁毕业生赵椿年回忆，"书院首次甄别……甄别经学，首选忘其为何人；古学题为《七洲洋赋》，刘葆真首列，其时尚名毓麟，后改可毅。"④可知所谓"古学"，主要就是古文词章之学。南菁书院重视经学与古文词章，而以理学作为经学的附属，以天文、算学、舆地、史论作为古学的附属。无锡国学专修馆也重视经学与文学，而以理学作为经学的附属，以《庄子》等作为文学的附属，就课程的重点而言，的确是继承了南菁书院的办学旨趣。

然而，南菁书院重视经、古的办学旨趣未能长期维持下去。1894

---

① 唐文治：《无锡国学专修馆学规》，《茹经堂文集一编》（沈云龙主编《近代中国史料丛刊续编》第4辑第31种）卷二，台北：文海出版社1974年版，第195—200页。按：《学规》特标举经学、理学、文学和政治学。

② 陈振岳：《浅谈无锡国专办学的特色》，苏州大学编《唐文治先生学术思想讨论会论文集》，苏州大学校长办公室1985年版，第50页。

③ 陈思修、缪荃孙纂：《江阴县续志》（《中国地方志集成·江苏府县志辑》第26册）卷六，凤凰出版社2008年版，第91a页。

④ 赵椿年：《覃覃斋师友小记》，《中和月刊》卷2第3期（1941年）。

| 唐文治与学堂经学的改革

年，龙湛霖继溥良出任江苏学政。他于光绪二十三年（1897）奏报书院肄业生员的奏折中称：

> 江阴旧有南菁书院，归学政臣主政，为通省举贡生监肄业之所，其课程尚分经义、词章、算学三门。方今时事艰难，算学尤为急务。臣到任后，于算学之中，分别电、化、光、重、汽机等门，饬在院诸生，即向以经义词章名家者，亦必各兼一艺。①

可见，在龙湛霖任上，南菁书院已经进行课程改革。改革的重点是使从前附属于古学的算学独立出来，并将其分为电、化、光、重、汽机等门，而且特别强调"算学尤为急务"，"即向以经义词章名家者，亦必各兼一艺"。这实际上抬高了西学在课程中的比重和地位，同时改变了南菁书院创建时首重经学和古文词章的旨趣。此外，龙湛霖对南菁书院的课程改革也明显表现出调和"四部之学"与"七科之学"的努力。

若将其与专修馆时期的国专对比，显然可见唐文治遵循的是南菁书院早期的课程，而不是后期增设西学之后的课程。不但如此，专修馆的古文词章课程完全排除了天文、算学、舆地等附属内容，而附属于经学的理学课程则得到更多的强调。

这就出现一个耐人寻味的问题：唐文治此前积极提倡新式教育并被誉为中国工科教育的先驱②，后来却致力维护纯粹的"国学"教育而且不接受西学的混合。这是为什么呢？

其实，唐文治原本并不反对中西学混合。1899年，他就主张："今日之势，与其使西学淆乱吾中学，而士林被涂炭之灾；何若使中学囊括乎西学，斯吾道尚不至于有绝灭之惧。"③上文提到，唐文治

---

① 张寿镛编：《清朝掌故汇编·内编》（《近代中国史料丛刊三编》第十三辑）卷四十一，"学校四·书院"，台北：文海出版社1986年版，第3308页。
② 说本余子侠《工科先驱　国学大师——南洋大学校长唐文治》书名。
③ 唐文治：《与友人书》，《茹经堂文集二编》（沈云龙主编《近代中国史料丛刊续编》第4辑第32种）卷四，台北：文海出版社1974年版，第719页。

第五章　唐文治的经学实践

秉持的是晚清学堂"中体西用"的办学理念。该理念即试图"使中学囊括乎西学",对于"中体"的强调实际上就是要求一切西学科目都必须以中学为基础或前提,从这一理念出发,晚清学堂采用的都是中西混合课程。邮传部上海高等实业学堂也是如此,1908年,唐文治在邮传部上海高等实业学堂增设国文科,并要求铁路、电机、邮政、航海等各专科学生都必修国文科。前面说过,唐文治增设的"国文"科实则兼赅"四部之学"。这种课程设置显然是以"四部之学"为主导,并试图兼容"七科之学",实质就是唐文治所说的"使中学囊括乎西学"。可见,唐文治在容受"七科之学"一点上,起初采取的原是进取的姿态。

民国成立后,教育当局在教育政策上采取了一种越来越激进的反传统立场。民国元年(1912)废除大学经学科①,并废除小学读经科②。如此一来,在教育体制内从容调和"四部之学"与"七科之学"的宽松环境已经不复存在。这就迫使唐文治对于"七科之学"转而采取一种保守姿态。在上述反传统的教育政策下,如果再高唱"使中学囊括乎西学",显然已经不切实际;他只能退而求其次,在最低限度上要求保存"中学"。为此,他竭力呼吁教育当局爱护本国文化:

> 自西学东渐,恂愗之士,颖异标新,以为从事科学,我国文字即可置之无足重轻之数,用是十余年来各处学校国文一科,大都摭拾陈腐,日就肤浅,苟长此因循,我国固有之国粹行将荡焉无存,再历十余年,将求一能文者而不可得。曾子曰:"出辞气,斯远鄙倍矣。"国既多鄙倍之辞,安得不滋鄙倍之行?科学之进步尚不可知,而先淘汰本国之文化,深可痛也!③

---

① 《教育部公布大学令》,《教育杂志》第4卷第10号(1912年10月)。
② 《中华民国教育部普通教育暂行办法通令》,《浙江军政府公报》1912年第17期。
③ 唐文治:《函交通部致送高等国文讲义》,刘露茜、王桐荪编《唐文治教育文选》,西安交通大学出版社1996年版,第117—118页。

唐文治与学堂经学的改革

又如：

> 某生翱翱而进言曰：弟子既闻命矣。我校创设于十年以前，树风号纯朴，其于国文翘勤以求之，罔敢存菲薄之志。第今者欧化东渐，科学淡张，举凡兵、农、法、数、声、光、化、电之学，靡不肇胚佉卢，有识之士方将特辟径涂，改从象寄。先生独提而倡之，毋乃左欤？文治曰：吁！子误矣。夫木之轮囷而夭矫者，本也；水之滴汨而喷薄者，源也。生民之类，自弃其国学未有不亡者也。子独不观夫欧洲诸国乎？其竞进于文明者，则其国家、其人类强焉存焉；反是，则其国家、其人类弱焉息焉灭焉。①

由以上两则引文可知，唐文治入民国后越来越注重国学教育。这不是说他转而排斥"七科之学"，或自改故步，不再提倡工科教育，而是他盱衡时局，觉得在当时激进的反传统风气之下，保存国学比提倡科学尤为根本，也尤为当务之急。因为，在他看来，如果国学不存，则如木失其本，水失其源，国家将多鄙倍之辞与滋鄙倍之行，引进科学也将无补于衰亡。1920年，唐文治辞去上海工业专门学校校长职务，转而参与创办无锡国学专修馆，致力于国学教育，可以如是理解；专修馆的课程设置转而采取传统书院模式，竭力保守传统的"四部之学"，也可以如是理解。

二 国学教育的现实困境与国专转制

在"七科之学"的现代主流教育中维持"四部之学"的书院教育，无疑要遭遇巨大的现实困境。由于专修馆不采用现代西式学校的课程，也不接受教育部的行政管理，因而起初并未获得教育部的立案承认。这就产生两个棘手的问题：第一个棘手问题是财务问题。由于

---

① 唐文治：《〈工业专门学校国文成绩录〉序》，《茹经堂文集二编》（沈云龙主编《近代中国史料丛刊续编》第4辑第32种）卷五，台北：文海出版社1974年版，第804—805页。

第五章　唐文治的经学实践

不受教育部承认,专修馆的办学经费不能获得政府财政的支持,而只能依靠私人赞助。创办人施肇曾虽然提供了国学馆最初几年的主要费用,其后又接受无锡籍绅商孙鹤卿、杨受楣等的资助,但要长期维持教员薪金、职员薪金、建筑、办公、图书等各方面的开支,这些资助并不足够。① 1928 年,孙鹤卿去世后,这一困境更为显著。据唐屹峰统计,无锡国专在 1928 年之前收入均多于支出;1928 年收入为 15043 元,支出为 15030 元,收支基本持平;1929 年以后,则支出均高于收入,学校财政出现赤字。② 例如,1927 年 6 月,为添招新生 30 名,但"经费不敷,拟募捐以济之"③。由于无法支付教员薪金,唐文治甚至亲自写信给陈中凡,希望陈设法为国专教员叶长青谋一兼职,以补不足。④

专修馆不但没有获得教育部财政支持,反而被民国教育当局一度强行没收校舍,停止办学。1927 年,北伐军进驻无锡,一些思想激进人士认定专修馆为传播封建思想的场所,遂以无锡县行政委员会教育局的名义,勒令国学专修馆关门停办,"驱逐员生,驻扎军队,事起仓促,损失极巨。诸生临别摄影,为泣别图,星散而去,停课二月余"⑤。其后经国专同学王蘧常、蒋庭曜、崔履宸、路式遵等积极奔走,国专终于在六月份复校。不过,"馆中因军队驻扎,房屋墙壁颇有损坏。"⑥ 这无疑加重了国专的财务压力。同时,这一事件也让唐文治等看到,专修馆要继续发展,必须获得民国教育当局的认可,否则类似"依法"取缔事件还可能再次上演。于是,同年七月,校董

---

① 吴湉南:《无锡国专与现代国学教育》,安徽教育出版社 2008 年版,第 47—50 页。
② 唐屹峰:《无锡国专与传统书院的转型》,台北"国立"政治大学历史学系 2008 年版,第 97 页。
③ 唐文治著,唐庆诒补:《茹经先生自定义年谱正续编》(沈云龙主编《近代中国史料丛刊》三编 9 辑第 90 种),台北:文海出版社 1986 年版,第 111 页。
④ 吴新雷等编纂:《清晖山馆友声集》,江苏古籍出版社 2000 年版,第 60—62 页。
⑤ 私立无锡国学专修学校编:《私立无锡国学专修学校十五周年纪念刊》,"校史概略",无锡国学专修学校 1936 年版,第 2 页。
⑥ 唐文治著,唐庆诒补:《茹经先生自定义年谱正续编》(沈云龙主编《近代中国史料丛刊》三编 9 辑第 90 种),台北:文海出版社 1986 年版,第 95 页。

唐文治与学堂经学的改革

事会就决议呈请江苏省教育厅备案。①

第二个棘手的问题是学生就业问题。由于专修馆文凭没有获得教育部承认,最初的几届毕业生找工作颇为困难。据王蘧常记述,唐文治创办专修馆曾获得他的同年时任中华民国总统的徐世昌襄助,承诺"馆生毕业出路,由政府规定:甲,部曹;乙,各省县知事;丙,大中学教师。"②但是,专修馆开办不到两年,徐世昌就被迫辞去总统职务。于是,当1924年专修馆第一届学生毕业时,"为解决无锡国学专修馆学生毕业后工作出路问题,唐文治向北洋政府电申徐世昌前议,但终遭否决。"③结果,专修馆第一届高材生王蘧常、唐景升、蒋庭曜毕业后,也只能由唐文治推荐到他担任校长的私立无锡中学任教。④

无论是就业抑或升学,专修馆学生都要面临专业转换的困难。由于现代大学采取"七科之学"的课程设置,不设经学科,而专修馆则以经学与理学课程为重点,因此,专修馆毕业生如果要去高校任教或继续升学,就必须改行或作较大的专业转换,以满足现代大学的专业要求。以第一届毕业生为例。该届正取生24名,附课生8名,共32人。最后毕业者为27人。这些人中间有好几位后来都成为知名学者,如王蘧常、蒋庭曜、毕寿颐、唐兰、吴其昌、吴宝凌、侯堮等。他们受唐文治影响,最初都曾致力研治经学或理学,至毕业时好几位都已经完成经学专著稿本。王蘧常著有《夏礼可征》,蒋庭曜著有《前后汉书引经考》,毕寿颐著有《陈奂毛传疏补》,唐兰著有《说文唐氏注》,吴其昌著有《二程年谱》和《朱子传经史略》。⑤ 但是,后来他们都改变学术方向。王蘧常由《礼》学改攻上古史、先秦诸子,后任复旦大学中文系和哲学系教授。蒋庭曜改教古典文学,曾任上海交通大学中文系、徐州师范学院中文系教授。唐兰由《说文》改攻

---

① 刘桂秋:《无锡国专编年事辑》,中国大百科全书出版社2011年版,第71页。
② 王蘧常:《自述》,《学术集林》卷三,上海远东出版社1995年版,第290页。
③ 王蘧常:《自述》,《学术集林》卷三,上海远东出版社1995年版,第292页。
④ 刘桂秋:《无锡国专编年事辑》,中国大百科全书出版社2011年版,第49页。
⑤ 王蘧常:《自述》,《学术集林》卷三,上海远东出版社1995年版,第292页。

第五章 唐文治的经学实践

古文字学,后任东北、燕京、北京大学中文系教授①。毕寿颐本治《毛诗》,后脱离学界,以书画家知名。吴其昌、吴宝凌、侯堮后考入清华国学研究院。吴其昌师从梁启超、王国维,由理学改治学术史与宋史,后为武汉大学历史系教授;吴宝凌因用功太猛,致疾身亡;侯堮也师从梁启超,本治《易》《礼》,后改教古典文学,曾任安徽大学中文系教授。由此可知,这些专修馆高材生后来要么退出学界,要么改弦易辙,基本上都没能延续经学研究或撰写经学著作,而是转换为中文系、哲学系、历史系的专家教授,从事相关研究与教学工作。

在上述双重压力下,无锡国专被迫转制。1927年7月,无锡国专向教育部申请立案,并改名为"无锡国学专门学院"。这并非简单的改名而已,而是意味着学校编制、课程等方面的全面转制。国专毕业生陈振岳便曾指出编制方面的变化:

> 既经政府批准立案,当然就得按照法令,将学校的机构和教学的体制作调整和改变。专修馆时只有馆长、教习、助教和事务人员数人。而国学院则设院长和教务、总务等职员。教员又有教授、副教授、讲师等称谓。②

转制成功与否,需要经过一系列的验收过程。1928年3月,国民政府教育行政委员会就授权中央大学委派汪东、王瀣调查无锡国专办学状况。6月,特派俞复至无锡国专,监考三民主义。9月,又特派柳诒征、薛光锜来无锡国专调查改制情况,确定该校"条例符合,成绩优良",最终于9月20日批准立案。③ 1929年10月,教育部根据大学及专科学校组织法暨规程,因国专只有中文一系,不得称"学

---

① 唐兰后来虽然转攻古文字学,但在燕京大学期间曾代顾颉刚讲授《尚书》,并编有《尚书研究》讲义,是该届毕业生中极少仍继续从事经学研究的学者。参见王若娴《唐兰古文字学研究》,台北:花木兰文化出版社2012年版,第5页。
② 陈振岳:《无锡国学专修学校述略》,《苏州大学学报》2000年第2期。
③ 刘桂秋:《无锡国专编年事辑》,中国大百科全书出版社2011年版,第71—83页。

院",令其改名为"私立无锡国学专修学校"。① 直到 1930 年,无锡国专正式改名为"私立无锡国学专修学校",国专的转制才宣告完成。

转制的标准则是国民政府教育部颁布的教育制度。1929 年 7 月,国民政府暨教育部颁布了《大学组织法》和《专科学校组织法》,接着于 8 月又公布了《大学规程》和《专科学校规程》,开始对高等教育进行全面整顿。高等教育机构分为国立、省立、市立和私立四种。大学分科改为学院,具备 3 个学院以上者方得称为大学,否则只能称为独立学院;具备 2 个学系以上者方得称为学院,否则只能称为专科学校;专门学校改为专科学校,分为甲乙丙丁四大类。② 根据上述标准,无锡国专被认定为专科学校丁类"其他"项。相应地,学校办学宗旨、管理体制、课程设置、教学内容、毕业年限、招生人数等都必须遵照相关规定。

三 国专转制后的课程设置

在国专转制过程中,课程改革是其中的一个重点。改革的方针为"参照国立大学中国文学系各项必修、选修学程,务期本院毕业学生程度与国立各大学中国文学系毕业程度相当。实行学分制,规定三年毕业。必修、选修科至少读满百二十学分。"③ 可见,国专的课程改革主要包括设置必修课与选修课,规定课程年限,实行学分制等项,而设置的模本则是"国立大学中国文学系"即中文系的课程。

国立大学中文系的课程怎样设置呢?首先,中文系只是文学院的一个学系,文学院则是"七科之学"现代大学学制中的一个学院。在"七科之学"的大学课程框架之下,中国文学是在史学、哲学以及西方文学等其他学系的对比中彰显的一个"专科"。在这种"专

---

① 《私立无锡国学专门学院改名私立无锡国学专修学校》,陈国安、钱万里、王国平编《无锡国专史料选辑》,苏州大学出版社 2012 年版,第 18 页。
② 《增订现行教育法令大全》,张研、孙燕京主编《民国史料丛刊》第 1034 册,大象出版社 2009 年版,第 249—263 页。
③ 无锡国专编:《无锡国学专修学校概况》,无锡国学专修学校 1933 年版,第 6 页。

科"的视域中,必须对史学、哲学、西方文学具有基本的了解,才能认识自身的专业定位。其次,整个"七科之学"的大学课程具有共同的旨趣,即"研究高深学术,养成专门人才"①。事实上,蔡元培在创建民国教育部时,即已确立这一教育方针。民国元年颁布的《大学令》第一条便规定:"大学以教授高深学术,养成硕学闳材,应国家需要为宗旨。"② 蔡元培特别重视文、理两院在"七科之学"课程中的基础位置,并强调研究纯粹学理的哲学与科学是文、理两院课程的基础:

> 学与术可分为二个名词,学为学理,术为应用。各国大学中所有科目,如工、商,如法律,如医学,非但研求学理,并且讲求适用,都是术。纯粹的科学与哲学,就是学。学必借术以应用,术必以学为基本,两者并进始可。③

受现有资料的局限,1929年颁布的《大学规程》并未具体开列国立大学中国文学系的课程设置,我们目前所能详细稽考的是1913年的《大学规程》。尽管从民初到1920年代十余年间大学中文系的课程设置续有变更,各大学中文系的课程设置也并非完全划一,但民初教育部设立的《大学规程》无疑奠定了民国时期大学中文系课程的设置理念与基本框架,因此具有重要的指标意义。下面,我们就透过1913年《大学规程》对"国文学系"即中文系课程的规定来分析其设置理念。

根据1913年的《大学规程》,"国文学系"规定开设13门课程:1. 文学研究法,2.《说文解字》及音韵学,3.《尔雅》学,4. 词章

---

① 《增订现行教育法令大全》,张研、孙燕京主编《民国史料丛刊》第1034册,大象出版社2009年版,第249页。
② 《教育部公布大学令》,《教育杂志》第4卷第10号(1912年10月)。
③ 蔡元培:《爱丁堡中国学生会、学术研究会致词》,《北京大学日刊》1921年2月25日。该演讲词收入孙常炜编《蔡元培先生全集续编》,商务印书馆1991年版,第515—518页。

唐文治与学堂经学的改革

学，5. 中国文学史，6. 中国史，7. 希腊罗马文学史，8. 近代欧洲文学史，9. 语言学概论，10. 哲学概论，11. 美学概论，12. 论理学概论，13. 世界史。① 我们看到前述两个理念都得以体现：第一，突出"中国文学"的专业性。中文系必须广泛学习文学研究法、希腊罗马文学史、近代欧洲文学史以及史学、哲学课程，通过比较的视野，才能更好地认识与研究"中国文学"。第二，重视哲学课程的基础地位。考虑到美学、论理学（逻辑学）都是哲学的分支，再加上哲学概论，则哲学课程在中文系的 13 门专业课程中居然占了 3 门。很明显，这两个课程设置理念主要体现的就是民初教育部所强调"专科"和蔡元培所倡导的"高深学术"理念。

下面，我们再来看无锡国专转制后的课程设置，以下是 1928 年制定的三年制课程表：

首先，课程中新增了"党义""军事训练"课程。这是因为根据《大学规程》第二十三条："各专修科以党义、军事训练、国文、外国文为共同必修课目。"②"表 5-1"中除了未设"外国文"课程，其余共同必修课程都已开设。"党义"由邱有珍、胡念倩负责，根据孙中山遗著阐明党义。"军事训练"分为学科与术科，学科教授军事知识，术科进行军事演习，由李雪谷和黄竺初负责。"看护学"则是女同学代替"军事训练"的课程，并派往医院实习，由秦广铨负责。③

其次，仿效"国立大学中国文学系"课程，无锡国专也增设了不少新式课程。这些新式课程主要旨在加强以下两个方面：第一，突出"中国文学"的专业性。这类课程包括中国文化史、中国哲学史、文学史、西洋文学史、修辞学、文字学、音韵学、目录学、版本学等课程。这些课程既凸显了各种"中国文学"的专门训练，同时通过文化史、哲学、西洋文学等不同视野彰显"中国文学"的专业特性。

---

① 《教育部公布大学规程令》，《教育杂志》第 5 卷第 1 号（1913 年 1 月）。
② 《增订现行教育法令大全》，张研、孙燕京主编《民国史料丛刊》第 1034 册，第 255 页。
③ 私立无锡国学专修学校编：《私立无锡国学专修学校十五周年纪念刊》"教员名录"，第 1—2 页。

表 5-1　　　　　　　无锡国学专门学院课程①

学年	学期	选修或必修	课程	每周时数	学分
第一学年	第一学期	必修	党义	1	1
			军事训练	3	1.5
			散文选	4	4
			国学概论	3	3
			文字学	3	3
			文学史	3	3
			韵文选	2	2
			作文训练	2	1
			看护学	2	1.5
		选修	论语	1	1
			孟子	2	2
			国术	3	1.5
	第二学期	必修	党义	1	1
			军事训练	3	1.5
			散文选	4	4
			国学概论	3	3
			文字学	3	3
			文学史	3	3
			韵文选	2	2
			作文训练	2	1
			看护学	2	1.5
		选修	论语	1	1
			孟子	2	2
			文史通义	2	2
			国术	3	1.5

---

① 私立无锡国学专修学校编：《私立无锡国学专修学校十五周年纪念刊》"章则"，第 13—15 页。

唐文治与学堂经学的改革

续表

学年	学期	选修或必修	课程	每周时数	学分
第二学年	第一学期	必修	党义	1	1
			中国文化史	3	3
			散文选	4	4
			韵文选	2	2
			目录学	3	3
			修辞学	2	2
			作文训练	2	1
		选修	荀子	3	3
			王荆公文	3	3
			音韵学	1	1
			要籍解题	1	1
			左传	2	2
			性理学	2	2
			国术	3	1.5
	第二学期	必修	党义	1	1
			中国文化史	3	3
			散文选	4	4
			韵文选	2	2
			版本学	2	2
			作文训练	2	1
		选修	昭明文选	3	3
			毛诗	1	1
			音韵学	1	1
			要籍解题	1	1
			史记	4	4
			左传	2	2
			国术	3	1.5

续表

学年	学期	选修或必修	课程	每周时数	学分
第三学年	第一学期	必修	哲学概论	2	2
			论理学	2	2
		选修	毛诗	1	1
			礼记	1	1
			史通	2	2
			老子	1	1
			昭明文选	3	3
			韩昌黎文	3	3
			诗品	1	1
			史记	3	3
			吕氏春秋	3	3
			韩非子	3	3
			音韵学	1	1
			要籍解题	1	1
			国术	3	1.5
	第二学期	必修	中国哲学史	3	3
			西洋文学史	2	2
			教育学	2	2
			毕业论文	—	1
		选修	尚书	1	1
			周易	1	1
			尔雅	2	2
			汉书	4	4
			墨子	3	3
			孙子	1	1
			楚辞	3	3
			要籍解题	1	1
			音韵学	1	1
			国术	3	1.5

第三，重视哲学课程的基础地位。这类课程包括哲学概论、中国哲学史、论理学等课程。如前所述，突出"中国文学"的专业性和强调以哲学作为文学院各学系的基础训练乃是现代大学"七科之学"两个重要的课程设置理念。

最后，专修馆时期的"四部之学"课程依然得以保存。其中，经学课程有《论语》《孟子》《左传》《毛诗》《礼记》《尚书》《周易》《尔雅》8门，理学有性理学1门；子部有《老子》《墨子》《荀子》《孙子》《韩非子》《吕氏春秋》6门，史部有《文史通义》《史通》《史记》《汉书》4门，集部有《楚辞》《诗品》《昭明文选》《韩昌黎文》《王荆公文》、散文选、韵文选7门。如果把文字学、音韵学等传统"小学"课程也考虑在内，则全部45门课中传统"四部之学"的课程依然占据大部分。"表5-1"所示的这份课表由于要上报教育部，在设置策略上，唐文治故意将"四部之学"的课程都放在选修课程中，而将新增的新式课程都放在必修课程中，彰显"七科之学"的课程理念，以符合教育部的规定，但实际上则仍旧强调"四部之学"的教学以及经学、理学课程在"四部之学"中的基础地位。例如，《论语》《孟子》《左传》《毛诗》等都连续讲解两个学期，而多数必修课都只讲解一个学期。而且，这些经学与理学课程绝大部分都由唐文治亲自主讲。①

四　经学在转制前后课程中的定位

唐文治在专修馆时期的教育宗旨就并非培养经师。《无锡国学专修馆学规》说："昔张子讲学有《东西铭》，朱子有《白鹿洞学规》，高忠宪有《东林会约》，汤文正有《志学会约》，皆所以检

---

① 据刘桂秋《无锡国专编年事辑》，朱文熊在转制之前也曾一度教授理学与《诗经》。1929年，聘光绪二十九年进士单镇讲授《诗经大义》。1933年，聘陈鼎忠讲授经学概论。1934年，聘刘朴讲授《孟子》。1935年，聘顾实讲授《尔雅》和音韵学等。1939年，聘周予同讲授经学概论，蒋伯潜讲授十三经概论。1940年，聘朱大可讲授今古文研究、经学概论。1941年，聘任铭善讲授《礼记》。此外，徐震曾在国专沪校教授《三礼》研究，具体年份失考。这些人多数只是临时代替唐文治讲解专经，或只负责经学概论课程，绝大多数的经学课程与理学课程都是由唐文治亲自主讲。

第五章 唐文治的经学实践

束身心，砥砺品行。吾馆为振起国学，修道立教而设，缅怀往哲，能无奋兴。"① 可知，专修馆的办学初衷是"振起国学"。既云"振起国学"，则当四部兼重，为什么专修馆的课程又特重经学与理学呢？这里要特别注意"振起国学"后面四个字——"修道立教"。唐氏《自订年谱》1920年条记讲学宗旨："此时为学，必当以'正人心，救民命'为惟一主旨。"② 这条记录让我们了解到，原来唐氏所谓"修道立教"，主旨就是"正人心，救民命"。这就是说，唐文治提倡国学教育的目的是为了"正人心，救民命"，而不是为了培养国学专家，更不是刻意栽培传统意义上的经师。王蘧常回忆说：

> 自此唐先生亲授经学与理学，朱、陈二先生授子史及文学。唐先生督教严，经文必以背诵为度，常面试，一差误，则续续试不已，必无误乃已。经义不拘汉宋，唯其是。理学重朱子，兼及阳明，谓虽相反，亦相成。考核尤重月试，不限于经、史、子，亦重文学……唐先生又诱使同学治学，各就性之所近。于是毕寿颐治《诗》与《文选》，唐兰治《说文解字》，蒋庭曜治前、后《汉书》、吴其昌治宋儒五子外诸家年谱（毕业后，改治钟鼎甲骨文），我则治三代史。③

王蘧常的回忆说明，唐文治讲学虽然以经学、理学为重点，但并不要求学生都研究经学或理学，而是诱导学生根据性之所近，在"四部之学"中选择自己的专业。

经学课程之所以特别重要，乃是因为它是"正人心，救民命"的学术基础。事实上，"正人心""救民命"两个概念本身就源自《孟

---

① 唐文治：《无锡国学专修馆学规》，《茹经堂文集一编》（沈云龙主编《近代中国史料丛刊续编》第4辑第31种）卷二，台北：文海出版社1974年版，第192页。
② 唐文治著，唐庆诒补：《茹经先生自订年谱正续篇》（沈云龙主编《近代中国史料丛刊》三编9辑第90种），台北：文海出版社1986年版，第79页。
③ 王蘧常：《自述》，《学术集林》卷三，上海远东出版社1995年版，第291页。

子》。唐文治认为:"人心之害孰为之? 废经为之也! 废经而仁义塞,废经而礼法乖,废经而孝悌廉耻亡,人且无异于禽兽。"① 人心之所以不正,乃是由于"仁义塞""礼法乖",而仁义、礼法的陵夷正是废弃经学的熏陶所致。② 基于这种见解,唐文治特别重视经学与理学课程。他提出:"经师之所贵兼为人师,礼学之所推是为理学。"③ 这意味着,"经学"与"理学"的关系是由"经师"上升到"人师",由经义落实为行义的递进过程。换言之,经学是理学的学术基础,理学是经学的升华与落实。

那么,理学的宗旨是什么呢? 唐文治说:"吾辈今日惟有以提倡理学,尊崇人范,为救世之标准。"④ 可知,唐文治提倡理学,主要的用意是提倡道德,即"尊崇人范"。"人范"亦即"人格"。唐文治认为:"居今世而言教育,唯有先以注重道德为要点……道德并非空谈,唯以人格核之,而后事事乃归于实。"⑤ 这说得很明白,他认为当前的教育应以道德教育为要点,道德教育必须落实为具体的人格或人范,人范的养成在于提倡理学的熏陶,而理学的学术基础则是经学。由此可知,专修馆重视经学与理学课程的主要出发点是提倡道德教育。

国专转制后,学校课程被纳入"七科之学"的体系,新增了许多新式学校课程。不过,唐文治认为,这在原则上其实并不必然与他保存国学、提倡道德的教育宗旨相悖。在1923年撰写的《学校

---

① 唐文治:《十三经读本》"自序",上海人民出版社2015年版,第6a—6b页。
② Xiaoqing Diana Lin 对于儒家经学教育也有论述,她指出传统儒家教育强调经典的濡染(gradual immersion in the classics),即重视人格的浸润熏陶。唐文治强调"废经而仁义塞,废经而礼法乖,废经而孝悌廉耻亡",正是强调经学陶冶人格的教育功能。参见 Xiaoqing Diana Lin, *Peking University: Chinese Scholarship and Intellectuals* 1898 – 1937, State University of New York Press, 2005, p. 11。
③ 唐文治:《无锡国学专修馆学规》,《茹经堂文集一编》(沈云龙主编《近代中国史料丛刊续编》第4辑第31种)卷二,台北:文海出版社1974年版,第196页。
④ 唐文治:《无锡国学专修馆学规》,《茹经堂文集一编》(沈云龙主编《近代中国史料丛刊续编》第4辑第31种)卷二,台北:文海出版社1974年版,第198页。
⑤ 唐文治:《致交通部公函商讨教育宗旨》,刘露茜、王桐荪编《唐文治教育文选》,西安交通大学出版社1996年版,第109页。

第五章　唐文治的经学实践

论》中，唐文治除了强调"欲救天下，先救学校；欲救学校，先救人心"这一根本宗旨外，同时也强调"因其时而提倡之，补救之"。他提出"科学之宜重而专"，又说"古学校之教，务在为圣为贤，为豪杰。德行、言语、政事、文学，各就其性之所近。宋胡安定教士子，犹以经义、治事分科，盖惟其志趣而定，是以所造益精。"①这就是说，按照时代的需要分专门学科进行教学，与孔门和胡瑗分科教学的理念并不冲突。唐文治认识到，只要接受保存国学、注重道德的前提，不违背"正人心，救民命"的宗旨，具体的教育体制与课程设置尽可以改革。这成为唐文治后来接受转制和课程改革的心理基础。

实际上，转制之后，唐文治对"七科之学"接受的尺度越来越大。上文说过，在邮传部上海高等实业学堂时期，唐文治主要是提倡工科教育，他对"七科之学"的接受只限于理、工两科。在人文领域，他则只注重中学或"四部之学"。张慧琴指出："在唐文治内心世界的规划中，中学的学术着重在'精神'部分的体现，而西学则与学习'器物'等于画上等号。"②这用来描写工科教育时期的唐文治大体是恰当的，但转制之后则不如此。如"表5-1"所示，转制后的国专已经接纳西方文学、哲学等课程。据20世纪40年代担任国专学校事务主任的王桐荪回忆："国专四十年代在上海分校设哲学组、史地组、文学组。所设课程较前又有增加，如中外史地、金文甲骨、中外哲学、中外文艺批评、佛典等都曾增设。"③另据国专毕业生汤志钧回忆，国专沪校还开设了英语课，任课教师是许国璋。陈祥耀也说，当时开设的还有西洋文学、考古学、心理学等新课程。④根据一份制定于1941年的国专学生历年成绩表，国专当时还曾开设地图绘

---

① 唐文治：《学校论》，《茹经堂文集三编》（沈云龙主编《近代中国史料丛刊续编》第4辑第33种）卷二，台北：文海出版社1974年版，第1266页。
② 张慧琴：《唐文治的生平与思想》，硕士论文，台湾师范大学2012年，第105页。
③ 王桐荪：《冯振心先生和无锡国学专修学校》，《江苏文史资料》第19辑，江苏古籍出版社1987年版，第146页。
④ 陈祥耀：《对唐茹经先生的教育思想教育精神的几点体会》，苏州大学编《唐文治先生学术思想讨论会论文集》，苏州大学校长办公室1985年版，第36页。

制法、小说原理等课。① 这说明，唐文治后来对于"七科之学"的接纳早已突破理、工两科，而扩大到人文、社科领域。

回归正题，让我们继续关注经学课程。经学在转制后的课程中名义上毕竟都是选修课，在当时国立大学中国文学系的官定课程中更无地位。1913年《大学规程》对于国文学系课程的规定中，除《尔雅》外，再无其他专经课程，即足以窥见消息。无锡国专转制后的课程在唐文治的巧妙变通下，借"选修课"为掩护而暗渡陈仓，维持了对经学课程的重视。但是，这毕竟名不正，言不顺，并不是理想的办法。为此，1932年，唐文治曾委托钱基博在全国高等教育问题讨论会上提交《请振兴国学以维文化案》，建议"凡专科以上学校及研究院中国文学系除肄习国文科外，应特设国粹一科，编作课程标准，分经、史、子、集四门"②。该提案的主旨是为"国学"争取类似晚清"经学科"的学科地位。因为当时大学文学院文、史、哲各科都有官定的课程设置，如果要在"七科之学"的学制内保存"四部之学"，充其量只能将"四部之学"拆散到文、史、哲各科，并屈居于"选修课"的地位，然后暗中予以重视。唐文治的提案在当时是冒天下之大不韪，此案提出后"乃大为到会诸大学校长所揶揄，而某甲某乙两君尤作越世高谈，几谓不成话说，不意今日而尚有此等不成问题之提案，戏笑怒骂"③。

唐文治并没有放弃教育政策层面的争取。退而求其次，既然经学不得不拆散到文学院各学系，那么至少还可以在拆散的情况下尽量维持"专经"义理的完整性。在1935年《教育杂志》的读经调查中，唐文治强调大学及研究院应该开展专经之学的研究。④ 在1937年的《论读经分类删节法》中，他提出了更具体的建议：

---

① 《私立无锡国学专修学校补报三十年度第一学期毕业生历年成绩表》，民国档案，全宗号五，宗卷号6545，中国第二历史档案馆。转引自吴湉南《无锡国专与现代国学教育》，安徽教育出版社2008年版，第141页。
② 《全国高等教育问题讨论会报告》，见张研、孙燕京主编《民国史料丛刊》第1044册，大象出版社2009年版，第378—379页。
③ 蔡元培等：《读经问题》，上海商务印书馆1935年版，第26页。
④ 蔡元培等：《读经问题》，上海商务印书馆1935年版，第5页。

第五章　唐文治的经学实践

（上略）以上所列各经，分配各级学校。多者每星期四小时，少者两三小时。此系性情道德教育，为涵养国民、陶淑国性之具。未可因科学较繁，遂尔搁置。倘有性所笃好者，或于星期日补习两三小时尤善。此外，《周易》为哲理最深之书；《尚书》为立政宏模，聱牙难读；《周礼》体国经野；《仪礼》穷理尽性；《尔雅》训诂权舆。皆不宜删节。当于大学院中分门研究。①

这段话透露了唐文治对于经学课程的两个重要主张：第一，经学是性情道德教育，为涵养国民、陶淑国性之具，各科都要学习，不能搁置。用现代的术语来说，经学应该是必修的通识课，不限专业。最好还能在课外提供补习班等机会让学生继续选修。这其实是邮传部上海高等实业学堂时期以来的一贯看法。第二，经学可与人文社科各学科会通，而且应该按照它们的本来面目进行专经研究。推唐氏之意，《周易》"为哲理最深之书"，宜在哲学系研究；《尚书》《周礼》"为立政宏模""体国经野"，宜在政治系研究；《仪礼》"穷理尽性"，宜在社会学系或哲学系研究；《尔雅》"训诂权舆"，宜在中文系研究；等等。所谓"专经"研究，是指基于经书原典抉发其大义，而且"皆不宜删节"。以唐文治本人为例，他"尝欲编《中国政治学》一书"②而未果。1928年，他出版《尚书大义》，共收经义文章二十篇，专以《尚书》阐发政治学，大体落实了根据经义建立"中国政治学"的构想，提供了一个基于政治学科进行"专经"研究的模板。不难看出，唐文治提倡"专经"研究旨在基于经学来建构中国的人文、社会科学，而绝非仅将经学作为各学系的研究材料，用西方的人文、社科来解构经学。

---

① 唐文治：《论读经分类删节法》，《国专月刊》第5卷第3期，第5—6页。
② 唐文治：《示郁儿书》，《茹经堂文集二编》（沈云龙主编《近代中国史料丛刊续编》第4辑第32种）卷四，台北：文海出版社1974年版，第729页。

五 结论

综上所述,唐文治办学对于"七科之学"经历了一个兼容、分离与重新兼容的过程。早在邮传部高等实业学堂时期,唐文治就一面注重发展理、工课程;一面设立国文科,强调"注重中文以保国粹",力图结合"四部之学"与"七科之学"。民国成立后,唐文治鉴于日趋激进的反传统风气,认为保存国学比提倡科学尤为救国之急务,最终于1920年辞去上海工业专门学校校长职务,转而致力国学教育,无锡国学专修馆创办之初刻意保存"四部之学",课程设置接近早期南菁书院书院的模式。1928年,国专被迫转制,转制后的课程再次被纳入"七科之学"的大学课程体系,课程设置"参照国立大学中国文学系",增设大量新式课程,一面突出"中国文学"的专业性,一面重视哲学课程的基础地位。

陈平原、吴湉南、唐屹轩等先生认为无锡国专是传统书院的现代延续,这其实只适合于专修馆时期的无锡国专。转制后的无锡国专实际上是回归了邮传部上海高等学堂时期的学堂模式,而不是单纯采纳"四部之学"的传统书院模式,也不是单纯采纳"七科之学"的现代大学模式。这表现在两个方面:第一,在办学理念上,唐文治在邮传部高等实业学堂时期与无锡国专转制后都坚持"中体西用"论。直到1938年,唐文治依然强调:"道艺兼资,科学自宜特重。惟当以孟学为体,纯而益求其纯;以科学为用,精而益致其精。夫如是,乃可以救心,乃可以兴国。"① 第二,在课程设置上,由于唐文治的巧妙变通,转制后的无锡国专照旧保留和重视"四部之学"课程。在这个意义上,转制后的无锡国专在课程设置上又回归到晚清学堂时期调和"四部之学"与"七科之学"的方针。

在上述兼容、分离、重新兼容的反复过程中,反映了传统经学与

---

① 唐文治:《孟子教育学题辞》,《茹经堂文集四编》(沈云龙主编《近代中国史料丛刊续编》第4辑第33种)卷四,台北:文海出版社1974年版,第1650页。

第五章　唐文治的经学实践

现代西方学术之间反反复复的冲突与融合，也体现了唐文治探索经学现代学术定位的艰难努力。[①] 然而，在此反复探索的过程中间，经学课程的基础地位从未动摇。在邮传部上海高等学堂时期，唐文治提出"注重中文以保国粹"，强调"以敦崇品行为宗旨"，这与专修馆时期"振起国学，修道立教"的旨趣并无二致。唐文治自始至终认为中国当时的教育应以道德教育为要点，道德教育必须落实为具体的人范，人范的养成在于理学的熏陶，而理学的学术基础则是经学。为此，他始终特别强调经学与理学课程的重要性，并坚持亲自主讲。这一点即使在转制后的无锡国专也没有改变。他在1937年依然强调经学"系性情道德教育，为涵养国民、陶淑国性之具"，这与此前保存国学、提倡道德的教育宗旨可谓始终不渝。

最后必须指出，唐文治尽管对"七科之学"持越来越开放的心态，但他从未放弃对经学主体性和整体性的维护。这体现为两点：第一，唐文治强调即使按专业进行分科研究和教学，但作为"涵养国民、陶淑国性"的经学则应该成为所有专业的公共课和必修课，而并非仅仅局限于教育体制中的某一个部分或某一个专业。在唐文治的理想中，《论语》《孝经》等课程就应该成为这样的必修的公共课。在这个意义上，唐文治坚持将经学视为一种整体性的教养[②]，而不是一

[①] 本节试图指出，就经学课程的设置而言，唐文治有关经学在现代学校课程中定位的探索树立了经学现代转型的一个课程典范。如果范围放宽一点，晚清以来的儒家学者其实有不少人尝试融合传统儒家教育与西方现代教育。例如，Marianne Bastid - Bruguière (1940—) 对张謇的研究指出，儒家学者对于现代趋势并非持封闭心态，而是能够对传统伦理和重视物质发展的西方现代教育进行结合与创新，参见 Marianne Bastid - Bruguière, Trans. Paul J. Bailey, *Educational Reform in Early 20th - Century China*, Center for Chinese Studies, University of Michigan, 1988, p. 90. Xiaoqing Diana Lin 对张之洞的研究也指出张氏便曾尝试将西方现代教育与中国传统教育整合为包含经学、政法、文学、格致、医、农、工、商的"八科之学"。参见 Xiaoqing Diana Lin, *Peking University: Chinese Scholarship and Intellectuals 1898 - 1937*, State University of New York Press, 2005, pp. 10 - 11。

[②] 这与现代西方大学的通识课程也仍有所分别。西方大学的通识课程为选修课性质，而唐文治心目中的《论语》《孝经》等课程是国民的必修课。此其一。通识课程重在"通识"，属于知识范畴，而唐文治心目中的《论语》《孝经》等课程主要不是"通识"或知识范畴，而毋宁更重视情意范畴的道德浸润与熏陶。此其二。传统经学教育与现代通识教育的比较并非本节主旨，值得另行讨论，此处不能展开。

门"专业"。第二,唐文治接受在大学或研究院阶段,群经可以拆散到各门学科中进行专门研究和教学。例如,《周易》可以在哲学系开设,《尚书》《周礼》可以在政治系开设,《仪礼》可以在社会学系或哲学系开设,等等。但是,他强调必须进行"专经"研究,即基于经书原典抉发其大义,而且"皆不宜删节",而不是丧失中国学术的主体性,任由现代西方学术分科与方法的割裂与解构。如果能做到这两点,即便分散到各门学科,经学课程作为道德教育、保存国学的功能依然可以维持;不宁唯是,在"七科之学"体制下个别学系的"专经"研究甚至有可能借镜现代西方学术,建构具有中国特色的人文、社会科学。

第二节 "大义""新读本""分类读本"
——唐文治编纂经学教科书的理念与实践

教科书亦称教材、讲义、讲授提纲等。① 编纂教科书的前提是必须先有相应的课程和教学大纲。经学虽然是传统儒家教育的基石②,但经学教科书则是中国教育现代转型后的产物。经学课程的的开设可以追溯到晚清的新式学堂③,经学教科书也是如此,同样可以追溯到晚清的新式学堂。例如,王舟瑶的《京师大学堂经学科讲义》,就是这样一本有代表性的经学教科书,该书便是王氏担任

---

① 罗竹风主编:《汉语大词典》第5册,上海辞书出版社1986年版,第446页。另参"教科书"条,第448页。

② 李弘祺指出,中国传统教育的特色之一是以儒家经学为中心的教育。参见氏著《学以为己:传统中国的教育》,中文大学出版社2012年版,第634—636页。Victor Purcell (1896—1965) 也将经学及其关联的科举考试、八股文等体制,共同作为中国传统教育的基石。参见 Victor Purcell, *Problems of Chinese Education*, Kegan Paul, Trench, Trubner & Company, 1936, p. 43。

③ 晚清京师大学堂、各省高等学堂及中小学堂一般均设经学科或读经科,至民国成立始被废除。

第五章 唐文治的经学实践

京师大学堂经学科教习期间为教学的需要而编纂的教科书。①

晚清以来，编纂经学教科书成为经学家宣传自己经学思想甚至政治主张的重要实践方式。例如，1905年成书、1906年刊行的《经学历史》是皮锡瑞在湖南高等学堂、湖南师范馆经学讲席编纂的讲义②；刘师培1905年成书的《经学教科书》是由国学保存会发行的系列国学教科书之一，其编辑旨趣是提供"合学堂教科之用"③的国学教材；1907年撰写、1915年刊定的《经学通诰》是叶德辉担任湖北存古学堂经学总教习时编纂的教科书④。上述三书都是诞生于晚清学堂的经学教科书。近人论皮、刘二书，一般只注重其今古文立场的差异。例如，周予同说刘氏《经学教科书》"在经学观点上是属于古文学派"，而皮氏《经学历史》则"属于今文学派观点"。⑤ 其后，经学史学者大都沿袭此说。⑥ 然而，二书政治主张的差异常被遮蔽。皮锡瑞在《经学历史》中肯定孔子"改制"之说：

---

① 此书为京师大学堂讲义，新加坡国立大学有藏本，与张鹤龄《伦理学讲义》合刊，出版年月不详。今据《默盦居士自定义年谱》，王氏于1902—1903年留京师两年，期间著有《群经家法述》一卷、《群经大义述》二卷、《中国学术史》二卷。1903年冬，王舟瑶因两广总督岑春煊荐，奉调襄办学务，以知县分发广东。据此推知，则两种讲义当成于王氏赴任广东之前，即在1903年入冬前业已成书。据此，该讲义成书当在1902—1903年之间。参见王舟瑶编，王敬礼续编《默盦居士自定义年谱》，《北京图书馆藏珍本年谱丛刊》第185册，北京图书馆出版社1999年版，第453—454页。关于该讲义内容的介绍参见陈居渊《王舟瑶与〈京师大学堂经学科讲义〉》，《经学研究集刊》第9期（2010年10月）。

② 皮名振：《皮鹿门年谱》，上海商务印书馆1939年版，第92—95页。据吴仰湘考证，《经学历史》是由1903年编撰的《经学家法讲义》增改修订而成，参见吴仰湘《皮锡瑞的经学成就与经学思想》，湖南大学出版社2013年版，第324—347页。

③ 《编辑国学教科书出版广告》，载陈庆年《湖北乡土地理教科书》，国学保存会1907年版。

④ 张晶萍：《叶德辉生平及学术思想研究》，湖南师范大学出版社2008年版，第182—210页；张晶萍：《守望斯文：叶德辉的生命历程和思想世界》，中国社会科学出版社2011年版，第175—193页。

⑤ 朱维铮编：《周予同经学史论著选集》（增订本），上海人民出版社1996年版，第834页。

⑥ 例如，林政华：《论今传五部经学史的特色与缺失》，载王静芝等《经学论文集》，台北：黎明文化事业公司1981年版，第322—330页；吴仰湘《马宗霍及其中国经学史研究》，《暨南学报》（哲学社会科学版）2014年第11期，第156页。

唐文治与学堂经学的改革

"惟汉人知孔子维世立教之义，故谓孔子为汉定道，为汉制作。"① 基于此种政见，皮氏曾一度支持康梁的维新变法，并于戊戌变法前与谭嗣同等维新人士一起在南学会讲学。刘师培《经学教科书》则力攻今文说，言"孔子《六经》之学，大抵得之史官"②，认为孔子述而不作，并无"改制"之事。刘氏在该书序例中提出"考究政治典章，有资于读史"，而此前所著《群经大义相通论》《读左札记》等经学著作多发明"民本"思想，为革命张本③。此书力拒康梁"改制"之说，其政治立场非常鲜明。叶德辉《经学通诰》主张古文经学，辟康梁尤力，甚至将清朝灭亡归咎于康有为等今文学家，"至康有为、廖平之徒，肆其邪说，经学晦盲，而清社亦因之而屋焉。"④ 且于辛亥革命显致不满："为公恳代奏饬学读经，以重德育而扶伦纪事……扶持四百兆之民彝，全在纲常名教。慨自辛亥革命，南北休兵，胧法美共和之虚名，变天地尊卑之成局。"⑤ 书中反对民国新政，支持袁世凯恢复帝制，溢于言表。

以上所列各书，张涛《20世纪前半期儒家经典研究述略》一文大多均有提及，只是没有留意这些著作的教科书性质及其实践意义。⑥ 教科书与一般著作不同，它们往往是在特定的学堂或大学被成规模地采用，并非只是藏之名山的学术著作，同时也是在现代教育体制中从事经学教学、传播的一种有意识的实践活动，经学家通过编纂经学教科书实践各自的经学理念。张涛此文未提及唐文治（1865—1954）。实际上，唐文治曾编纂不少经学教科书，在数量上较上述诸人为多，

---

① （清）皮锡瑞著，周予同注释：《经学历史》，香港中华书局1961年版，第26页。
② 刘师培著，陈居渊注：《经学教科书》，上海古籍出版社2006年版，第19页。
③ 刘师培著，陈居渊注：《经学教科书》，上海古籍出版社2006年版，第3页。
④ 叶氏弟子刘肇隅云："同光以来，今文公羊之学大倡，怪诞虚诬，流为人心风俗之害。是书谊主匡救，不仅经学入门所必读也。"参见刘肇隅《郋园四部书叙录》，长沙叶氏观古堂1927年刊本，第5页。
⑤ 叶德辉：《经学通诰》，王逸明主编《叶德辉集》第二册，学苑出版社2007年版，第28页。
⑥ 张涛：《20世纪前半期儒家经典研究述略》，载氏著《易学·经学·史学》，北京师范大学出版社2011年版，第229—238页。

在时间上也教上述诸人为长,是20世纪上半叶儒家经学教育的一个重要代表人物。① 这些教科书或名为"大义",或名为"新读本""分类读本",几乎都是因应于新式学堂的课程和教学而编写,而"新读本""分类读本"则尤其显著。抑有进者,这些不同时期编纂的经学教科书可以视为唐文治在不同时期留下的经学样本。本节旨在选取这些经学样本,通过分析这些经学教科书背后的编纂理念,考察唐文治经学思想的嬗变和经学实践的开展,同时提供一个传统经学尝试与现代学术体制调适及转型的个案。

一 标举"大义"的教科书实践

唐文治自从第一本著作《孝经大义》之后多以"大义"标目,如《论语大义》《孟子大义》《孝经大义》《诗经大义》《尚书大义》《礼记大义》《周易消息大义》等。(见"表5-2")经学史上"微言大义"一词,可追溯至《汉书·艺文志》之说:"昔仲尼没而微言绝,七十子丧而大义乖。"李奇曰:"隐微不显之言也。"颜师古曰:"精微要妙之言耳。"② 可见,"微言"一词起初并非特指,只是泛指隐微、精微之义罢了。可是,晚清今文家如康有为则指实《公》《谷》二传为"大义",董仲舒、何休所传《春秋》学为"微言"。③ 唐文治虽然多以"大义"标目,但也讲"微言"。例如,《十三经读本》便提出"抉其微言,标其大义,撰为提纲"④。今案《提纲》中

---

① 事实上,在1935年读经问题的大辩论中,唐文治的意见被刊登在《教育杂志》专辑,被该刊主编何炳松(柏丞,1890—1946)列为几位绝对赞成读经的代表之首。参见蔡元培等著《读经问题》,上海商务印书馆1935年版,第3页;鐙屋一:《中國文化のレシピ1935年の読経問題》,《目白大学総合科学研究》3号(2007年3月)。邓国光甚至认为:"论民国时期的经学,更须正视学人主持和维系的作用。其中长期在长江下游鼓吹经学救国的唐文治,其经学主张与成果,足以显示这五十年经学自新运动的特点,对梳理民国学术至为重要。"可谓推崇备至。参见邓国光《唐文治的经学及其〈洪范大义〉的经世关怀》,载氏著《经学义理》,上海古籍出版社2011年版,第611—612页。
② (汉)班固撰,颜师古注:《汉书》第六册,香港中华书局1970年版,第1701页。
③ 康有为:《春秋笔削微言大义考》,康有为撰,姜义华、张荣华编校《康有为全集》第六集,中国人民大学出版社2007年版,第6—7页。
④ 唐文治辑:《十三经读本》"自序",上海人民出版社2015年版,第6b页。

唐文治与学堂经学的改革

除"大义"外,也有《易》微言、《中庸》《论语》《孝经》微言等。但是,唐文治所谓"微言"显然与康有为等今文家的用法判然有别,甚至根本不是讲《春秋》。今试以唐氏所述《论语》"大义"与"微言"进行对比。"大义"部分提出排比《论语》言"仁"各章即知为人之要,《子路》篇前三章为孔门政治学大纲,这都有明确的经文可以指实;而"微言"部分以"思无邪"一语为《诗经》要旨,又云:"《尧曰》一篇,不言引《尚书》,而二十八篇之精蕴实已掇其菁华。"① 何以"思无邪"一语即为《诗经》要旨?何以《尧曰》篇虽不言《尚书》而实为《尚书》之精蕴?这两个判断要么根据单章孤证,要么出于揣摩推测,无法像前两个"大义"的例子那样明确指实。可知,他所谓"大义"是指明显可由经文证实的,而所谓"微言"则往往是因为经文中只有单词片语,需要借助推论、引申才能理解的。换言之,在唐文治而言,"微言"乃是比较隐微的"大义"而已。

唐文治刻意标举"大义"是基于对乾嘉汉学的批判。实际上,唐文治还在少年求学阶段,他的老师王祖畲(1842—1918)就曾向他表达自己对于乾嘉考据学末流之弊的严厉批判:

> 文运兴废,风俗人才之升降,恒必由之有志之士思欲卓然振拔于流俗而以古经学救之。救之诚是也,然未能深探六经之本原,与夫尼山删订赞修之微意,而徒掇拾乾嘉以来之唾余,斤斤于名物象数训诂点画之间,雷同剿说,随声附和。至其弊之所极,往往背旧说以为新,舍同习以为异,炫惑于百家九流而无所折衷,搜索于丛残琐屑而不知大体,视彼雕绘揣摩以弋获功名者犹之五十步与百步也。②

---

① 唐文治著,彭丹华点校:《十三经提纲》,华东师范大学出版社2015年版,第120—121页。
② 唐文治:《王文贞先生学案》,《茹经堂文集三编》(沈云龙主编《近代中国史料丛刊续编》第4辑第33种)卷一,台北:文海出版社1974年版,第1206页。

第五章　唐文治的经学实践

王祖畲指出，乾嘉汉学末流由于未能致力讲求经学的"本原"与"微意"，造成心性不明，因而不免"搜索于丛残琐屑而不知大体"；甚至心术不正，因而不免"背旧说以为新，舍同习以为异"，致使种种标新炫异之说得以附会掺和到经学中，这与那些"雕绘揣摩以弋获功名者"相比，也只不过是五十步笑百步罢了。唐文治继承师学，也对考据学的流弊大加挞伐：

> 盖向之所云，钩稽故训，辨析名物之学，降至今世，其弊则已不可究极。或析言而破律，或碎义而逃难，往往刺取古经一字一义，解说至累千万言，聚讼而不能决。又其甚者，分别门户，当著书之始，先存一凌驾古人之心，于是穿凿附会，泛剿旧典，务使其说之新奇，足以骇学者之耳目而后止。而于是古圣人之微言大义，所以劝善惩恶，苏世觉民之旨，则迷谬不省，甚或斥为空言，而以为非汉学家之宗旨。①

唐文治对乾嘉考据学末流的批判与王祖畲大同小异，除了烦琐支离和心术不正两点外，唐文治还指出他们忽视"劝善惩恶，苏世觉民之旨"，背离了通经致用的宗旨。这种观点，唐文治后来一再强调。1920年，他在《十三经读本》自序中阐述编纂旨趣时也说："搜集十三经善本，采其注之简当者，芟其解之破碎而繁芜者，抉其微言，标其大义，撰为提纲，附于诸经简末。"②

不但如此，唐文治还将这些"大义"用作教材。从1907年唐文治担任邮传部上海高等实业学堂监督起，他出版了大量经学著作，其中多数都曾用作邮传部上海高等实业学堂和无锡国专经学教材。为了考察的便利，现将这些经学著作系年胪列如下：

---

① 唐文治：《书〈左传考释〉后》，《茹经堂文集二编》（沈云龙主编《近代中国史料丛刊续编》第4辑第32种）卷五，台北：文海出版社1974年版，第863页。
② 唐文治编辑：《十三经读本》"自序"，上海人民出版社2015年版，第6b页。

| 唐文治与学堂经学的改革 |

表 5-2　　　　　　　　唐文治经学著作一览表

年份	书名	备注
1907	《孝经大义》	原计划撰写《曾子大义》，未全部完成
1913	《论语大义》	1924 年出版定本
1915	《孟子大义》	
1915	《谷梁传选本》	未出版，仅存跋文一篇
1916	《大学大义》	
1917	《中庸大义》	
1919	《孝经新读本》	
1919	《大学新读本》	
1919	《论语新读本》	
1919	《孟子新读本》	以上四种为上海工业专门学校新编"国文"科教材
1919	《十三经提纲》	
1921—1924	《十三经读本》	附《十三经提纲》《评点札记》
1922	《洪范大义》	
1927	《左传分类读本》	此书未成，其分类方法见《读左研究法》一文
1928	《尚书大义内外篇》	
1929	《论语大义外篇》	
1933	《诗经大义》	据单镇《桂阴居自定义年谱》，1929 年他去国专担任教授时已采用《诗经大义》作为教本，则此书稿本至少在 1929 年以前已经完成
1934	《礼记大义》	
1934	《周易消息大义》	唐文治另有《周易九卦大义》一种，未知何年出版。姑附记于此
1937	《孝经翼》	1936—1937 年以《孝经救世编》为名连载于《国专月刊》
1938	《孟子分类简明读本》	1947 年更名为《孟子救世编》出版

第五章　唐文治的经学实践

由表 5-2 可知，对经学"大义"的追求一直贯穿唐文治经学实践的始终。无论是在邮传部上海高等实业学堂时期，还是在无锡国专时期，这一大方向并没有改变。直到 1934 年，唐文治年近古稀，还在编纂《礼记大义》和《周易消息大义》，依然标举经学"大义"。关于"大义"的内涵，唐文治在 1920 年的《无锡国学专修馆学规》中说："要知吾馆所讲经学，不尚考据琐碎之末，惟在揽其宏纲，抉其大义，以为修己治人之务。"① 又说："吾馆为振起国学，修道立教而设，缅怀往哲，能无奋兴。"② 可知，无锡国专时期的唐文治仍在继续批判乾嘉考据学末流的"琐碎"之弊，而他标举的经学"大义"则是"修道立教"的宏纲，目的则在"修己治人"。

现以《论语大义》为例，说明唐文治如何将"大义"落实在教科书的编纂中。第一，遵用经书原典，兼采宋明理学家与清代汉学家的注释。《论语大义》即完全贴紧《论语》原文，不擅改经字，也不擅删经文。注释以朱熹《集注》为主，并取汪武曹、陆清献、李文贞、黄薇香、刘楚桢等诸家之说"精以采之，简以达之"。第二，标举大义，但不废考据。唐文治提出："夫注释《论语》者，其大旨约有数端：明义理一也，通训诂二也，阐圣门之家法、别授受之源流三也，穷天德圣功之奥、修己治人之原四也。"③ 第三，注重提倡道德。唐文治自述编纂此书的动机："迩者风俗人心益不可问，先进礼乐渺焉无存，而邪说之横恣，四海之困穷，且未知所终极，俯仰世变，非读《论语》曷能救诸，则夫缀而述之，或亦先圣先贤之所许乎？"④ 可见，唐文治编纂《论语大义》的着眼点是"风俗人心"，则此书的首要目的无疑是提倡道德风化。

---

① 唐文治：《无锡国学专修馆学规》，《茹经堂文集一编》（沈云龙主编《近代中国史料丛刊续编》第 4 辑第 31 种）卷二，台北：文海出版社 1974 年版，第 195 页。
② 唐文治：《无锡国学专修馆学规》，《茹经堂文集一编》（沈云龙主编《近代中国史料丛刊续编》第 4 辑第 31 种）卷二，台北：文海出版社 1974 年版，第 192 页。
③ 唐文治：《〈论语大义定本〉跋》，《四书大义》，上海交通大学出版社 2016 年版，第 630—631 页。
④ 唐文治：《〈论语大义定本〉跋》，《四书大义》，上海交通大学出版社 2016 年版，第 632 页。

唐文治与学堂经学的改革

与《论语大义》一样，《孝经大义》也侧重于阐发道德风化方面的"大义"。他自述此书撰述缘起云：

> 文治于丁未岁居先母忧，读《礼》之余，尝欲辑曾子全书而为之注，浩繁未克遂，仅成《孝经大义》一卷。今岁复理而修饰之，增补之，深有感于《易传》明训"天地之大德曰生"，用特为是务本之论，书诸简端。天下万世为人子者倘能葆此悱恻缠绵不可解之至性，好生之德洽于寰宇，庶几乎天下和平，灾害可以不生，祸乱可以不作。①

这段话清楚表明唐文治抉发《孝经》"大义"的主要内容是其中的"务本之论"和"好生之德"，其目的则在于"庶几乎天下和平，灾害可以不生，祸乱可以不作"。换言之，所谓"大义"乃是以道德教育为核心的经典诠释，其主要关怀则在于道德教育的社会功能，也就是唐氏所谓"天下和平、灾害不生、祸乱不作"云云。

二 "新读本"的编纂旨趣

唐文治试图通过经学教科书来落实经学"大义"的抉发与教学，固然可说是终生以之，但具体的做法则根据时势的需要而有所调整。民国成立后，教育部对中小学课程及教科书进行严格监管。1913年颁布的《中学校令》就详细规定了具体的课程与课时，并规定："中学校教科用图书由各省图书馆审查会选定之。"② 此外，1912—1913年，教育部还两次布告"本部审定教科图书"，其中只限于中小学和师范学校。③ 如此，教科书在课程、课时和审查等方

---

① 唐文治：《孝经大义》"自序"，吴江施氏醒园民国十三年（1924）刊本，第2a—2b页。
② 《中学校令》，《中华教育界》1913年第1期。
③ 《中国近代教育史料汇编·民国卷1》，全国图书馆文献缩微复制中心2006年版，第43—47页。

面都必须符合新要求。①

在教育部的新要求下,唐文治也必须对教科书进行改革,以适用于上海工业专门学校及其附属中小学的教学。1919年,唐文治组织该校教师编纂了一套"国文"教材。其中,唐文治将前几年陆续完成的《孝经》《大学》《论语》《孟子》各种"大义"进行删减,改编成《大学新读本》《论语新读本》《孟子新读本》等,成套出版。②现以《论语新读本》为例,探讨唐氏编纂"新读本"的旨趣。

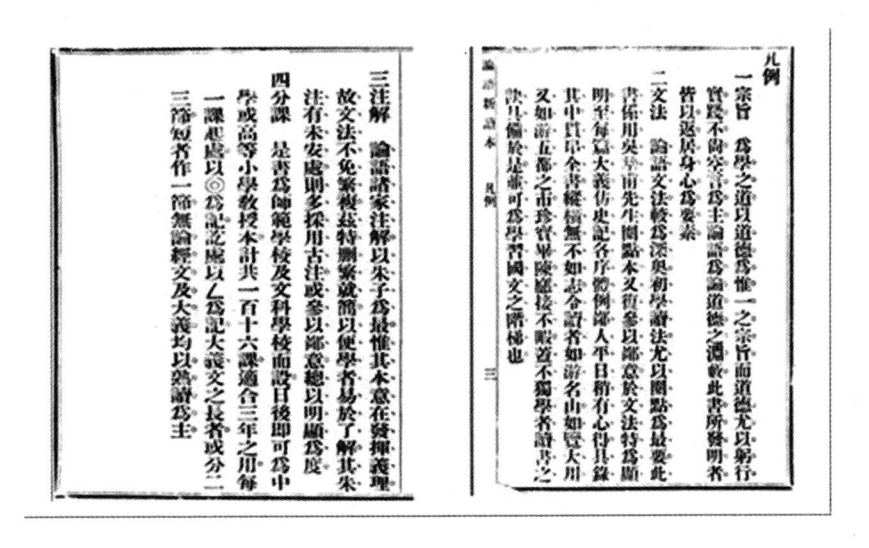

图 5-1 《论语新读本》凡例

凡例第一条开宗明义说:"为学之道,以道德为惟一之宗旨。"③

---

① 这些新要求或新改革非常广泛,不限于教科书。En-ch'eng Hsiao(萧恩承)便列举了五个方面:一、突出民主精神的课程改革,二、扩大学校设施,尤其是增设小学,三、强调手工与体育教育,四、在小学实行男女混合教育,五、废除小学读经。萧氏将民国新教育改革视为中国现代教育的兴起,认为源于对中国传统教育缺乏民主和普及教育等弱点的反省。参见 En-ch'eng Hsiao, *The History of Modern Education in China*, Peking University Press, 1932, p.19、29。
② 虞万里:《唐文治〈孟子〉研究管窥》,《史林》2016 年第 2 期。
③ 唐文治:《论语新读本》,上海徐家汇工业专门学校 1919 年版,第 3a 页。

唐文治与学堂经学的改革

培植道德为什么要研读《论语》呢？唐文治认为，"《论语》为论道德之渊薮，此书所发明者皆以返居身心为要素。"① 就儒家传统而言，《论语》汇编了孔子的言论，说它是道德教育的渊薮，这应该毫无疑问。至于具体读法，重点不在知识性的考证，而是重视文法与义理，因此，此书主要节取吴汝纶的评点和朱子的注解。选择吴汝纶的评点是因为"《论语》文法较为深奥，初学读法，尤以圈点为最"②。选择朱子的注解则是因为其"本意在发挥义理"。发挥义理有助于了解经书中的道德学说，其义至显，无须解说；至于评点之有助于培植道德，则有待说明。在1915年的《谷梁传选本跋》中，唐文治阐述了评点与文法对于说经的帮助：

> 年五十一，撰《孟子大义》忽悟说经之要，皆当以文法行之，其例实始于《春秋三传》，而《谷梁》为之最；不当如后世训诂传之属，芜庸而寡要也。爰取《谷梁》文法以说《孟子》，而文章觉稍稍进。是岁适得王氏道焜评点本，余详加选择，以为读本。③

揆唐氏之意，研读经文不当割裂章句，局限于"训诂传之属"，而应该将经文视同整体之文章，潜玩熟读，方能掌握其文法，感受其文气，受到潜移默化的熏陶。唐文治又认为，群经与古文都是"文字中之正气"④，而文法的揣摩有助于读者感受文气，从而较好地吸收文字中的正气与善气。因而，文法的评点也成为道德教育之一助。在1921年撰写的《施刻十三经序》中，唐文治进一步阐发了文法对于读经的说明："道载于文，文所以明道也。十三经权舆，只有文本熟

---

① 唐文治：《论语新读本》，上海徐家汇工业专门学校1919年版，第3a页。
② 唐文治：《论语新读本》，上海徐家汇工业专门学校1919年版，第3b页。
③ 唐文治：《〈谷梁传选本〉跋》，《茹经堂文集二编》（沈云龙主编《近代中国史料丛刊续编》第4辑第32种）卷五，台北：文海出版社1974年版，第834页。
④ 唐文治：《〈工业专门学校国文成绩续录二编〉序》，《茹经堂文集二编》（沈云龙主编《近代中国史料丛刊续编》第4辑第32种）卷五，台北：文海出版社1974年版，第813页。

第五章 唐文治的经学实践

读而精思焉,循序而渐进焉,虚心而涵泳、切己而体察焉,则圣道之奥,不烦多言而解焉。夫然道与文一,胡精粗之可分?"① 因此,读经即是读文,阅读经文也应该取资阅读古文之法,才能由文法而见文气,由"吸文字中之正气"而长自身之正气,而收培植道德之效。②

《论语新读本》是以《论语大义》为底本,二者的主要区别是:第一,该书为了配合师范学校及文科学校的教学需要,将整部《论语》连同唐氏所撰各篇大义,共分为116课,三年教完,有规定的课时与教学进度。第二,坚持研读《论语》原本,而非概论,但有所删节。以《学而篇》为例,朱熹《集注》原有16章,而《新读本》只存10章。连同唐文治自己撰写的《学而篇大义》,共分5课教完。删节的目的,主要应该是为了配合学生程度与课时限制。第三,注解力求精简,主要只节选朱熹《集注》一家,而汪武曹、陆清献、李文贞、黄薇香、刘楚桢则概从省略。例如,"学而时习之,不亦说乎",朱注:

> 说、悦同。学之为言效也。人性皆善,而觉有先后,后觉者必效先觉之所为,乃可以明善而复其初也。习,鸟数飞也。学之不已,如鸟数飞也。说,喜意也。既学而又时时习之,则所学者熟,而中心喜说,其进自不能已矣。程子曰:"习,重习也。时复思绎,浃洽于中,则说也。"又曰:"学者,将以行之也。时习之,则所学者在我,故说。"谢氏曰:"时习者,无时而不习。坐如尸,坐时习也;立如齐,立时习也。"③

《新读本》的注释为:

---

① 唐文治辑:《十三经读本》"自序",上海人民出版社2015年版,第7a页。
② Xiaoqing Diana Lin 对于儒家经学教育也有论述,她指出传统儒家教育强调经典的濡染(gradual immersion in the classics)。这与唐文治强调"十三经权舆,只有文本熟读而精思焉,循序而渐进焉,虚心而涵泳、切己而体察焉"十分吻合,较好地概括了儒家经学教育的这一特点。参见 Xiaoqing Diana Lin, *Peking University: Chinese Scholarship and Intellectuals 1898 – 1937*, State University of New York Press, 2005, p. 11。
③ (宋)朱熹:《四书章句集注》,中华书局1983年版,第47页。

· 221 ·

唐文治与学堂经学的改革

> 学言效也，觉也，后觉者必效先觉者之所为也。时习，时时温习也。说，喜意也。时时温习，溶洽于心，则说也。①

很明显，《新读本》完全是根据《集注》，只是省略了"程子曰""又曰""谢氏曰"等引文，而只删节朱注，并用更简明的语言将朱注复述出来。这自然也是为了适合中学或高等小学学生的程度。整体上看，"新读本"延续了"大义"重视道德教育的旨趣，只是略微删繁就简、改头换面以符合现代学校教科书在课程、课时、审查等方面的要求，而内容上则并未脱离传统经学尤其是宋学侧重义理的解经传统。

三 "分类读本"的编纂旨趣

1920年，唐文治出任无锡国学专修馆馆长。此后，他又陆续编纂了不少经学著作，而且这些著作大都被用作国专的教科书使用。由表5-2可知，唐文治在邮传部上海高等学堂时期编纂的经学教材主要限于《孝经》与"四书"，这是因为当时的读者主要是该校工科大学生和附属中小学学生。1920年以后，唐文治除了进一步修订、新编"四书"类教科书，主要的精力则用于编纂"五经"方面的教科书，这是因为国专时期的读者群已经变成"国学"专修科的大学生。其中，1921—1924年纂辑出版的《十三经读本》是唐文治一生中编纂的规模最大的一部丛书，该丛书是在《十三经提纲》的基础上扩充而成。其中收录的唐文治著作除了此前单行的《孝经》和"四书"大义五种外，又增加了唐文治新撰的《洪范大义》和阐发《周易》大义的《易微言》。对唐文治来说，《十三经读本》实为他早期经学教科书编纂工作的一次集成，也是他经学教科书编纂理念转变的一个分水岭。

实际上，1922年编纂的《洪范大义》已经反映出唐文治经学教

---

① 唐文治：《论语新读本》卷一，上海徐家汇工业专门学校1919年版，第1页。

科书编纂理念转变的端倪。早在1918年，他就提出"尝欲编《中国政治学》一书"①，其后并未实施。1922—1923年，他又计划撰写《政治学大义》，拟分奏疏、函牍、本论三门。此书后来未见出版，似未成书，但据唐文治《自定义年谱》1923年条，"《本论》十三篇，指陈近时利弊，尤为痛切，本学期即用作课本"②。可知，唐文治在1923年已经给国专学生讲授政治学，其中应当也涉及《洪范大义》的内容。③ 同时，也容易看出在民国建立后的几年，唐文治对政治学充满关切，1922年编纂的《洪范大义》便是这种关切下的产物。

值得注意的是，"政治学"不是中国传统"四部之学"中的名词，而是"七科之学"中文科的一门科目。如上所述，从1918年到1923年，唐文治关注并尝试借鉴西方的政治学，并试图建构"中国政治学"，这是他此前从未提出的新理念。这时的唐文治为什么会萌生借鉴西方学术分科建构中国政治学的想法呢？

《政治学大义》虽然没有成书，但1923年撰写的《〈政治学大义〉序》却保留下来。这有助于我们了解唐文治试图建构"中国政治学"的动机。这篇序文指出：

> 夫政治学，以心术为权舆者也……虽政体不同，而政治原理则无不同。无论为君主，为民主，为君民共主，其道亦一也。余悲吾国之政治学晦塞已久，无人焉以发明之。爰裒辑成帙，都为三类：曰奏疏，则昔贤之言行功业、国计民生诸大端备焉。曰函牍，则昔贤之擘画经纶、兵谋国际诸要务备焉。曰本论，则鄙怀所蓄积，救世之意寓焉。虽前二类为已往成迹，且不过沧海之一勺，然要在心知其意，因时制宜。既令馆生肄业及之，复反复以

---

① 唐文治：《示郁儿书》，《茹经堂文集二编》（沈云龙主编《近代中国史料丛刊续编》第4辑第32种）卷四，台北：文海出版社1974年版，第729页。
② 唐文治著，唐庆诒补：《茹经先生自订年谱正续篇》（沈云龙主编《近代中国史料丛刊》三辑9辑第90种），台北：文海出版社1986年版，第85页。
③ 据《无锡国专编年事辑》："自《十三经读本》印行后，无锡国学专修馆学生学习所用书目，经部即为此书。"可知《洪范大义》也是国专学生的教科书之一。参见刘桂秋《无锡国专编年事辑》，中国大百科全书出版社2011年版，第32页。

唐文治与学堂经学的改革

> 尽其辞曰：正其本，万事理。士不通经，不足致用。①

该序阐述了唐文治计划中建构"中国政治学"的要旨。首先，唐文治将政治学区分为心术、政治原理（道）、政体、政事四层。其中，心术、政治原理最为根本，而且相对地具有普遍性；政体则不必同其形相，因此他说："无论为君主，为民主，为君民共主，其道亦一也"；政事更是因人成事，难以一律，必须"心知其意，因时制宜"，昔贤的奏疏、函牍在这方面可以提供重要参考。其次，中国政治学的重要原理具见于群经大义。例如，唐文治认为《论语》"行己有耻，使于四方，不辱君命"是外交学的根本原理；《大学》"生之者众，食之者寡"、《孟子》"百姓足，君孰与不足"是财政学的根本原理；等等。② 因此，不通经不能致用。最后，政治原理与政治家的心术都非常根本。在唐文治而言，心术的修养必须讲求理学，而理学的学术基础同样是经学。因而，"中国政治学"的学术基础也必须是经学。

《洪范大义》可以说是上述"政治学大义"在解经实践上的范例。唐文治自己曾非常满意地在《自订年谱》中如是记载："上契尧舜之心传，下开周孔之统绪，本治己以治人，政治之学，莫精于此矣。"③ 该书的序文说：

> 王中心无为以守正，由是皇建有极，庶民锡汝保极，无淫朋之比，无偏党之私。观于皇极、民极之敷言，言君民合为一体，会其有极，归其有极，而天下一家之气象穆然渊然，惬于人人之心，是以天人感应，休征集而风雨时，嘉祥备至，万国来同，岂

---

① 唐文治：《〈政治学大义〉序》，《茹经堂文集一编》（沈云龙主编《近代中国史料丛刊续编》第4辑第31种）卷四，台北：文海出版社1974年版，第281—283页。
② 唐文治：《〈政治学大义〉序》，《茹经堂文集一编》（沈云龙主编《近代中国史料丛刊续编》第4辑第31种）卷四，台北：文海出版社1974年版，第283—284页。
③ 唐文治著，唐庆诒补：《茹经先生自订年谱正续篇》（沈云龙主编《近代中国史料丛刊》三编9辑第90种），台北：文海出版社1986年版，第84页。

第五章　唐文治的经学实践

不盛哉！然则后世阐大同之政者，学《洪范》而已矣。①

该序与《〈政治学大义〉序》一样，强调为政者的心术，要求为政者做到"中心无为以守正，由是皇建有极"；政治原理的根本不外是"君民合为一体""慊于人人之心"，在这个原则下，政体无须一律。事实上，唐文治就曾基于此一立场对民国标榜的"共和"政体提出过响应：

> 观于皇极、民极之敷言，君民合为一体……然则后世阐大同之政者，学《洪范》而已矣。或曰："子言皇极，不与近世共和政体相刺谬乎？"余曰："此不读《书》之论也。皇极者，标准也，不独天下国家有标准，即一身一心亦有标准，惟立一心之标准，而至于一身一家一国天下，乃无不各有标准，所谓本身以作则也。古人训'皇'为'君'，篇中曰'汝'、曰'而'、曰'臣'，皆指'君'言，而与民为一体者也，故曰'锡汝保极'，恶得以为天子之制而讳言之乎？且即以古时天子之制言之，苟其合于大同之义者，即无悖乎共和之理者也，天下之所以治也。苟违乎大同之义者，则虽名为共和，而实则舞弊营私，为《洪范》之罪人。天下之所以日乱，正由于经义之不明也，恶足与言治道乎哉？爰大书之以告后世之读《洪范》者。"②

这段话用《洪范》的"皇极"义来回应西方政治学中的政体论述。所谓"皇极"就是"标准"的意思，其根本原理是确立天下国家的政治标准，以期实现君民一体（政府与人民一体同心）。如果能做到君民一体，即使是君主制也不违背共和的原理；反之，如果做不到君民一体，即使是民主制也有违共和的原理。"共和"之理就是"大同"，它的标准就是"君民合为一体"，同于是非好恶之公。这意

---

① 唐文治：《洪范大义》，《十三经读本》第一册，上海人民出版社2015年版，第422页。
② 唐文治：《洪范大义》，《十三经读本》第一册，上海人民出版社2015年版，第484页。

唐文治与学堂经学的改革

味着,"共和"政体并不必然专属于某种特定政体,民主政体与君主政体都不必然能够保障"大同"的实现。从这个意义上讲,《洪范大义》实际上是根据《洪范》的经义对民国的"共和"政体提出了批判。

上述例子说明,《洪范大义》的所谓"大义"已经超越早期对于道德教育的关注,而开启对新时代"政治学"的关切。其所谓"政治学"一方面是参照西方政治学,基于经义抉发中国传统政治学的义理;另一方面又反过来基于经义对西方政治学提出响应或批判。① 在某种程度上,《洪范大义》初步实现了中西政治学之间实质性的对话与会通,而并非只是袭取西方"政治学"的相关名词而已。

1927年开始,无锡国专开始转制,学校中增设了许多西式课程,唐文治对西方科学尤其是社会科学也有了更广泛的关注。以"政治学"的思考为起点,唐文治尝试对经学与西方学术进行更大范围的会通。顺着这一思路,唐文治进一步关注西方各门学科,由此而产生唐文治后来非常重视的一种编纂经学教科书的新体例——分类读本。

《左传》是唐文治计划编纂经学分类读本的第一种。1927年,唐文治计划编纂《左传分类读本》,这本书后来虽然没有编成,但他将编纂构想记录了下来:

> 《左传》之文如名山大川,鱼龙变化,宝藏兴,货财殖,众美毕备。顾亭林先生谓成之者非一人,继之者非一世,可谓富矣。盖孔子周流列邦,得百二十国之宝书,邱明实亲见之,故编纂是书,至为宏博,必分类读之,方尽其妙。②

具体怎么编纂呢?唐文治主张将《左传》分为纪事、兵事、讽

---

① 其实,唐文治的政治学批判并不限于对"共和"政体的回应,也涉及对当时政党政治、军人政治等多方面的反省。参见邓国光《唐文治的经学及其〈洪范大义〉的经世关怀》,载氏著《经学义理》,上海古籍出版社2011年版,第652—661页。
② 唐文治:《读左研究法》,《茹经堂文集三编》(沈云龙主编《近代中国史料丛刊续编》第4辑第33种)卷三,台北:文海出版社1974年版,第1318页。

谏、词令、政治、论道、国际、小品八类，分类研读。他说："余所选八类文，有宜与《外传》并读者，有宜与《公羊》《谷梁传》并读者，盖每篇文字一经比较，即可悟出法门，文思因之大进。故余尝谓九经高文，《尚书》《诗经》而外，以《左氏》为最。由《诗》《书》下及于《左传》《国语》《公》《谷》，下及于《国策》《史记》，则文章源流皆可考而知矣。"① 可见该书的编纂旨趣主要是学习"文章"，这与他早期编纂经学教科书重视文法的旨趣是一致的。不过，我们必须注意，唐文治所谓玩味"文法"，实则就是玩味经义，因为"夫然道与文一，胡精粗之可分？"② 另外，从该书的类目来看，政治及其相关内容如兵事、讽谏、政治、国际等占了大部分的篇幅，这与他1918年以来关切"政治学"的兴趣也是吻合的。

前述编纂分类读本的做法也被应用到《左传》之外的其他经书。唐文治自言："鄙人于《诗》《礼》《左传》皆有分类读本。"③《左传分类读本》未曾成书，其计划已如上述。唐文治认为《周礼》《仪礼》不宜删节④，则《礼》经的分类读本应当是指《礼记》。今《十三经提纲》于《礼记》提纲后附有《礼记》选目，列《檀弓》《月令》《礼运》《内则》《学记》《乐记》《祭义》《坊记》《表记》《缁衣》《三年问》《儒行》十二篇，至于具体如何分类，则未详言。1934年出版的《礼记大义》也是逐篇阐发大义，而没有进行分类。大概唐氏曾有对《礼记》进行分类研究的计划，后来却没有付诸实施。

真正将分类读本的理念付诸编纂实践的是《诗经》《孟子》二书。我们先看《诗经大义》的目录。卷首是《诗经》纲要，介绍有关《诗经》的作者、流传情况和本经大义，接下来依次是《诗经》

---

① 唐文治：《读左研究法》，《茹经堂文集三编》（沈云龙主编《近代中国史料丛刊续编》第4辑第33种）卷三，台北：文海出版社1974年版，第1320页。
② 唐文治辑：《十三经读本》"自序"，上海人民出版社2015年版，第7a页。
③ 唐文治：《读经史子集大纲及分类法》，虞万里导读，张靖伟整理《唐文治国学演讲录》，上海交通大学出版社2017年版，第5页。
④ 唐文治：《论读经分类删节法》，《国专月刊》第5卷第3期。

唐文治与学堂经学的改革

伦理学、《诗经》性情学、《诗经》政治学、《诗经》社会学、《诗经》军事学、《诗经》农事学、《诗经》修辞学七卷。从第二卷开始，每一卷都选录了部分篇目，分别阐发其中蕴含的伦理学、性情学、政治学、社会学、军事学、农事学、修辞学义理，前面还特各撰总义一篇。

类似的做法也被应用于《孟子》。1938 年国专迁徙途中，唐文治计划编纂《孟子分类简明读本》。该书分论战学、尊孔学、贵民学、孝弟学、政治学、心性学、教育学、论辩学、气节学、社会学、大同学、孟子通《周易》学论，共十二类。1947 年，因弟子孙煜峰、缪天行之请，先生在历年所讲《孟子》分类读本的基础上增订完善，定为 10 类，分为 10 卷，改名《孟子救世编》，由孙、缪两君代为印行。此书涉及宗教学、伦理学、政治学、教育学、社会学等多门学科，其分类标准虽未完全依从西方人文社会学科的分类，其中"孝弟学""心性学""气节学"等虽然在西方的学术分科中不能构成单独一门学科，但这些都是《孟子》的重要经义，因此唐文治均特立一类，予以阐发。至于"政治学""教育学""社会学"等，显然是取自西方教育体制中的学术分科。

与《政治学大义》和《洪范大义》相比，《诗经学大义》与《孟子分类简明读本》对西方人文、社会科学做了更广泛的参照。不过，唐文治并没有完全袭用西方的学术分科，而是有意识地保留了一些中国经书中特有或特别重视的范畴和义理。二书比《洪范大义》更进一步，不只试图基于经学建构"中国政治学"，实际上还有意识地抉发中国经学中宗教学、伦理学、教育学、社会学等各方面的义理。到 1931 年，他已经有了这样的治经思维："吾于是知徒治科学之无益也，吾于是知科学之当通于古经学也，吾于是知科学当通于古圣贤之教也。"[①] 在这里，唐文治明确表达了科学与经学相结合，即"科学之当通于古经学"的治经新理念。

---

① 唐文治：《〈读经志疑〉序》，《茹经堂文集三编》（沈云龙主编《近代中国史料丛刊续编》第 4 辑第 33 种）卷五，台北：文海出版社 1974 年版，第 1349—1350 页。

与此同时,《诗经学大义》与《孟子分类简明读本》并非只关注单纯的义理抉发,更不只是单纯的知识研究,而是依然强调义理实践与道德践履,如他对于"诗经伦理学""诗经性情学""孟子孝弟学""孟子心性学""孟子气节学"的重视,便明显延续了"新读本"时期强调发挥经学在道德教育方面社会功能的旧理念。

四 结论

对于唐文治而言,经学著述与经学教科书几乎是同义词,因为他的每一本经学著述几乎都曾用作教科书,而且都是有意识的经学教育实践。基于对乾嘉考据学末流的反省,唐文治毕生标举经学"大义",致力于抉发经书中"修道立教"的宏纲,而以"修己治人"为归宿。不过,唐文治在提倡义理的同时并不偏废考据,尊重经书原典,兼采宋明理学家与清代汉学家的注释,重视训诂和家法,他抉发的"大义"有充分的考据基础。唐文治编纂的"大义"都比较传统,大体继承了晚清汉宋调和的经学主流[1],原则上都是在尊重经书和兼采汉宋的基础上抉发"大义";即使受到相关规定的制约,不得不加以变通,他也总是谨慎地进行删节与类编,而从不脱离经书原典。换言之,他始终在小心翼翼守护经学的传统与精神。同时,唐文治的经学教科书编纂也明显体现了与现代学术体制的妥协。应当说,在经学传统与现代体制之间,唐文治找到了较好的平衡,他编纂的经学教科书在这个意义上树立了现代转型的一个典范。[2]

---

[1] 王家俭:《由汉宋调和到中体西用——试论晚清儒家思想的演变》,《"国立"台湾师范大学历史学报》第 12 期(1984 年)。

[2] 实际上,晚清以来的儒家学者有不少人尝试结合传统儒家教育与西方现代教育。本节只试图指出,就经学教科书的编纂而言,唐文治树立了罕有的一个典范。例如,Marianne Bastid - Bruguière(1940—) 对张謇的研究指出,儒家学者对于现代趋势并非持封闭心态,而是能够对传统伦理和重视物质发展的西方现代教育进行结合与创新,参见 Marianne Bastid - Bruguière, *Educational Reform in Early 20th - Century China*, translated by Paul J. Bailey, Center for Chinese Studies, University of Michigan, 1988, p. 90。Xiaoqing Diana Lin 对张之洞的研究也指出张氏便曾尝试将西方现代教育与中国传统教育整合为包含经学、政法、文学、格致、医、农、工、商的"八科之学"。参见 Xiaoqing Diana Lin, *Peking University：Chinese Scholarship and Intellectuals* 1898 - 1937, State University of New York Press, 2005, pp. 10 - 11。

唐文治与学堂经学的改革

在标举"大义"的大前提下,唐文治的经学教科书编纂进行了"新读本""分类读本"两种体例的新尝试。[①] 民国建立后,教育部对学校教科书加强监管,颁布了相关法规,唐文治在这种情形下配合课程、课时、审查的有关规定,编纂了一套"新读本"。与此前编辑的各种"大义"相比,"新读本"是删繁就简、改头换面的节选本,它们的旨趣主要是提倡道德教育。同时,他出于对民国新政的关切,曾一度计划编纂《中国政治学》《政治学大义》,这些计划虽然没有实现,但他还是编纂了《洪范大义》,对西方政治学提出响应与批评。国专转制后,唐文治尝试对经学与西方科学进行更广泛的会通。出于这种动机,他编辑了一系列"分类读本"。唐文治不但借鉴、改造了西方的学术分类,而且尝试从经书中发掘与西方科学相应的专门知识与义理。一般认为,中国传统教育的目标是培养具有道德修养的"君子"及以此为基础从事政治的"士"。[②] 唐文治无疑已经突破这个范围。当然,在这个过程中他也从未放松对道德教育的提倡。

从"新读本"发展为"分类读本",在表面上看是两种经学教科书体例的差异,其实质则反映了唐文治经学理念的发展。"新读本"之所以可以发展为"分类读本",是因为唐文治在国专转制以后不再只将经学"大义"理解为道德教育的大义,更将其诠释为各门科学的大义或原理。其中最关键的一个启发源于他看到可以立足于经学建立"中国政治学"。由于"科学"不止一门,相应地,对经学大义的发掘也必须通过分类读本来实现。当然,唐文治本人做到了什么程度这是一个问题,经学与科学在多大程度上可以会通这又是另一个问题。本节不可能就此再展开深入的探讨。但是,我们至少已经看到,

---

[①] 值得说明的是,唐文治虽然进行了"新读本""分类读本"两种体例的新尝试,但标举经学"大义"实际上贯穿唐文治经学教科书编纂实践的始终。1927年之后出现的"分类读本"尽管在体例上已经明显与最初完全紧贴经书原典的"大义"有所不同,但偶尔仍被称为"大义",《诗经大义》便是一例。不过,这种将刻意创新的"分类读本"仍笼统称为"大义"的做法,在唐文治后期的经学著作中只此一例。

[②] 李弘祺:《学以为己:传统中国的教育》,香港中文大学出版社2012年版,第623—630页;王炽昌:《新师范教科书教育史》,孙燕京、张研主编《民国史料丛刊续编》第1004册,大象出版社2012年版,第117页。

第五章 唐文治的经学实践

唐文治的"分类读本"并未包含西方的所有学术分科，而"性情学""孝弟学""心性学""气节学"等重要的经学范畴，在西方科学中也并没有相应的学科地位。① 有关这一点，实际上唐文治本人也已经注意到并标举出来了。尽管如此，从"新读本"发展为"分类读本"，唐文治的经学教科书编纂体现了传统经学尝试进行现代转型的系列努力，同时也示范了经学与科学会通的一种实践上的可能性。

---

① 劳思光基于对中西哲学的范畴进行比较，也认为"心性学"是东方独有的哲学部门。参见劳思光《哲学浅说新编》，香港中文大学出版社1998年版，第47页。

第六章 结论

唐文治的经学思想包含两个重要观念：一是"体用"，一是"经世"。唐文治的"体用"论远本朱子"明体达用"的观念，近承曾国藩等人的"理学经世"思潮和晚清的"中体西用"论。汪一驹（Y. C. Wang）指出，1896—1911 年在中国思想史上具有重要意义，在 1895 年之前中国知识界"西化"的改革是有限度的，此后则不仅迎来满清帝国的覆灭，而且伴随着传统价值和权威的崩溃。[1] 唐文治也是在中日甲午战争期间提出"以理学为体，以洋务为用"的主张。唐文治的"体用"论便是在上述多方面的思想背景中孕育的，既远绍朱子的"明体达用"观念，也近承清代的理学经世思潮，而且在西学的冲击下，自觉地发展出一种与张之洞相似的"中体西用"论。

需要注意的是，由于家庭教育和早年师承的影响，唐文治所说的"理学"主要是指程朱一系的性理之学；其后，他在南菁书院接受了汉宋会通的经学训练，并接受了"经学即理学"的观念，从此他所讲的"理学"往往可与经学画上等号，一般是指经书义理之学。唐文治"体用"论的学术基础是经学，其宗旨则是经世致用。对于唐文治而言，经书、经学、经世构成一个三位一体：离开经书的客观研究来谈经学，则所谓"经学"将丧失根据；离开经学义理的抉发来谈经世，则所谓"经世"将流于功利；离开经世致用的实践，则经书的客观研究与经学义理的发挥都将丧失价值与方向。

---

[1] Yi Chu Wang, *Chinese Intellectuals and the West*, 1872–1949, University of North Carolina Press, 1966, p. 51.

第六章 结论

除了经学思潮的影响,社会政治的变动也对唐文治的经学思想产生巨大的冲击。这明显地体现在他的"读经救国论"中。由于洋务运动、戊戌变法的影响,唐文治早年经历过一段"洋务"和"维新"时期,并不同程度地参与了晚清以来"洋务""维新""革命"的救国方案。不过,唐文治对"洋务""维新""革命"的接受是有所反省、有所保留的,他自始至终都秉持理学家的立场,强调以"正人心"作为救国的前提。民国肇建以后,唐文治在尊孔与贬孔、读经与废经两个关键问题上与"新文化运动"产生不可调和的分歧,他认为"科学""民主"不应以贬孔、废经为前提,两方不应构成完全对立的关系。恰恰相反,他认为"科学"与"民主"都必须奠基在道德之上。民国初年战祸频仍,唐文治认为同样也是由于道德废弛所致。在唐文治看来,经学就是传统道德的学术基础。如果说传统道德还依然构成经世致用的基础,那么经学就依然具有现代的价值。总之,以上两方面的反省特别是"新文化运动"的直接刺激导致了"读经救国论"的诞生。

落到实践中,唐文治又强调"按时以立论"。本书对唐文治经学宗旨的考察便很能说明这一点。唐文治讲学以"正人心,救民命"为宗旨,其经学思想也以此作为宗旨。其中,"正人心"的宗旨先后经历过"以理学为体,以经济为用""以理学为体,以洋务为用""以孟学为体,以科学为用"三个阶段。无论是"以理学为体"还是"以孟学为体",唐文治都不曾改变"正人心"的宗旨,改变的只是"经世"的策略。"经济""洋务""科学"三个表述,代表了晚清以来"经世"之学的三个阶段,也反映了唐文治根据时代的变动不断调整他对于"经世"之学的思考。与此密切相关的是,在"经世"策略上,唐文治也经历了从"维国运"到"救民命"的转折。由于在晚清政治中无法施展,他最终放弃了自上而下的政治改革,选择了自下而上的社会改革。无论是"正人心"抑或是"救民命",都体现了"按时以立论"的精神。

平情而论,唐文治的"体用"论在理论层面并无多大新意,没有突破程朱理学"明体达用"的理论框架。即便与张之洞的"中体西用"论相比,唐文治的"体用"论也显得不够系统。那么,唐文治在经学上的贡献何在呢?本书认为,唐文治在经学上的独特意义,主要在于他在举国废经荒经的大潮流下,逆势而上,斩截地提出"读经救国论",成为继张之洞的"中体西用"后在民国时期为读经进行辩护的一个重要理论,而且开启了经学与立国的新思考。不仅如此,他还数十年亲身投入经学现代转型的实践,在治经方法上的新思考及其在经学教育上的新实践,都进行了新的摸索,树立了新的典范。

唐文治的经学方法论主要是旨在回应经学内部汉宋方法论的分歧以及西方科学方法的冲击。唐文治治经,主张由"考证"而掌握"家法",由"家法"而会通"大义"。他所谓"家法",并不止于清代汉学家所推崇的"一家之学",而是进至"孔门家法"的广大法门。"孔门家法"不但统摄了汉学家所讲的"家法",也包含宋学家所讲的读经次第、体验等方法。基于这一"孔门家法"的理念,唐文治甚至将文章学也转换为一种治经方法。换言之,他试图消融中国传统学术内部包括汉宋之争,义理、考据、词章之争在内的种种分歧,将其理解为"孔门家法"内部诠释经学的不同方法。而所谓"孔门家法"的共同旨归则是抉发大义、经世致用。另外,面对西学的冲击,唐文治认为西方科学在方法上有两点值得借鉴。第一,西方科学重视专门研究。第二,西方科学重视器物层面的知识。为此,他主张在这两方面借鉴西方科学,对经书也开展专门研究,并分门别类发掘经书中的相关知识与原理,以与西方各门科学在知识层面开展实质性的对话与会通。

经学的存废不只是一个学理问题,也是一个实践问题。要在现代学术体制中延续经学的命脉,经学教育的体制改革与方法创新同等重要,这些都是"按时以立论"的应有之义。左玉河指出,古代学术与近代学术的一个重要区别在于"学术研究日益体制化,科学研究日益组织化并被纳入国家发展计划,是近代以来世界学术发展之大趋势。"[①] 陈以爱对北大国学门的研究也显示"它的创办实建立在20世

---

① 左玉河:《中国近代学术体制之创建》,四川人民出版社2008年版,第702页。

第六章 结论

纪以来，中国学术界对成立专门研究机构以推动学术发展之普遍自觉上。同时，透过观察国学门的组织、学术活动及学术成就，又显示出现代学术研究所具有的趋向——组织化和制度化最终对中国学术发展带来巨大的影响。"[1] 经学也面临类似的挑战，经学如果还要继续，不但要在学理上完成现代的重建，而且必须在体制上进行现代的转型。从长校邮传部上海高等实业学堂到创办无锡国专，唐文治在现代教育体制内外进行经学教育的探索长达半个世纪。就这一点而言，无论是直接参与晚清民初之际政治斗争的经学殿军人物康有为、章太炎，或是尝试恢复传统书院教育的马一浮，还是选择加盟现代大学体制的王国维、熊十力、蒙文通，尽管他们也在各自探索经学义理或经书研究的新途径，乃至尝试利用传统经学资源以建立自己的哲学或史学体系，但就经学教育体制的现代转型而言，他们谁都不曾像唐文治一样进行过漫长的思考与摸索。

首当其冲的困难是经学课程的设置问题。经学如何与现代学校的课程兼容？唐文治最初的尝试是在晚清学堂中融入经学课程。他在邮传部上海高等实业学堂曾设"国文"科，以兼容"四部之学"，其中也包括经学课程。民国成立后，小学废除读经，大学取消经学科。正如王汎森指出的，诸如此类的举动虽然也是出于爱国、救亡的初衷，但最后却以"激烈反传统"的形式表现。[2] 在"新文化运动"爆发后，唐文治转而参与创办无锡国专，试图在现行学校体制以外保存"国学"或"四部之学"。1928年，在现实困境下，国专被迫转制，转制后的课程再次被纳入"七科之学"的大学课程体系，课程设置"参照国立大学中国文学系"，增设大量新式课程，一面突出"中国文学"的专业性，一面重视哲学课程的基础地位。不过，由于唐文治的巧妙变通，转制后的无锡国专照旧保留和重视"四部之学"课程。

经学课程的基础地位在此过程中也从未动摇。在邮传部上海高等

---

[1] 陈以爱：《中国现代学术研究机构的兴起——以北京大学研究所国学门为中心的探讨（1922—1927）》，台北："国立"政治大学历史学系1999年版，第428页。

[2] 王汎森：《古史辨运动的兴起——一个思想史的分析》"引论"，台北：允晨文化实业股份有限公司1987年版，第1—6页。

唐文治与学堂经学的改革

学堂时期,唐文治提出"注重中文以保国粹",强调"以敦崇品行为宗旨",这与专修馆时期"振起国学,修道立教"的旨趣并无二致。唐文治自始至终认为中国当时的教育应以道德教育为要点,道德教育必须落实为具体的人范,人范的养成在于理学①的熏陶,而理学的学术基础则是经学。为此,他始终特别强调经学与理学课程的重要性,并坚持亲自主讲。这一点即使在转制后的无锡国专也没有改变。换言之,唐文治对于经学课程的坚持,其实质主要就是坚持一种中国传统的理学教养,或者说,一种中国传统的道德教育。

经学教育在实践上的第二个实际问题是教科书的编纂。唐文治特别重视经学教科书的编纂,也是出于对经学教育体制改革的关切。因为在新式课程的要求下,迫切需要新的经学教科书。基于对乾嘉考据学末流的反省,唐文治毕生标举经学"大义"。在他一生编辑的大量经学教科书中,大多数都以"大义"标目。不过,因应时势的变动,在标举"大义"的大前提下,唐文治编纂的经学教科书进行了"新读本""分类读本"两种体例的新尝试。民国建立后,配合教育部对课程、课时、审查的规定,唐文治编纂了一套"新读本"。与此前编纂的各种"大义"相比,"新读本"是删繁就简、改头换面的节选本,其旨趣主要是提倡道德教育。国专转制后,唐文治编纂了一系列"分类读本",旨在对经学与西方科学进行广泛的会通。分类的依据主要是参照西方的学术分科,但也保留一些中国经学中独有的义理范畴。但与此同时,"分类读本"并未放松对道德教育的提倡。

从"新读本"发展为"分类读本",从表面上看是两种经学教科书体例的差异,其实质则反映了唐文治经学理念的发展。"新读本"之所以可以发展为"分类读本",是因为唐文治在国专转制以后不再只将"大义"理解为道德教育的大义,更将其诠释为各种"科学"的大纲或原理。其中最关键的一个启发源于他看到可以立足于经学建立"中国政治学"。由于"科学"不只一门,相应地,对经学大义的发掘也必须通过分类读本来实现。这意味着,经学的内涵已经不复只

---

① 此取广义,也就是基于经学的"义理之学"。

第六章 结论

是"道德",还包括"知识"甚至可以据以建构中国的"科学"(主要指人文社会科学)。这种认识的转变对于唐文治而言不啻是一场革命。

唐文治的经学教育实践并非横空出世,在他之前可供借鉴的实践模式有传统书院与晚清学堂两种。他一生的教育实践大致是在二者之间摸索调和。起初,唐文治致力于发展工科教育,同时兼顾国学教育,但重点在"以科学为用"。他在邮传部上海高等实业学堂的教育实践即是如此,其办学理念与晚清学堂的"中体西用"思想一脉相承,课程设置上也试图结合"七科之学"与"四部之学",这是典型的晚清学堂经学模式。后来,他参与创办无锡国学专修馆,转而致力于国学教育,旨在保存国学、提倡道德,重点则在"以理学为体",他继承了南菁书院早期的课程设置,完全采用"四部之学"。在很大程度上,这是对书院模式的回归,诚如陈平原、吴湉南、唐屹轩所说,可视为传统书院教育的现代复兴。[①] 1928年国专改制以后,他尝试在现代学校体制下继续提倡经学与理学,重新尝试调和"四部之学"与"七科之学",这并非归化于现代大学教育体制,而是重新回到学堂模式。本书对国专经学课程、教科书的考察都可看见上述转变的痕迹。

晚清学堂普遍奉行"中体西用"的教育理念,但其课程设置屡经改革。本书研究显示,从1896年到民国改元,京师大学堂的课程频繁改革,成为当时教育思想交锋拉锯的战场。交锋拉锯的起源是由于"中体西用"教育理念的内部分裂。大致而言,可分为两派:一派强调在课程中加强"中学"课程,孙家鼐、张之洞是这一派的代表;另一派则在形式上对"中学"课程予以保存,但着眼点则是加强"西学"课程,并极力模仿西方或日本的大学学制,张百熙、王国维是这一派的代表。此外,还有一些人则游离于两派之间,并未明确表态。

---

① 陈平原:《传统书院的现代转型——以无锡国专为中心》,《现代中国》第1辑,湖北教育出版社2001年版,第197—213页;吴湉南:《无锡国专与现代国学教育》,安徽教育出版社2008年版,第13—17页;唐屹轩:《无锡国专与传统书院的转型》,台北:"国立"政治大学历史学系2008年版,第60—73页。

唐文治与学堂经学的改革

两派分歧与拉锯的焦点则在经学课程的尊卑与存废。经学课程之所以成为京师大学堂课程改革中各方交锋拉锯的焦点，是因为洋务运动以来的晚清士大夫普遍意识到"中国政教"是中国传统学术与"西学"相区别的根本所在，而这些政治传统与儒家伦理主要承载于经书中。也就是说，对于经学课程的坚持，其实质乃是对"中学"中根本义理与价值底线的维护。"中体西用"论的宗旨就在这里，晚清学堂围绕经学课程的尊卑存废发生激烈争论的原因也在这里。到王国维、蔡元培，不但完全接纳西方"七科分学"的学制，更完全接受了西方有关"高等学术"的理念。王、蔡等接受西方哲学洗礼的晚清知识分子，最终都支持以哲学作为大学文科课程的共同基础。这意味着，政治与伦理同样要以西方哲学作为学理基础，而不再是以经学作为义理根据。至此，洋务运动以来"中体西用"的教育理念宣告破产。左玉河指出，从"四部之学"向"七科之学"的转变是中国传统学术向现代学术转变的一个重要标志。[①] 不容忽略的是，晚清学堂作为这一转变过程中的新旧结合部，曾极力在"四部之学"与"七科之学"之间寻找平衡，曾历经剧烈的课程改革和思想拉锯。辛亥革命后，随着以经学为核心的"四部之学"在课程上的废除，中国的新式教育从此由"学堂"迈入"大学"时代。

经学教科书的考察也发现同样的趋势，同样存在教育理念上的拉锯交锋过程。这种拉锯交锋的重点在于经学是应该谨守经书原典来阐发经学义理抑或自编经学科书以服务政治需要。与课程方面的情形类似，同样分裂为两个阵营：一派主张研读经学原典与古注，反对编纂经学教科书。这一派秉持"中体西用"论，特别重视经学课程的首要地位，孙家鼐、张之洞是其代表。另一派主张编纂经学教科书，他们申称"取其精华，弃其糟粕"，其去取的标准则是各自的政治主张，梁启超、张百熙是其代表。两方冲突的本质是坚持"经学义理本位"，还是采取"借经学以接引西方哲学"（主要是各种赖以立国的

---

① 左玉河：《从四部之学到七科之学——学术分科与近代中国知识系统之创建》"导论"，上海书店2004年版，第2页。

政治哲学)。戊戌变法以后,中国知识界逐渐放弃以经学作为政治主张的理论基础,转而乞灵于各种西方政治学说,这造成后一派观点逐渐占据上风。

从表面上看,经学教科书的出现完全是晚清学制与课程改革的产物。正是由于"经学"课程的要求,而催生了经学教科书的产生。然而,从更深层来看,学制改革只是晚清政治改革的一部分,编纂经学教科书最初其实是源于政治的需求。本书对梁启超《读春秋界说》《读孟子界说》的分析表明,晚清的政治改革并非一味借鉴"西学",也曾借助经学教材来诠释、宣扬和推广各自的政治主张。王舟瑶的《京师大学堂经学科讲义》也是如此,该讲义遵循张百熙《钦定大学堂章程》的要求,做到了"精神皆贯注于政治"。王氏又将此宗旨贯彻为对"通变"与"自强"的政治鼓吹,以配合当时慈禧的"新政",阐发和平改革的主张。换言之,无论是梁启超的"发挥民权之政治论",还是王舟瑶的发挥"进化论",都是借经学来接引西方的新学说,以支撑自己的政治主张。至此,经学实际上已经沦为接引西方学术的跳板和包装各自政见的工具。

在经学史论述中,"学堂经学"隐没在传统经学与现代学术新旧之间的灰色地带,再加上自身急剧的改革,以至于长期遭到忽略。然而,"学堂经学"在中国经学史上实具有重要的历史意义,它代表了传统经学转变为现代学术的中间一环。

"学堂经学"的特点在于:第一,"学堂经学"的根本理念是"中体西用"论。无论是经学课程的定位,还是经学教科书的编纂,原则上都遵循这一根本理念。晚清民国之际,中国知识分子的主流在社会政治的剧变中不但接受了西方学制,而且还进一步接受了西方观念,这造成了"中体西用"论的动摇,从而瓦解了"学堂经学"的理论基础,最终导致"学堂经学"退出国家教育体制。第二,晚清学堂一直试图兼容"四部之学"与"七科之学","学堂经学"的定位也一直在二者之间徘徊。"学堂经学"固然接纳西方学术,但是接纳的方式是试图进行"四部之学"与"七科之学"的调和,特别是要求保持经学作为独立学科的地位。兼容的努力最终没有成功,经学

· 239 ·

也完全丧失了在"七科之学"中的独立地位。车行健认为造成经学地位动摇"最重要的原因应该是经学未能在这场由古到今、由旧到新、由中到西、由传统到现代的学术转型中,找到其适切相应的位置"①。本书对京师大学堂经学课程的研究也印证了这一点。然而,"学堂经学"的改革伴随革命草草收场,但这并不必然意味着寻找经学在现代学术体制中新定位的努力没有价值或行不通,或许只不过是时局的剧变使其成为未解之题与未竟之业。

"学堂经学"虽然退出了国家教育体制,但它的理念与实践都没有彻底断绝,而是以体制外的形式得以延续。唐文治便是一个有代表性的例子。他的经学思想与实践都与"学堂经学"具有深厚的渊源关系。在思想方面,唐文治提出"以理学为体,以经济为用""以理学为体,以洋务为用""以孟学为体,以科学为用"等说法,这些提法都没有超出"中体西用"论的框架,而且贯彻他的一生。在实践方面,他的教育实践是从晚清学堂起步,其最初的经学实践也是"学堂经学"模式。后来,唐文治在主持无锡国专之初,虽曾基于民初的反传统思潮,一度想要恢复书院模式,但现实的困境和主观的探索都驱使他又回归到"学堂经学"模式,致力于将国学教育融入现代学术体制,继续宣扬"中体西用"论,继续调和"四部之学"与"七科之学"。从本书的视角看,他实际上是在延续晚清学堂未曾做完的实验。

但是,如果我们径以为唐文治只是"学堂经学"的延续,则又不尽然,他其实是更进了一步。本书对京师大学堂经学课程与教科书的考察显示,经学课程的定位一直摇摆不定,直到最终完全采纳西方课程;经学教科书也曾兴起删经、编经的提议,并被政治迅速异化。唐文治对于"七科之学"虽然经历过兼容、分离、重新兼容的反复过程,但他对经学课程的定位从未含糊摇摆过。相反,他非常善于调和。即使在转制以后,他仍然试图在制度层面建议教育部在文学院设

---

① 车行健:《现代学术视域中的民国经学——以课程、学风与机制为主要观照点》,台北:万卷楼图书股份有限公司2011年版,第30页。

第六章 结论

立"国粹科";退而求其次,他又构思将经学课程转换为现代大学所有专业的公共课和必修课;再退而求其次,他又建议大学和研究院各学科开展"专经"研究,只要不废弃经书原典,尽量不删改经文就行。他探索了很多具有现代意识的体制改革,目的只有一个,就是竭力维护经学义理的主体性和整全性。在经学教科书的编纂上,唐文治也尝试了"新读本""分类读本"两种具有现代意识的新体例。他甚至在某种程度上,也接受对经文和古注进行删节或类编,但精神上则依然是尊重原典与古注;他也在《洪范大义》《尚书大义》等经学教科书中发表自己的政治主张,甚至尝试建立"中国政治学",但他始终紧贴经文,不曾附会西方学说,更从未丧失经学义理的主体性(基于经义来会通西学,而不是用经义来牵附西学)。万变不离其宗,他始终未曾改变抉发经学"大义"以求通经致用的大方向和大前提。就以上两点而言,他在"学堂经学"的实践探索上较诸晚清学堂,表现了更大的开放性、进取性和平衡感。

以往的经学史论述往往认为晚清帝制的崩溃标志着经学的"终结"①。陈平原认为,章太炎和胡适代表了晚清与"五四"两代学人,他们的学术努力具有连续性,两代人的努力共同促成了中国学术的现代转型。② 陈壁生也有类似的看法,他认为从辛亥革命到新文化运动,中国学术研究的主流整全性从章太炎的"以史为本"转向胡适的

---

① 汤志钧:《近代经学与政治》,第八章:《经学的终结》,中华书局1989年版,第326—365页;吴雁南主编:《清代经学史通论》,第五篇:《经学异端及其基本终结》,云南大学出版社2001年版,第233—266页;吴雁南、秦学顿、李禹阶主编:《中国经学史》,台北:五南图书出版公司2005年版,第538页。朱维铮甚至说"经学是中世纪中国的统治学说",他又认为中国中世纪特别漫长,一直延续到清代。根据他的看法,则辛亥革命以后中国才走出中世纪,而经学作为中世纪的统治学说自然也到辛亥革命才终结。参见朱维铮《简说中世纪中国经学史——过程、特征与文献》,《中国经学史十讲》,复旦大学出版社2002年版,第1—6页。按:朱氏此说亦本于其师周予同,周氏言:"中国经学是中国封建社会上层建筑的一个重要部门。"朱氏只是将"封建社会"改为"中世纪","上层建筑的一个重要部门"改为"统治学说",小易面目而已。参见朱维铮编《〈经学历史〉注释本重印本后记》,《周予同经学史论著选编》(增订版),上海人民出版社1996年版,第647页。

② 陈平原:《中国现代学术之建立:以章太炎、胡适之为中心》"导言",北京大学出版社1998年版,第1—27页。

唐文治与学堂经学的改革

"以史料为本",从而实现中国学术的现代转型,其核心就是"经学的瓦解"。① 陈氏此说尝试解释晚清民国之际经学的"瓦解"过程。就本书的研究来看,传统经学进入民国后只是退出了国家教育体制,但经书学则依然在"七科之学"的大学体制内延续。中国学术的现代转换只是一时转换了中国知识分子的观念,并不能转换经书本身。在理论上讲,立足经书来发挥义理的经学依然完全可能,并不必然造成"经学的瓦解",更谈不上经学的"终结"。充其量,我们只能说是传统经学在制度的层面上被现代教育体制瓦解和终结罢了。

严格来说,即便从体制上讲,传统经学也并未完全"瓦解"或"终结"。本书考察的"学堂经学"便是传统经学与西方"七科之学"一种兼容的尝试。进入民国以后,这种尝试在体制外仍在继续。唐文治在经学课程与教科书方面的探索便延续了"学堂经学"的理念与实践。如前所述,唐文治对"学堂经学"既有参照,也有反省。本书认为,唐文治经学实践的主要贡献就在于示范了如何在现代教育体制内尽量保存经学义理的主体性和整全性,同时展示了一种传统经学与现代学术体制兼容乃至会通的可能性。

透过本研究,我们也看到经学演变的一种内在动力,这一内在动力源于经书本身。西方学者很早就用"冲击—回应"来解释清代经学的变动,魏斐德(Frederic Wakeman, Jr., 1937—2006)曾指出晚清公羊学的兴起是源于19世纪二三十年代清代学者对清代衰亡和西方在东南沿海日益增强的势力的担忧。② 孔飞力(Susan M. Johns 和 Philip A. Kuhn, 1933—2016)也曾指出魏源的今文经学提出的"末世"论是对鸦片战争前后一系列事件的回应。③ 不错,经学家因应各自时代的现实问题,发挥经学义理并提出解决问题的思想资源、理论

---

① 陈壁生:《经学的瓦解》,华东师范大学出版社2014年版,第3页。
② Frederic E. Wakeman, *History and Will: Philosophical Perspectives of Mao Tse-tung's Thought*, University of California Press, 1973, pp. 112–114.
③ John K. Fairbank ed., *The Cambridge History of China*, Vol. 10, Late Ch'ing, 1800–1911, Cambridge University Press, 1978. 译文可参考费正清编,中国社会科学院历史研究所编译室译《剑桥中国晚清史1800—1911年》上卷,中国社会科学出版社1983年版,第160—163页。

和方法，这从汉儒提倡"通经致用"以来，本已成为一种传统。唐文治所谓"按时以立论"，也依然是延续这一传统。晚清的经学家援据经学义理来回应西方文化的冲击，这其实非常自然。然而，对于"冲击"的"回应"却截然不同。本书对京师大学堂经学课程和教科书的研究，就显示其中一派秉持"中体西用"论，强烈坚持经学的"体"（主体性与整全性）；另一派则基于"通经致用"的观念而尤其注重"致用"。前面说过，"通经致用"是汉代以来的经学传统，但过分注重"致用"而忽略经学的"体"，流弊所及，则可能完全脱离经书，附会新说，以求达到"致用"的目的。

  然而，无论怎么"致用"，经书不容脱离。经书学在这个意义上便构成对经学的一种内在制约。经学尽可新颖、实用，而经书学则总是要求经学的义理发挥客观真实，总是要将经学拉回经书本身，于是不断造成一种林庆彰所说的"回归原典运动"。[①] 换言之，经书学在这个意义实际上成为经学不断回归原典的内在驱动力。晚清学堂尊奉"中体西用"作为教育理念，然而，在实际操作上则总是存在"中体"与"西用"，或"体"与"用"的偏倚。京师大学堂围绕经学课程与教科书的争议，正是源于各自对"中体"与"西用"的倚轻倚重。在没有硝烟的交锋拉锯中，晚清"学堂经学"的最大挑战就在于要在"体"与"用"之间求得平衡，也就是在经学义理与经学义理的发挥之间寻求平衡。通经致"用"，却不迷失其"体"；维护经学的主体性与整全性，却不流于无"用"；是以为难。遗憾的是，晚清民国之际是一个剧变的多事之秋，在现实的催逼之下，经学的现代转型实验被迫不断与现实妥协，甚至被迫中断。民国以后的国家教育体制无论在学术体制还是学术观念上都放弃了"中体西用"的探索，基于经学寻求"致用"遂成为明日黄花。在外力作用下，经学不得不蜕变为经书学，既不再重视它的"用"，也不再坚持它的"体"。罗志田指出："戊戌前后已开始的关于中学是否有用这一讨论的发展

[①] 林庆彰：《中国经学史上的回归原典运动》，《中国经学研究的新视野》，台北：万卷楼图书股份有限公司2012年版，第83—102页。

唐文治与学堂经学的改革

自然导出中国是否有学这个问题……后来中国无学的观念正从'因西学足以致富强遂诮国学无用'的观念所导出。"① 换言之，其始以"中学"为无"用"，其终则以中国为"无学"。所谓"无学"，即是无"体"无"用"，这一认识最终导致经学在现代学术与教育体制中完全丧失其存在之价值与相应之学科地位。不过，经书毕竟未焚，即使在反传统的浪潮中，也依然有人坚持立足经书本身抉发经学的"体"与"用"，唐文治的"体用"论与"读经救国论"便是这样的范例。

---

① 罗志田：《国家与学术：清季民初关于"国学"的思想论争》，生活·读书·新知三联书店2003年版，第30页。

参考书目

一 唐文治著作

（清）载振、唐文治撰：《英轺日记》（沈云龙主编《近代中国史料丛刊续编》第74辑第734种），文海出版社1972年版。

刘露茜、王桐荪编：《唐文治教育文选》，西安交通大学出版社1996年版。

唐文治：《礼记大义》，无锡国学专修学校1933年刊本。

唐文治：《论语新读本》，上海徐家汇工业专门学校1919年版。

唐文治：《茹经堂文集一编》（沈云龙主编《近代中国史料丛刊续编》第4辑第31种），文海出版社1974年版。

唐文治：《茹经堂文集二编》（沈云龙主编《近代中国史料丛刊续编》第4辑第32种），文海出版社1974年版。

唐文治：《茹经堂文集三编》（沈云龙主编《近代中国史料丛刊续编》第4辑第33种），文海出版社1974年版。

唐文治：《茹经堂文集四编》（沈云龙主编《近代中国史料丛刊续编》第4辑第33种），文海出版社1974年版。

唐文治：《茹经堂文集五编》（沈云龙主编《近代中国史料丛刊续编》第4辑第34种），文海出版社1974年版。

唐文治：《茹经堂文集六编》（沈云龙主编《近代中国史料丛刊续编》第4辑第34种），文海出版社1974年版。

唐文治：《茹经堂奏疏》，文海出版社1967年版。

唐文治：《诗经大义》，综合出版社1969年版。

唐文治：《十三经读本》，上海人民出版社2015年版。

唐文治：《四书大义》，上海交通大学出版社2016年版。

唐文治：《紫阳学术发微》，华东师范大学出版社2014年版。

唐文治著，陆远编：《大家国学·唐文治》，天津人民出版社2007年版。

唐文治著，彭丹华点校：《十三经提纲》，华东师范大学出版社2015年版。

唐文治著，唐庆诒补：《茹经先生自订年谱正续篇》（沈云龙主编《近代中国史料丛刊》三编9辑第90种），文海出版社1986年版。

王桐荪、胡邦彦、冯俊森等选注：《唐文治文选》，上海交通大学出版社2005年版。

虞万里导读，张靖伟整理：《唐文治国学演讲录》，上海交通大学出版社2017年版。

二　报刊文献

《北京大学日刊》

《大公报》

《国专学刊》

《国专月刊》

《湖南官报》

《教育杂志》

《时务报》

《私立无锡国学专修学校十五周年纪念刊》

《湘报》

《中华》

《中华教育界》

三　传统文献

（汉）班固撰，（唐）颜师古注：《汉书》，香港中华书局1970年版。

（宋）蔡沈：《书经集传》，中国书店1994年版。

（宋）黎靖德编，王星贤点校：《朱子语类》，中华书局1986年版。

参考书目

（宋）张洪、齐熙：《朱子读书法》，《四库全书》本。

（宋）周敦颐著，谭松林、尹红整理：《周敦颐集》，岳麓书社 2002 年版。

（宋）朱熹：《四书章句集注》，中华书局 1983 年版。

（元）马端临：《文献通考》，浙江古籍出版社 2000 年版。

（明）黄宗羲辑，全祖望订补；冯云濠、王梓材校正：《增补宋元学案》，中华书局 1935 年版。

（清）曾国藩：《曾国藩全集·家书（一）》，岳麓书社 1995 年版。

（清）曾国藩：《曾国藩全集·诗文》，岳麓书社 1986 年版。

（清）曾国藩：《曾文正公全集·求阙斋日记类钞》，传忠书局光绪二年（1876 年）刻本。

（清）陈澧著，黄国声主编：《陈澧集》，上海古籍出版社 2008 年版。

（清）陈庆镛：《籀经堂类稿》，上海古籍出版社 2010 年版。

（清）陈忠倚辑：《皇朝经世文三编》，文海出版社 1972 年版。

（清）桂文灿撰，王晓骊、柳向春点校：《经学博采录》，华东师范大学出版社 2010 年版。

（清）李鸿章著，吴汝纶编：《李鸿章全集》，海南出版社 1997 年版。

（清）皮锡瑞著，周予同注释：《经学历史》，中华书局 1961 年版。

（清）阮元校刻：《十三经注疏》，中华书局 1980 年版。

（清）王先谦撰，梅季点校：《王先谦诗文集》，岳麓书社 2008 年版。

（清）魏源：《魏源全集》，岳麓书社 2004 年版。

（清）文庆等纂辑：《筹办夷务始末》，故宫博物院 1930 年影印本。

（清）吴汝纶撰，施培毅、徐寿凯点校：《吴汝纶全集》，黄山书社 2002 年版。

（清）夏炯：《夏仲子集》，民国十四年铅印本。

（清）姚鼐：《惜抱轩全集》，中华书局 1935 年版。

（清）永瑢等撰：《四库全书总目》，中华书局 1981 年版。

（清）张百熙：《钦定学堂章程》，文海出版社 1986 年版。

（清）张之洞等：《奏定学堂章程》，全国图书馆文献微缩复制中心 2006 年版。

（清）张之洞著，李忠兴评注：《劝学篇》，中州古籍出版社 1998 年版。

（清）张之洞撰，范希曾补注：《书目答问补正》，上海古籍出版社 2008 年版。

（清）张之洞撰，司马朝军详注：《輏轩语详注》，华东师范大学出版社 2010 年版。

（清）郑观应、汤震、邵作舟撰，邹振环整理：《危言三种》，上海古籍出版社 2013 年版。

（清）庄存与：《春秋正辞》，《皇清经解春秋类汇编》本。

（清）庄存与：《味经斋遗书》，阳湖庄氏光绪八年（1882 年）刻本。

（清）庄存与：《周官记》，《皇清经解续编》本。

（清）左宗棠：《左宗棠全集·书信一》，岳麓书社 1987—1996 年版。

《清实录》，中华书局 1986 年版。

陈思修、缪荃孙纂：《江阴县续志》（《中国地方志集成·江苏府县志辑》第 26 册），凤凰出版社 2008 年版。

戴逸、李文海主编：《清通鉴》，山西人民出版社 2005 年版。

麦仲华编：《皇朝经世文新编》，文海出版社 1972 年版。

王延熙、王树敏：《皇朝道咸同光奏议》，上海久敬斋光绪二十八年（1902 年）刊本。

杨伯峻：《列子集释》，中华书局 1979 年版。

张寿镛编：《清朝掌故汇编》（《近代中国史料丛刊三编》第 13 辑），文海出版社 1986 年版。

赵尔巽等撰：《清史稿》，中华书局 1977 年版。

四　中文专书

《第一次中国教育年鉴》戊编，开明书店 1934 年版。

《交通大学校史》撰写组编：《交通大学校史资料选编 1896—1927》，西安交通大学出版社 1986 年版。

《全国高等教育问题讨论会报告》（张研、孙燕京主编《民国史料丛刊》第 1044 册），大象出版社 2009 年版。

《增订现行教育法令大全》（张研、孙燕京主编《民国史料丛刊》第1034册），大象出版社 2009 年版。

《中国近代教育史料汇编·民国卷1》，全国图书馆文献微缩复制中心 2006 年版。

《中国近代教育史料汇编·晚清卷1》，全国图书馆文献微缩复制中心 2006 年版。

北京大学、中国第一历史档案馆编：《京师大学堂档案选编》，北京大学出版社 2001 年版。

北京大学校史研究室编：《北京大学史料》，北京大学出版社 1993 年版。

蔡方鹿：《中国经学与宋明理学研究》，人民出版社 2011 年版。

蔡元培等著：《读经问题》，商务印书馆 1935 年版。

车行健：《现代学术视域中的民国经学——以课程、学风与机制为主要观照点》，万卷楼图书股份有限公司 2011 年版。

陈壁生：《经学的瓦解》，华东师范大学出版社 2014 年版。

陈德溥编：《陈黻宸集》，中华书局 1995 年版。

陈谷嘉、邓洪波主编：《中国书院史资料》，浙江教育出版社 1998 年版。

陈国安、钱万里、王国平编：《无锡国专史料选辑》，苏州大学出版社 2012 年版。

陈景磐、陈学恂主编：《清代后期教育论著选》，人民教育出版社 1997 年版。

陈平原：《中国大学十讲》，复旦大学出版社 2002 年版。

陈平原：《中国现代学术之建立：以章太炎、胡适之为中心》，北京大学出版社 1998 年版。

陈其泰、刘兰肖：《魏源评传》，南京大学出版社 2004 年版。

陈青之：《中国教育史》，东方出版社 2008 年版。

陈庆年：《湖北乡土地理教科书》，国学保存会 1907 年版。

陈廷湘、周鼎：《天下·世界·国家：近代中国对外观念演变史论》，上海三联书店 2008 年版。

陈向阳：《晚清京师同文馆组织研究》，广东高等教育出版社2004年版。

陈旭麓：《近代中国社会的新陈代谢》，上海社会科学院出版社2005年版。

陈以爱：《中国现代学术研究机构的兴起——以北京大学研究所国学门为中心的探讨（1922—1927）》，"国立"政治大学历史学系1999年版。

邓国光：《经学义理》，上海古籍出版社2011年版。

方豪：《中西交通史》，台湾中华文化出版事业社1968年版。

冯天瑜、何晓明：《张之洞评传》，南京大学出版社1991年版。

冯振编，王桐荪、洪长佳增补：《茹经先生著作年表》，文海出版社1986年版。

干春松：《康有为与儒学的"新世"：从儒学分期看儒学的未来发展路径》，华东师范大学出版社2013年版。

葛荣晋：《中国哲学范畴通论》，社会科学文献出版社2014年版。

葛兆光：《中国思想史》，复旦大学出版社2001年版。

龚鹏程主编：《读经有什么用：现代七十二位名家论学生读经之是与非》，上海人民出版社2008年版。

龚书铎主编，张昭军著：《清代理学史》，广东教育出版社2007年版。

顾颉刚：《古史辨》，上海古籍出版社1982年版。

顾颉刚：《中国上古史研究讲义》，文史哲出版社1989年版。

关捷、唐功春、郭富纯、刘恩格总主编：《中日甲午战争全史》，吉林人民出版社2005年版。

洪宗礼、柳士镇、倪文锦主编：《母语教材研究（3）：中国百年语文教材评介》，江苏教育出版社2007年版。

胡珠生编：《东瓯三先生集补编》，上海社会科学院出版社2004年版。

黄开国：《清代今文经学的兴起》，巴蜀书社2008年版。

翦伯赞等编：《戊戌变法》，上海人民出版社1957年版。

姜广辉主编:《中国经学思想史》,中国社会科学出版社2003年版。

近藤邦康著,丁晓强、单冠初、姜英明译:《救亡与传统:五四思想形成之内在逻辑》,山西人民出版社1988年版。

康有为:《康南海自编年谱》,文海出版社1966年版。

康有为:《我史》,江苏人民出版社1999年版。

康有为撰;姜义华、张荣华编校:《康有为全集》,中国人民大学出版社2007年版。

孔祥吉编著:《康有为变法奏章辑考》,北京图书馆出版社2008年版。

劳思光:《哲学浅说新编》,香港中文大学出版社1998年版。

劳悦强、梁秉赋:《经学的多元脉络——文献、动机、义理、社群》,学生书局2008年版。

劳悦强:《文内文外——中国思想史中的经典诠释》,"国立"台湾大学出版社2010年版。

李弘祺:《学以为己:传统中国的教育》,香港中文大学出版社2012年版。

李泽厚:《中国现代思想史论》,东方出版社1987年版。

梁启超:《梁启超全集》,北京图书馆出版社1999年版。

梁启超著,夏晓虹辑:《饮冰室合集·集外文》,北京大学出版社2005年版。

梁启超著,朱维铮导读:《清代学术概论》,上海古籍出版社1998年版。

林丽容:《民国读经问题研究(1912—1937)》,花木兰文化出版社2010年版。

林庆彰:《中国经学研究的新视野》,万卷楼图书股份有限公司2012年版。

刘桂秋:《无锡国专编年事辑》,中国大百科全书出版社2011年版。

刘桂秋:《唐文治年谱长编》,上海交通大学出版社2020年版。

刘师培著,陈居渊注:《经学教科书》,上海古籍出版社2006年版。

刘述先:《朱子哲学思想的发展与完成》,吉林出版集团有限责任公司2015年版。

刘肇隅:《郋园四部书叙录》,长沙叶氏观古堂1927年刊本。

陆阳:《唐文治年谱》,上海三联书店2013年版。

罗继祖:《枫窗三录》,大连出版社2000年版。

罗检秋:《嘉庆以来汉学传统的衍变与传承》,中国人民人学出版社2006年版。

罗志田:《国家与学术:清季民初关于"国学"的思想论争》,生活·读书·新知三联书店2003年版。

罗竹风主编:《汉语大词典》,上海辞书出版社1986年版。

马一浮:《泰和宜山会语》,辽宁教育出版社1998年版。

茅海建:《从甲午到戊戌:康有为〈我史〉鉴注》,生活·读书·新知三联书店2009年版。

茅海建:《戊戌变法史事考》,生活·读书·新知三联书店2006年版。

欧阳哲生编:《胡适文集》,北京大学出版社1998年版。

彭明辉:《晚清的经世史学》,麦田出版社2002年版。

皮名振:《皮鹿门年谱》,商务印书馆1939年版。

漆永祥:《汉学师承记笺释》,上海古籍出版社2006年版。

漆永祥:《江藩与汉学师承记研究》,上海古籍出版社2006年版。

亓冰峰:《清末革命与君宪的论争》,"中央"研究院近代史研究所1966年版。

钱穆:《学籥》,兰台出版社2000年版。

钱穆:《朱子新学案》,联经出版事业公司1994年版。

上海交通大学校史编纂委员会编:《上海交通大学纪事1896—2005》,上海交通大学出版社2006年版。

沈岩:《船政学堂》,书林出版有限公司2012年版。

石鸥、吴小鸥著:《中国近现代教科书史》,湖南教育出版社2012年版。

舒新城编:《近代中国教育史料》,中国人民大学出版社2012年版。

宋惠如:《晚清经学思想的转变——以章太炎"春秋左传学"为中

心》，花木兰文化出版社2013年版。

宋原放主编，汪家熔辑注：《中国出版史料（近代部分）》，湖北教育出版社2004年版。

苏云峰著，吴家莹编校：《中国新教育的萌芽与成长：1860—1928》，五南图书出版公司2005年版。

苏州大学校史编写办公室：《唐文治年谱》，1984年。

孙筱：《两汉经学与社会》，中国社会科学出版社2002年版。

谭丕谟：《清代思想史纲》，上海古籍出版社2013年版。

汤志钧：《改良与革命的中国情怀：康有为与章太炎》，台湾商务印书馆1991年版。

汤志钧：《近代经学与政治》，中华书局1989年版。

汤志钧：《清代经今文学的复兴：庄存与和经今文》，中国人民大学出版社2015年版。

唐屹轩：《无锡国专与传统书院的转型》，"国立"政治大学历史学系2008年版。

田汉云：《中国近代经学史》，三秦出版社1996年版。

汪叔子、张求会编：《陈宝箴集》，中华书局2005年版。

王昌伟：《中国近代"科玄论战"的研究》，硕士论文，新加坡国立大学中文系1997年。

王尔敏：《晚清政治思想论》，广西师范大学出版社2005年版。

王汎森：《古史辨运动的兴起——一个思想史的分析》，允晨文化实业股份有限公司1987年版。

王汎森：《权力的毛细管作用——清代的思想、学术与心态》，联经出版公司2014年版。

王汎森：《中国近代思想与学术的系谱》，联经出版公司2003年版。

王国维：《王观堂先生全集》，文华出版社1968年版。

王建军：《中国近代教科书发展研究》，广东教育出版社1996年版。

王若娴：《唐兰古文字学研究》，花木兰文化出版社2012年版。

王晓秋：《改良与革命：晚清民初史事新探》，北京大学出版社2012年版。

王逸明主编：《叶德辉集》，学苑出版社 2007 年版。
王舟瑶：《京师大学堂经学科讲义》，新加坡国立大学藏本。
王舟瑶编，王敬礼续编：《默盦居士自订年谱》（《北京图书馆藏珍本年谱丛刊》第 185 册），北京图书馆出版社 1999 年版。
韦政通：《中国十九世纪思想史》，大林出版社 1979 年版。
无锡国专编：《无锡国学专修学校概况》，无锡国学专修学校 1933 年版。
吴湉南：《无锡国专与现代国学教育》，安徽教育出版社 2008 年版。
吴新雷等编纂：《清晖山馆友声集》，江苏古籍出版社 2000 年版。
吴雁南、秦学颀、李禹阶主编：《中国经学史》，五南图书出版公司 2005 年版。
吴雁南主编：《清代经学史通论》，云南大学出版社 2001 年版。
吴仰湘：《皮锡瑞的经学成就与经学思想》，湖南大学出版社 2013 年版。
伍启元：《中国新文化运动概观》，黄山书社 2008 年版。
夏东元：《洋务运动史》（修订本），华东师范大学出版社 2010 年版。
夏东元编：《郑观应集》，上海人民出版社 1982 年版。
夏晓虹编：《追忆康有为》，生活·读书·新知三联书店 2009 年版。
向世陵主编，王心竹、吴亚楠著：《宋代经学哲学研究·理学体贴卷》，上海科学技术文献出版社 2014 年版。
萧一山：《清史大纲》，上海古籍出版社 2008 年版。
谢放：《中体西用之梦：张之洞传》，四川人民出版社 1995 年版。
熊十力：《读经示要》，岳麓书社 2013 年版。
熊月之：《西学东渐与晚清社会》，上海人民出版社 1994 年版。
徐复观：《中国经学史的基础》，九州出版社 2013 年版。
徐素华选注：《筹洋刍议——薛福成集》，辽宁人民出版社 1994 年版。
徐雁：《沧桑书城》，岳麓书社 1999 年版。
薛化元：《晚清"中体西用"思想论（1861—1900）》，弘文馆出版社 1987 年版。
严寿澂：《百年中国学术表微·经学编》，华东师范大学出版社 2012 年版。

杨向奎：《西汉经学与政治》，独立出版社2000年版。
杨新勋：《宋代疑经研究》，中华书局2007年版。
叶纯芳：《中国经学史大纲》，北京大学出版社2016年版。
余英时：《历史与思想》，联经出版社1976年版。
余英时：《论戴震与章学诚：清代中期学术思想史研究》，龙门书店1976年版。
余英时：《现代儒学的回顾与展望》，生活·读书·新知三联书店2004年版。
余子侠：《工科先驱　国学大师——南洋大学校长唐文治》，山东教育出版社2004年版。
俞启定：《中国教育简史》，中央广播电视大学出版社1999年版。
袁行霈主编：《中国文学史》，高等教育出版社2004年版。
苑书义、孙华峰、李秉新主编：《张之洞全集》，河北人民出版社1998年版。
张德旺：《新编五四运动史》，黑龙江人民出版社2009年版。
张慧琴：《唐文治的生平与思想》，硕士论文，台湾师范大学2012年。
张晶华：《唐文治学术思想研究》，硕士论文，山东师范大学2006年。
张晶萍：《守望斯文：叶德辉的生命历程和思想世界》，中国社会科学出版社2011年版。
张晶萍：《叶德辉生平及学术思想研究》，湖南师范大学出版社2008年版。
张君劢：《义理学十讲纲要》，中国人民大学出版社2006年版。
张舜徽：《清人文集别录》，华中师范大学出版社2004年版。
张循：《论十九世纪清代的汉宋之争》，博士论文，复旦大学2007年。
章太炎：《章太炎讲国学》，海潮出版社2007年版。
章太炎：《章太炎全集》，上海人民出版社1984年版。
章太炎：《章太炎演讲集》，上海人民出版社2011年版。

郑大华点校：《采西学议——冯桂芬马建忠集》，辽宁人民出版社1994年版。

郑吉雄、张宝三合编：《东亚传世汉籍文献译解方法初探》，台大出版中心2005年版。

郑吉雄：《戴东原经典诠释的思想史探索》，台北：台湾大学出版中心2008年版。

郑吉雄编：《东亚视域中的近世儒学文献与思想》，台北：台湾大学出版中心2005年版。

支伟成：《清代朴学大师列传》，上海人民出版社2014年版。

中国科学院图书馆整理：《续修四库全书总目提要·经部》，中华书局1993年版。

周予同：《中国学校制度》（《民国丛书》第3编第45册），上海书店1991年版。

周正云辑校：《晚清湖南新政奏折章程选编》，岳麓书社2010年版。

朱任生：《古文法纂要》，商务印书馆1984年版。

朱维铮：《中国经学史十讲》，复旦大学出版社2002年版。

朱维铮编：《周予同经学史论著选集》（增订本），上海人民出版社1996年版。

庄吉发：《京师大学堂》，台北：台湾大学文学院1970年版。

左玉河：《从四部之学到七科之学——学术分科与近代中国知识系统之创建》，上海书店2004年版。

左玉河：《中国近代学术体制之创建》，四川人民出版社2008年版。

五　中文论文

边家珍：《沈曾植与〈海日楼札丛〉》，《光明日报》2008年11月10日，第12版。

陈国安：《中国文化教育传统的百年回响——唐文治和"无锡国专"论略》，《苏州大学学报》（教育科学版）2017年第1期。

陈居渊：《晚清学者王舟瑶的经学史研究——以〈京师大学堂经学科讲义〉为中心》，《徽学》2018年第2期。

陈居渊：《王舟瑶与〈京师大学堂经学科讲义〉》，《经学研究集刊》第 9 期（2010 年 10 月）。

陈平原：《传统书院的现代转型——以无锡国专为中心》，《现代中国》第 1 辑。

陈祥耀：《对唐茹经先生的教育思想教育精神的几点体会》，《唐文治先生学术思想讨论会论文集》，苏州大学校长办公室 1985 年版。

陈祥耀：《略谈唐文治先生的行谊和学术》，《学林漫录》十三集，中华书局 1991 年版。

陈旭麓：《论"中体西用"》，《历史研究》1982 年第 5 期。

陈旭麓：《中国近代史上的革命与改良》，《历史研究》1980 年第 6 期。

陈振岳：《浅谈无锡国专办学的特色》，《唐文治先生学术思想讨论会论文集》，苏州大学校长办公室 1985 年版。

陈振岳：《无锡国学专修学校述略》，《苏州大学学报》2000 年第 2 期。

邓秉元：《唐文治与经学在近代的回潮》，《中华读书报》2018 年 5 月 23 日。

邓国光：《道济天下——唐文治、曹元弼二先生经学大义比论》，《中国经学》第 23 辑（2018 年）。

邓国光：《民国时代"礼教救国"论的强音：唐文治先生礼学及其〈礼记大义〉的新礼教初探》，《国学学刊》2012 年第 3 期。

邓国光：《唐文治（1865—1954）经学研究——20 世纪前期朱子学视野下的经义诠释与重构》，载林庆彰、蒋秋华总策划，张文朝主编《变动时代的经学与经学家：民国时期（1912—1949）经学研究》第六册，万卷楼图书出版社 2014 年版，第 237—290 页。

邓国光：《唐文治〈论语大义〉的淑世意义》，载义守大学、台湾中华文化教育学会编《经典阅读与应用》，义守大学 2013 年版，第 49—59 页。

邓国光：《唐文治〈尚书〉学及其〈洪范大义〉的经世关怀》，载林庆彰、钱宗武主编《首届国际〈尚书〉学学术研讨会论文集》，万卷楼图书出版社2012年版,第161—186页。

邓国光:《唐文治经学研究——20世纪前期朱子学视野下的经义诠释与重构》,《中国经学》第9辑。

邓国光:《唐文治礼学及其〈礼记大义〉初探》,载彭林、单周尧、张颂仁主编《礼乐中国:首届礼学国际学术研讨会论文集》,上海书店出版社2013年版,第457—498页。

邓国光:《唐文治先生〈论语大义〉义理体统探要》,《岭南学报》复刊第3辑。

邓国光:《中和之道:唐文治先生〈诗经大义〉诗教旨要》,《中国文学研究(辑刊)》2017年第1期。

高峰:《唐氏易学述略》,《湖南科技学院学报》第33卷第2期(2012年2月)。

耿云志:《新文化运动、五四运动与激进主义》,《史学月刊》2009年第5期。

龚书铎:《近代中国的革命和改良》,《思想理论教育导刊》2006年第10期。

郭齐家:《论唐文治教育思想的历史价值与现实意义》,《教育研究》1996年第10期。

洪明:《读经论争的百年回眸》,《教育学报》第8卷第1期(2012年2月)。

黄汉文:《记唐文治先生》,《江苏文史资料选辑》第19辑。

黄长义:《龚自珍的掌故学述略》,《江汉论坛》1994年第4期。

姜广辉:《经学研究的回顾与展望》,《中国社会科学院院报》2004年3月23日,第3版。

景海峰:《朱子哲学体用观发微》,《深圳大学学报》(人文社会科学版)第12卷第4期(1995年11月)。

梁秉赋:《变动时代的经学——从顾颉刚的谶纬观考察》,载林庆彰、蒋秋华总策划,蒋秋华主编《变动时代的经学与经学家——民国时期(1912—1949)经学研究》第三册,万卷楼图书出版公司2014年版,第455—471页。

梁秉赋：《新、马华教起源的几个相关历史因素的讨论——革命、维新、科举、学堂》，《亚洲文化》第 39 卷（2015 年 8 月）。

林庆彰：《经学史研究的基本认识》，载林庆彰编《中国经学史论文选集》上册，文史哲出版社 1993 年版，第 1—8 页。

林增平：《革命派、改良派的离合与清末民初政局》，《历史研究》1986 年第 3 期。

林政华：《论今传五部经学史的特色与缺失》，载王静芝等著《经学论文集》，黎明文化事业公司 1981 年版，第 322—330 页。

刘大年：《评近代经学》，《明清史论丛》1999 年第 1 辑。

卢中岳：《〈书目答问〉作者问题讨论综述》，《广东图书学刊》1985 年第 4 期。

陆胤：《从书院治经到学堂读经——孙雄与近代中国学术转型》，《学术月刊》第 49 卷第 2 期（2017 年 2 月）。

罗检秋：《从清代汉宋关系看今文经学的兴起》，《近代史研究》2004 年第 1 期。

毛朝晖：《经学在现代学术中的艰难定位——唐文治与无锡国专的课程改革》，《孔子学刊》第 10 辑。

毛朝晖：《救国何以必须读经？——唐文治"读经救国"论的理据》，《鹅湖月刊》2018 年第 9 期。

毛朝晖：《唐文治的孔教观》，《宝鸡文理学院学报》（社会科学版）第 37 卷第 4 期（2017 年 8 月）。

苪萌、陈国安：《唐文治编纂〈十三经读本〉论略》，《学术界》2016 年第 5 期。

彭丹华：《唐文治〈十三经提纲〉初探》，《湖南科技学院学报》第 33 卷第 3 期（2012 年 3 月）。

彭林：《唐文治先生学术中的汉、宋之辨》，《史林》2017 年第 5 期。

钱仲联：《无锡国专的教学特点》，《江苏文史资料选辑》第 19 辑。

桑兵：《科举、学校到学堂与中西学之争》，《学术研究》2012 年第 3 期。

史革新：《甲午战后中日学术文化交流流向转变初探》，《清代以来的学术与思想论集》，社会科学文献出版社 2011 年版，第 195—210 页。

唐才质：《湖南时务学堂略志》，《湖南文史资料选辑》修订合编本第 1 集第 2 辑。

唐才质：《唐才常与时务学堂》，《湖南文史资料》第 3 辑。

王尔敏：《清季知识分子的中体西用论》，《晚清政治思想史论》，广西师范大学出版社 2005 年版，第 41—59 页。

王家俭：《晚清公羊学的演变与政治改革运动》，《清史研究论薮》，文史哲出版社 1994 年版，第 135—174 页。

王家俭：《由汉宋调和到中体西用——试论晚清儒家思想的演变》，《"国立"台湾师范大学历史学报》第 12 期（1984 年）。

王蘧常：《自述》，《学术集林》卷 3。

王桐荪：《冯振心先生和无锡国学专修学校》，《江苏文史资料》第 19 辑。

王鑫：《唐文治〈读易提纲〉述要》，《云南大学学报》（社会科学版）第 16 卷第 5 期（2017 年 10 月）。

王应宪：《旧学新制：京师大学堂经科大学史事考》，《史林》2018 年第 1 期。

吴仰湘：《马宗霍及其中国经学史研究》，《暨南学报》（哲学社会科学版）2014 年第 11 期。

严寿澂：《经术与救国淑世——唐文治与马一浮》，《中国经学》第 9 辑。

严寿澂：《唐蔚芝先生学术思想概述——以孟学为体，以科学为用》，《经学文献研究集刊》第 21 辑（2019 年）。

尤小立：《"读经"讨论的思想史研究——以 1935 年〈教育杂志〉关于"读经"问题的讨论为例》，《安徽史学》2003 年第 5 期。

余子侠：《唐文治与清末商政》，《华中师范大学学报》（人文社会科学版）第 44 卷第 3 期（2005 年 5 月）。

虞万里：《唐文治〈论语大义〉探微》，《经学文献研究集刊》第 16 辑（2016 年）。

虞万里：《唐文治〈孟子〉研究管窥》，《史林》2016年第2期。

虞万里：《尊孔读经与治心救国——〈唐蔚芝先生演讲录〉导言》，《经学文献研究集刊》第17辑（2017年）。

张涛：《20世纪前半期儒家经典研究述略》，《易学·经学·史学》，北京师范大学出版社2011年版，第229—238页。

赵椿年：《覃掔斋师友小记》，《中和月刊》卷2第3期（1941年）。

郑师渠：《梁启超与今文经学》，《中州学刊》1994年第4期。

周生杰：《唐文治经学教育思想述略》，《中国矿业大学学报》（社会科学版）2017年第1期。

朱贞：《晚清经学教科书的编写与审定》，《学术研究》2014年第3期。

左玉河：《中国旧学纳入近代新知识体系之尝试》，载郑大华、邹小站主编《思想家与近代中国思想》，社会科学文献出版社2005年版，第214—252页。

六 英文书目

Bernal, Martin, *Chinese Socialism to 1907*, Cornell University Press, 1976.

Biggerstaff, Knight, *The Earliest Modern Government Schools in China*, Cornell University Press, 1961.

Cheung, Chan-Fai & Fan, Guangxin, "The Chinese Idea of University, 1866-1895", in Ricardo K. S. Mak ed., *Transmitting the Ideal of Enlightenment: Chinese Universities since the Late Nineteenth Century*, University Press of America, 2009, pp. 23-34.

Chow, Tse-tung, *The May Fourth movement: Intellectual Revolution in Modern China*, Cambridge: Harvard University Press, 1960.

Elman, Benjamin A., "Changes in Confucian Civil Service Examinations from the Ming to the Ch'ing Dynasty", in Benjamin A. Elman & Alexander Woodside eds., *Education and society in late imperial China*, 1600-1900, Berkeley: University of California Press, 1994, pp. 111-149.

Elman, Benjamin A., *Classicism, Politics, and Kinship: the Ch'angchou School of New Text Confucianism in Late Imperial China, University of California Press, 1990.

Elman, Benjamin A., From Philosophy to Philology: Intellectual and Social Aspects of Change in Late Imperial China, UCLA Asian Pacific Monograph Series, 2001.

Esherick, Joseph W., Reform and Revolution in China: the 1911 Revolution in Hunan and Hubei, University of California Press, 1976.

Etō, Shinkichi, "On Roles of Yang – Wu – Pai", Acta Asiastica, No. 12 (1974).

Fairbank, John K. ed., The Cambridge History of China, Vol. 10: Late Ch'ing, 1800 – 1911, Cambridge University Press, 1978.

Gardner, Daniel K., Confucianism: A Very Short Introduction, Oxford University Press, 2014.

Gasster, Michael, Chinese Intellectuals and the Revolution of 1911: The Birth of Modern Radicalism, University of Washington Press, 1969.

Lin, Xiaoqing Diana, Peking University: Chinese Scholarship and Intellectuals 1898 – 1937, State University of New York Press, 2005.

Lindberg, David C., The Beginnings of Western Science: the European Scientific Tradition in Philosophical, Religious, and Institutional Context, Prehistory to A. D. 1450, University of Chicago Press, 2007.

Lund, Renville Clifton, The Imperial University of Peking, University Microfilms, 1969.

Marianne Bastid – Bruguière, Educational Reform in Early 20th – Century China, translated by Paul J. Bailey, Center for Chinese Studies, University of Michigan, 1988.

Metzger, Thomas A., "Ching – shih Thought and the Societal Changes of the Late Ming and Early Ch'ing Period: Some Preliminary Consideration", 载《近世中国经世思想研讨会论文集》，"中研院" 近代史研究所1984年版，第21—35页。

Metzger, Thomas A., Escape from Predictrament: Neo – Confucianism and

China's Evolving Political Culture, Columbia University Press, 1970.

Metzger, Thomas A. , *The Internal Organization of Ch'ing Bureaucracy: Legal, Normative, and Communication Aspects*, Harvard University Press, 1973.

Min, Tu – ki, *National Polity and Local Power: the Transformation of Late Imperial China*, Council on East Asian Studies, Harvard University, 1989.

Naquin, Susan & Rawski, Evelyn S. , *Chinese Society in the Eighteenth Century*, Yale University Press, 1987.

Strahler, Arthur N. , *Understanding Science: An Introduction to Concepts and Issues*, Prometheus Books, 1992.

Wakeman, Frederic E. , *History and Will: Philosophical Perspectives of Mao Tse – tung's Thought*, University of California Press, 1973.

Wang, Yi Chu, *Chinese Intellectuals and the West*, 1872 – 1949, University of North Carolina Press, 1966.

七　日文书目

寺广映雄：《革命瓜分论の形成をめぐつて——保皇・革命の対立》，《中国革命の史的展开》，汲古书院1979年版，第43—71页。

鐙屋一：《中国文化のレシピ1935年の読経問題》，《目白大学総合科学研究》3号（2007年3月）。

有田和夫：《清末意识构造の研究》，汲古书院1984年版。

后 记

我是一个在国外漂泊得太久的人，直到在国外结婚生子、求职定居，十多年后，竟又辗转归来，到中大任教。回首往事，常感此身如寄，恍然自失，早已不知"何处是吾乡"。这种人生经历，使我丧失凭借，也让我抽离羁绊。于是，我时常感到自己成了一个抽离的人，一个游离于空间的文化人。我的学术工作，在很大程度上便是源于一种"抽离的人的焦虑"和"文化的焦虑"。现在完成的这本书属于后者。

解决"文化的焦虑"主要有两条途径。第一条途径是比较哲学，即通过不同文化之间的比较，回应文化类型与文化认同问题。从梁漱溟的《东西文化及其哲学》以来，很多现代学者都采取了这条路径。第二条路径是思想史，即通过思想史的追溯，回应文化演变与文化认同问题。从梁启超《论中国学术思想变迁之大势》以来，采取这条路径的学者也不在少数。两条路径各有优长，但确立文化认同的旨趣是相同的，解决文化焦虑的功能也是类似的。相比而言，思想史的路径由于直接回到历史文本，也许会更亲切一些、更具体一些，更容易找到"文化的温情与敬意"。

沿着思想史的途径一路上溯，我由宋明理学上溯到先秦诸子，再由诸子学上溯到经学。其间的历程，就好比一个从外地辗转回家的人，中途虽然要转好几次车，但终点一定是家。

不过，选择唐文治作为切入点却有点偶然。2012年，我从《中国经学》上读到邓国光、严寿澂两位先生讨论唐文治经学的两篇论文。通过这两篇论文，我接触到唐文治。我隐约地意识到，这是我解决自己"文化的焦虑"的一个理想的入口。一方面,固然是因为唐文治代表了晚清以来一脉醇正的经学传承,这无疑是深入经学研究的一条极佳通道。另一方面,也是因为唐文治是一位坐而能言、起而能行的实践者。用传统的说法,他与曾国藩、张之洞等人一样,仍然算得上是真正的儒家"士大夫",这与马一浮、熊十力以后的儒家学者有着显著的区别。前面已经说过,由于我的"文化的焦虑"并不只是一种学术的兴趣,而是一种切己的焦虑。在当时的情形下,唐文治能够瞬间成为我在学术上关注的焦点乃是偶然中的必然。

于是,终于诞生了这本书。

如前所述,这本书从本质上讲是我解决自己"文化的焦虑"的一种努力,同时,它也是我的博士论文。在此期间,我的博士导师劳悦强副教授付出了巨大的心血。他曾经无数次和我一起在餐桌上讨论学问、交流思想,无数次批阅我的读书笔记和手稿。是他,将我带进中国文化的殿堂。他无数次给我指点那殿堂里光彩夺目的精品,无数次为我指引前进的方向,也无数次批评我的过失。你如果问我谁是这个世界上批评我最多的人,我会不假思索地告诉你,此人定非劳先生莫属。我感激他的批评。

我也要感谢南洋理工大学孔子学院梁秉赋院长、新加坡国立大学中文系林立副教授。作为博士论文指导委员会的委员,他们都阅读了我的初稿,并提出了宝贵的建议。梁老师在思想史上有许多独到的见解,我每次向他请益,总能获得新的启发。他擅长在一个点上给人一种有力的思想冲击,那是一种真正富有历史感的人才能给人的冲击。在生活上,他对我也十分关心。记得硕士毕业那年,有一次我在车上与他邂逅,他见到我就关切地问"找到工作没?"这种生活细节上的关怀令我没齿难忘,也是我终身学习的典范。林老师个性温和,深受儒家诗教的熏陶,身上散发着一种在这个时代几乎已经濒临灭绝的古典诗人气质。是他启发了我对于诗词的兴趣。我在论述唐文治的治经方法时,特别讨论了文学与治经的方法论关联,这有他的启沃。

感谢澳门大学邓国光教授、上海交通大学虞万里教授。他们是我博士论文的校外考委。他们审阅了我的博士论文初稿,并提供了专业

唐文治与学堂经学的改革

的评审与反馈。南洋理工大学严寿澂副教授也通读了论文初稿，他以其渊博的学识帮我订正了两处知识错误。三位先生都是唐文治研究的有力推动者，他们的造诣与贡献是我效法的楷模。此外，吕振端老前辈抱病为本书题签，这满足了我的一桩心愿。吕先生并不是在学院里从事儒学研究的学者，但他身上散发出真正的儒家教养，体现了醇正的君子人格。请他为本书题写书名，不止是由于我个人喜爱他的书法，更是对自己的一种提醒与策勉。

此外，我也要对中山大学哲学系（珠海）的陈建洪主任、秦际明副主任表达诚挚的感谢。一介寒士，四海飘零，说实话，我没想到这本书能够在两三年内就顺利出版。本书能够列入哲学系（珠海）的出版计划并获得出版资金的支持，这是拜两位主任所赐。

最后，我还要感谢家人和朋友。家人是永远的靠山，朋友是此生的知音。岁月无情，一些深爱我的家人，已经过世。我什么也没能回馈，除了怀念。一些挚爱的朋友，已经星散。曾经的关心，仍有余温。我在这里无法一一列举他们的姓名。在这里，我特别感谢我的老友刘华庆，他曾与我一起创办萃英读书会，我们在那里获得了共同的锻炼和成长。本书中引述的一些经典文本，我们曾经共同激赏并研读。我也要感谢新加坡国立大学图书馆的谭惠芳、张莱英和袁野。最让人感动的是，惠芳大姐特地为我搜集了相关的日文文献。而这一切，我起初并不知情，后来才得知她早已将我的事默记于心。在校订书稿的过程中，中国社会科学出版社的冯春凤老师帮助我订正了不少错误。在这里，也一并表达我的感谢。当然，我最要感谢的人还是我的妻子陈雪芳，是她理解着我的理想，支持着我的事业，承受着我的压力。在我的小家里，她无疑是牺牲最多的那一个。如果说我最终并没有变成"抽离的人"，我知道，那主要是因为有她。

毛朝晖
2020 年 1 月于珠海
2021 年 9 月修订